耐得住寂寞的人生更精彩

悠然 主编

陕西师范大学出版总社有限公司

图书在版编目（CIP）数据

耐得住寂寞的人生更精彩 / 悠然主编. -- 西安 : 陕西师范大学出版总社有限公司，2012.5

ISBN 978-7-5613-6154-2

Ⅰ. ①耐… Ⅱ. ①悠… Ⅲ. ①成功心理－通俗读物 Ⅳ. ①B848.4-49

中国版本图书馆CIP数据核字(2012)第079350号

图书代号：SK12N0222

耐得住寂寞的人生更精彩

责任编辑： 周宏
装帧设计： 开言神韵
出版发行： 陕西师范大学出版总社有限公司
（西安市长安南路199号　邮编 710062）
印　　刷： 北京飞达印刷有限责任公司
开　　本： 787mm×1092mm　1/16
字　　数： 300千字
印　　张： 17
版　　次： 2012年9月第1版
印　　次： 2012年9月第1次印刷
ISBN 978-7-5613-6154-2
定　　价： 29.80元

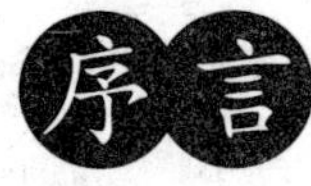

序言

一家著名企业在人才网上登了一则招聘广告，要招聘一名有能力处理敏感事务的高级职员。因为这家公司的知名度很高，给出的薪水也很高，所以前去应聘的人也非常多。在等待面试的大厅里，所有的人都在高谈阔论，夸夸其谈，希望自己的才华能够引起公司重要人物的关注。

因此，大厅里面非常嘈杂，以至于绝大多数人都没有听到广播里那个微弱的声音："我们想招聘一名有着安静天性以及敏锐观察力的人，听到这个指示的人可以进来拿聘书。"

其中，只有一个年轻的男孩除外。他从进入公司的那一刻开始一直保持沉默，安静地坐在大厅的一个角落里。当听到那个广播的时候，他立即站起来走进了房间，并成功地拿到了聘书。

很多时候，我们一直都在苦苦地追寻着成功的足迹，奋力捕捉着机遇的灵光，但是当成功正在召唤我们的时候，却因为沉浸在浮躁的世界中忽视了它的声音。

因此，要想受到成功的垂青，需要耐得住寂寞，把心静下来，专心等待成功来敲门。

当然，耐得住寂寞，并不都像上例那么简单，很多时候，它需要我们长期的与寂寞相伴，才能成功。

王国维在《人间词话》里说："古今之成大事业、大学问者，必经过三种境界：'昨夜西风凋碧树。独上高楼，望尽天涯路'，此第一境也；‘衣带渐宽终不悔，为伊消得人憔悴’，此第二境也；‘众里寻他千百度，蓦然回首，那人却在灯火阑珊处’，此第三境也。”

第一境界“昨夜西风凋碧树。独上高楼，望尽天涯路”的含义是，做学问成大事业者，首先要有执著的追求，登高望远，明确目标与方向，了解事物的概貌。这也是人生寂寞迷茫、独自寻找目标的阶段。

第二境界“衣带渐宽终不悔，为伊消得人憔悴”，作者以此两句来比喻成大事业、大学问者，不是轻而易举、随便可得的，必须坚定不移，经过一番辛勤劳动，废寝忘食，孜孜以求，直至人瘦带宽也不后悔。这也是人生的孤独追求阶段。

第三境界“众里寻他千百度，蓦然回首，那人却在灯火阑珊处”是说，做学问、成大事业者，必须有专注的精神，反复追寻、研究，下足工夫，自然会豁然贯通，有所发现，也就自然能够从寂寞王国进入自由王国。这也是人生的实现目标阶段。

由此可见，大凡成功者都是孤独而执著的。耐得住寂寞，是一个人思想灵魂修养的体现，是难能可贵的一种风范。

俄国大文豪托尔斯泰的《战争与和平》、《安娜卡列尼娜》相继发表以后，各种宴请、采访、签名就包围着他，使他极为苦恼。这时，托尔斯泰正准备写一部揭露和抨击沙皇专制制度的长篇小说《复活》。

为了专心致志地写好这本书，有一天，他把佣人叫到跟前，对他说：“从今天起，我‘死’了，就‘死’在我的房间里。不过别忘了给我送饭。”

从此，托尔斯泰把自己锁在屋子里，集中精力写作。每当有人来拜访他时，佣人便显出十分悲痛的样子对客人说：“先生死了，死在谁也不知道的地方。”

渐渐地，社会上都传说托尔斯泰神秘地死去，来访者也因此而绝迹了。

9年过去了。1891年，世界文学史上的巨著《复活》脱稿，作者托尔斯泰也同时“复活”了。

名利、浮华会使一个文学家、科学家很难再有大的进步，因为这些东西不仅会浪费文学家、科学家的时间、精力，还会干扰他们的心灵，使他们不能静下心来做自己的东西。正因为此，才会有一些真正的“大家”不惜多次搬家，来逃避这些东西。

托尔斯泰的“死去”和“复活”，形象地告诉我们：要想成就一番事业，必须要学会给自己一条冷板凳。

耐得住寂寞，孤独守一片乾坤，是一种境界。因为，这种“耐得住寂寞”的思想，无疑是一种强劲的动力，给你上紧奔腾的发条。

当你沉迷于各种应酬而感觉并无所得时，你应该考虑把自己的心静下来，去体验一下与寂寞为伴的滋味。也许你会得到一些意外的收获。

目录 CONTENTS

CONTENTS

第三辑 在平和中悠然生活 / 61

目录 CONTENTS

第六辑 成功需要慢慢等待 / 179

第一辑

寂寞是守候的宝藏

许多成功者，他们与失败者的唯一区别，往往不是更多的劳动和孜孜不倦的流血流汗，也不是多么聪明过人的头脑和谋略，而只在于他们的韧性和耐心。

如果你想改善人生，请不妨从忍耐，甚至习惯寂寞开始。耐得住寂寞者，始有所成，终有所就。

守住寂寞是一种境界

社会学家证实，人是有社会属性的生灵，当个人离开群体后，人性就会以一种手段惩罚个人，这种手段叫寂寞。

现实生活中，如何面对寂寞，往往折射着不同的人生追求和价值取向。

在某些人身上，寂寞是其无能、无为、无聊心态的素描，而对于那些有能、有为者，对寂寞却是别样的认知与处置，也可概括为两个字——守住。

由此联想到媒体广为宣传的邱成龙，他是我国战略导弹作战运用专家，一生获奖很多，大至国家级、军队级，小至研究院级，颁发给他的奖状、证书厚厚一大摞，但这些奖状、证书被他领回后，统统锁进办公室的柜子里。

一天傍晚，中央电视台《新闻联播》头条新闻，是国家科技奖励大会，荧屏上镁光灯闪烁的瞬间，邱成龙的子女们惊奇地发现，他们的父亲就在领奖台上。爸爸获这样的大奖，参加这么荣耀的大会，竟然没跟家里人说一声。

可时下，有不少人总是把自己作的一点贡献，视为抬高身价的砝码，稍有成绩就巧借各种传媒四处张扬，唯恐天下人不知。

而邱成龙用满腔赤诚奉献于导弹科研事业，他曾两次入选中国工程院院士有效候选人，却因他主持的科研项目涉密级高，科研成果也因涉密而难以充分展示，以致与“院士”称号失之交臂。但他从不为此而影响工作，反而干劲十足。这种奉献于默默，置“功劳”于淡然的情怀，正是英雄的风采，正是当今时代所呼唤的真英雄。

守得住寂寞，方能抵制诱惑，成就事业。如今的世界缤纷多彩，价值取向多元，红尘喧嚣的大环境，对于每一个人都是一种无形的诱惑。

如果说“寂寞”考验的是心境，“诱惑”考验的就是定力。大量事实证明，在诱惑面前，就有人静不下心，守不住神，心浮气躁，导致一事无成。

古人有言："静而后能安，安而后能虑，虑而后能得。"

在人生的历练中，从容淡定，是一种气度与志向。在潮涨潮落的人生戏台上，洒脱娴静，是一种能力与素养。

有人说成大事者需要大境界，这种大境界就涵盖守得住寂寞。为人民服务，任重如山，唯有这种境界，方能做到在欲望与诱惑面前心无旁骛，在荣誉与屈辱面前镇定自若，在困难与挫折面前矢志不渝，在喧嚣与浮躁面前聚精会神，也才能在寂寞中创造辉煌。

有人说，守得住寂寞是一种悲壮的美丽，是呼唤理性的天籁，是人生珍贵的箴言。

这话至少传递出两点信息，一为守得住寂寞者的这种气度与修养，这种克制与坚守，这种信念与定力，正受着新的形势和环境的挑战。另一点是告诫人们，成功往往只与那些"守得住寂寞"的人交朋友，浮躁是事业的大敌。

凡事业有成者的足迹均证明：守得住寂寞的人，看清的是自己面对的时局与环境，牢记的是自己的使命与责任，保持的是旺盛的斗志与激情。

这种"守得住"心境的养成，依存于一种坚定的信念——忠诚；一种可贵的责任——担当；一种昂扬的精神——奉献；一种不懈的追求——执著；一种难得的品格——淡泊。

佚名

诱惑是成功的一大障碍，抵制诱惑，忍受寂寞被许多成功人士所推崇。那是因为唯有如此才能在缤纷多彩的世界里抵制诱惑、守住寂寞，才能在红尘喧嚣的大环境中守住信念，也才能成就一番事业。

成功需要一颗忍耐的心

那时，他们刚刚到新疆，他们的农场刚刚开垦出第一片黑得泛油的肥沃处女地。地刚开垦出来，他们就迫不及待地种上了小麦。他们想，这么肥的土地，就是不撒化肥，小麦也会蓬勃生长的。

春节前，他们种下的小麦陆陆续续开始拱出了泥土，那芽尖鹅黄鹅黄的，像黎明时东方地平线上的一束束曙光，从那一望无际的鹅黄里，他们似乎看到了第二年秋天的金色希望。

但第二年初春，当厚厚的积雪缓缓融化尽的时候，他们吃惊地发现，那黑得泛油的土地不见了，铺开在他们面前的是白茫茫的一片泥地，那层白，白得像盐，白得像一地浓得化不开的霜，更令他们吃惊的是，那鹅黄鹅黄的麦苗一片一片地枯萎了，小小的叶子像一根根无力垂下的小小胳膊。

他们跑到几十千米外的一个地方找到一位老农，老农听了他们焦急的叙说后，淡淡一笑说：“今年你们可能要颗粒无收了。”

他们问老农他们的农场该怎么办？老农说：“没办法，最好的办法就是耐心等待吧。”

“需要等多长时间？”他们问。

“两年或者三年，甚至是五六年。”老农说。

他们一下子就沮丧起来。为了开垦农场、修建场房、买化肥农药等，他们每个人都欠下了很多的债务，不用旱灾或涝灾，就是等，也会把他们全拖垮的，因为每个人的债务都背着吓人的利息。

面对这样的盐碱地，他们中的许多人都彻底绝望了，有的退股，有的甚至连股金都甩了，干脆不声不响地一走了之。

而他没有，他依旧在一块一块地拼命开垦着。他相信，那些厚厚的盐碱地总有一天会被风雨改良变成肥沃的良田。

这一年的冬天，他依旧不急不躁地在将所有的地里撒上了麦种。这一年的冬天，水特别丰沛，雨一直淅淅沥沥地下着；那雪也特别的大，纷纷扬扬鹅毛似的，把农场的土地深深地埋起来了。

翌年春天，当地上的雪渐渐消融后，他惊喜地发现，农场的地已经没有了那些霜似的盐碱，一片一片的泥土黑黝黝的，没几天，农场的土地里已经是绿苗如茵了。

秋天，农场迎来了第一个丰收年。他满怀喜悦地又去拜见那位老农："你说我们农场的地脱去盐碱最少需要三两年，但今年已经没有盐碱了，而且长出了一地穗大粒饱的好麦子。"

老农说："小伙子，你运气不错，去年的雨水和那几场大雪给你帮大忙了。其实对付这种盐碱地，没有什么好办法，它需要的就是一颗忍耐的心。"

李雪峰

忍耐，考验的其实是一个人的意志和毅力。意志坚强者，能够承受厄运的打击，能够不言放弃。忍耐，就可能取得硕果，反之，就可能一败涂地。有时候，忍耐也是能否获得成功必不可少的一种品质。

享受寂寞的境界

近年来，研究陈寅恪先生的著述可谓多矣，手头的这本《寂寞陈寅恪》却从崭新的角度，为我们解读一代大师陈寅恪的学术精神和人格魅力，特别是通过对陈寅恪先生诗文书信等相关文献的发掘、研究，对陈寅恪的内心世界进行了剖析和阐释。

陈寅恪一生经历了清末、民国以及新中国，他的一生基本上与现代中国文化的萌芽与成长同步。时代的鼎革承转中，他凭借着自己卓异的天资和勤奋的努力积累构建了博大敦厚的学术殿堂，为同时代的人们以及后来的我们所景仰。

该书以时间为顺序，从陈寅恪海外求学写起，重点描述了他在清华国学研究院执教时的情景，以及在日寇侵华的日子里的坎坷人生经历，特别对他晚年的惬意与悲凉进行了全新的解读。

纵览陈寅恪先生不平凡的人生经历，我们不仅仅折服于他敦厚的学识、丰富的思想，更为他身上所具有的坚韧的骨气而感动。

陈寅恪家学渊源，旧学根底深厚，后来他游学欧美多年，对西学诸多新观点新方法也有很深的造诣。他治学面广，宗教、历史、语言、人类学、校勘学等均有独到的研究和著述。“盖世奇才”、“教授之教授”、“太老师”，这是国内外学术界及当年清华国学院学生对一代学术大师陈寅恪的尊誉。

他曾言:“前人讲过的，我不讲;近人讲过的，我不讲;外国人讲过的，我不讲;我自己过去讲过的，也不讲。现在只讲未曾有人讲过的。”因此，陈寅恪的课上学生云集，甚至许多名教授如朱自清、冯友兰、吴宓、北大的著名汉学家钢和泰等都风雨无阻地来听课。

盛名之下，他却朴素厚实，谦和而又自信，真诚而不伪饰，表现出了让人十分敬佩的学者本色。

然而，命运对待陈寅恪又是极其刻薄的。在他的后半生，先是双目失明，接着又是“膑足”。对一般人而言，这样的打击真是生不如死了，然而，陈寅恪却坚韧地活了下来，并且没有停止自己的学术研究，没有停止自己“以诗纪年”的精神漫游，他完全沉浸在一个更为崇高壮美的艺术世界与思辨世界里。

翻阅陈寅恪的一生，“寂寞”确乎存在于他的生命深处，特别是他失明之后，他只有用心中的诗句抒发对人生的感慨，排遣内心的寂寞。

他是一个纯粹的学者，而在他的学术生涯中能够与之齐肩、对谈者实在不多，加之身体的残疾，精神的空寂，事业上的苦闷，便凝集为一种精神的创痛。所以，他选择了研究和创作，唯此才能转移和释放身心的苦痛。

然而，这种空寂在陈寅恪身上又表现出一种境界，一种对洞彻学术、渗透人生的境界。

董保纲

在近现代学术界，陈寅恪的地位是无人超越的，他被称为当时中国“最博学之人”。然而，和其他的学术名人相比，他的名字却并不为国人所共知。

仅此一件事就可以看出陈寅恪治学、为人的低调，也正是这种低调和孤寂，才铸就了这位学术大师。

每个人都有自己的长处

贝尔蒙多出生于巴黎一个贫困家庭。他天生迟钝，学无所成。为此，他的母亲一筹莫展，望子成龙的热情也日益减退。

贝尔蒙多十几岁的时候就被迫辍学，面对母亲疲惫的脸，他除了懊恼沮丧，就是把家收拾得一尘不染，在家无所事事，他就摆弄几个苹果，做成可口的甜点。这些讨乖的行为不但没有博得母亲的称赞，反而使母亲对他的前途更加忧心如焚，继而对他放任不管，认为他是一个没有前途的人。

一个偶然的机会，贝尔蒙多去了巴黎一家非常豪华的大酒店做小伙计。他相貌普通，又无特长，谁都可以对他指手画脚。

后来他去了餐饮部当一名打下手的小厨师，帮助一位甜点大厨师洗水果、配调料。当时他会做的唯一一道甜点，就是把两只苹果的果肉放进一只苹果中，而外表上一点儿也看不出是两个苹果拼起来的，果核也都巧妙地去掉了，吃起来也特别香甜。

一次，这道特别的甜点被一位长期包住酒店的贵妇人发现了。她品尝后，十分欣赏，并特意约见贝尔蒙多。这个一直不被重视的憨小伙激动地表示，他将再接再厉以不辜负她的赏识。贵妇人虽然长期包了一套最昂贵的套房，可是一年中也只有加起来不到一个月的时间在此度过，但是她每次来这里，都会指名点那道贝尔蒙多做的甜点。

那几年，巴黎的经济萧条，酒店里每年都裁去一定比例的员工。然而毫不起眼的贝尔蒙多却安然无事，那位贵妇人是酒店最重要的客人，而他，可爱的贝尔蒙多是酒店里不可或缺的人。

酒店举行豪华庆典的那天，每个大厨师都做了一道自己的拿手菜。

轮到贝尔蒙多时，他仍然精心地做了那唯一一道甜点，对着家属席中的母亲，他热泪盈眶地说："我是一个很普通的人，我曾想给母亲带来一点点欣慰，可我没有做到。我希望今天，当我在这个平凡的岗位上为自己争得一席之地时，母亲能尝尝我10年前就做过的这道甜点。"

在众人的注目中，这位年迈的母亲眼里含着幸福的泪花，一口一口地品尝着这道该酒店远近闻名的招牌佳肴。

她终于知道，贝尔蒙多不是一个普通而碌碌无为的人，因为上帝给了他两个苹果，他却巧妙地调制成一个独一无二又口味独特的苹果。

当年，她忽视了他，幸好，上帝从来没有轻视他，尽管上帝能够给他的，只是两个普通的苹果。

施慧

心灵感悟

每个人都有自己的长处和天分，但有时我们的优势没有发挥出来，人生也处在了低谷。

这时我们应该耐得住寂寞，努力按照自己的禀赋发展自己，不断地超越心灵的羁绊，这样我们就能实现自我，展现自我。犹太法典说："如果你不做自己，那么要叫谁来做你呢？"

沉淀一下心绪

美国一位成功人士讲过这样一个故事：

初秋时节的一天，我头一回从叔叔手里接过渔竿，跟着他穿过树林去钓鱼。

多年的垂钓经历使叔叔深知何处小狗鱼最多，他特意将我安排在最有利的位置上。

我模仿别人钓鱼的样子，甩出钓鱼线，宛若青蛙跳动似的在水面疾速地抖动渔钩上的诱饵，眼巴巴地等候鱼儿前来叮食。

好一阵子什么动静也没有，我不免有些失望。

“再试试看。”叔叔鼓励我道。

忽然，诱饵消失得无影无踪了。

“这回好啦，”我暗忖，“总算来了一条鱼了。”我赶紧猛地一拉渔竿，岂料扯出的却是一团水草……

我一次又一次地挥动发酸的手臂，把钓线扔出去，但提出水面时却总是空空如也。我望着叔叔，脸上露出恳求的神色。

“再试一遍，”他若无其事地说，“钓鱼人得有耐心才行。”

突然间，好像有什么东西在拽我的钓线，旋即一下子将它拖入了深水之中。我连忙往上一拉渔竿，立刻看到一条逗人爱的小狗鱼在璀璨的阳光下活蹦乱跳。

“叔叔！”我掉转头，欣喜若狂地喊道，“我钓了一条！”

“还没有哩。”叔叔慢条斯理地说。他的话音未落，只见那条惊恐万状的小狗鱼鳞光一闪，便箭一般地射向了河心。

钓线上的渔钩不见了。我功亏一篑，眼看快到手的捕获物又失去了。

我感到分外伤心，满脸沮丧地一屁股坐在草滩上。叔叔重新替我缚上鱼钩，安上诱饵，又把渔竿塞到我手里，叫我再碰一碰运气。

“记住，小家伙，”他微笑着，意味深长地说，“在鱼儿尚未被拽上岸之前，千万别吹嘘你钓住了鱼。我曾不止一次看见大人们在很多场合下都像你这样，结果干了蠢事。事情未办成之前就自吹自擂一点用也没有，纵然办成了也无须自夸，这不是明摆着的么？”

张国伟

无论干什么工作，都要能沉下心来，踏踏实实地去做。成功由耐心得来，吹嘘不能解决问题，只会把事情搞得更糟。所以，静静地沉淀一下心绪，笑对失败；以一颗平静的心对待发生的一切，认真做人，踏实做事，终究会成功的。

成功需要耐得住寂寞

我叫阿比达尔，是一个后卫，一个耐得住寂寞的后卫。在我走上职业足球的道路的时候，我就知道作为一个后卫，是必须耐得住寂寞的。

也许作为一个后卫，我永远成不了主角，永远无法在球场上被人称为国王，因为足球的荣誉更多的偏向那些进球的前场球员。后卫注定是一个寂寞的职业，所以我一直坚定的坚持着自己的职业道德，耐得住寂寞。

从摩纳哥到里尔，然后是里昂，我终于在寂寞中被人认可，在利利安·图拉姆等人终于渐渐老去的时候，正值青春年少的我终于开始被人发现了价值。所以，2004年我顺理成章的入选了一向渴望的法国队。在俱乐部法甲的霸主六冠王也向我发出了邀请函。

然后，凭借着我耐得住寂寞的表现，作为一个后卫的价值我终于被更多的人肯定了。欧洲的豪门开始关注我，我知道现在这个足球的时代已经进入了优秀后卫稀缺的年代，所以我这样耐得住寂寞的后卫成了豪门眼中的香饽饽。

2007年的夏天，我加盟了巴塞罗那，一个伟大的俱乐部。是的，虽然当时“梦2”的光环已经退却，联赛冠军也被皇马夺了去，但是我还是选择了这个伟大的俱乐部，因为我相信我在这个俱乐部一定会成功，因为我是耐得住寂寞的后卫。

来到巴萨的时候我就告诉我自己，我是一个后卫，我需要耐得住寂寞，我的责任不是进球，我的责任是阻止对手的进球。也许我们后卫很多时候在场上是配角，但是我们必须耐得住寂寞，因为在场上我们不可或缺，尤其是在巴萨这样的球队。

巴萨是个伟大的球队，是个崇尚进攻的球队，这就需要我们后卫在场上更好地时刻提防。

不要因为忘我的进攻而忽略了一个后卫的责任，因为那样很可能致命，我们进攻时也意味着给敌人更多的机会，所以我们必须耐得住寂寞。

其实我也很羡慕梅西的冲锋陷阵，我也很想自己带球连续过人。然后，一个华丽的射门解决比赛。但是我知道一旦我那样做了，万一我的球中途被断，我的身后将是一片开阔地，一旦敌人在那里拿球，那么对于球队将是一个灾难。

而梅西一旦失球，他后面还有我，所以，他可以放心的突破，我不可以。其实阿尔维斯我也羡慕，我也想像他一样攻守全能，上得去回得来。

但是我知道一旦我也上去，那么后卫只剩下两个中卫了，一旦被反击连补位的人都没有了，所以我必须选择留下，因为我是后卫，防守是我的使命。

我必须耐得住寂寞，即使我的职业生涯没有进球纪录，我也不能够忘记一个后卫真正的使命，即使这个使命是个寂寞的使命，但这是我的职责。

我是一个低调的人，也是一个知道自己的优缺点的人，我知道我能做到什么，什么难做到，所以我一直能够恪守本分，世界上是没有完美的人的，看看我后面的巴尔德斯，他的黄油手不是一直被人诟病吗？但是这不妨碍他成为一个伟大的门将，不是吗？

而我虽然不能够进球，但是也不妨碍我成为一个优秀的后卫，或许离那些伟大后卫还有差距，或许我做不到像凯撒那样开创一个后卫时代的球王，也成为不了萨默尔、巴雷西、马尔蒂尼那样伟大的名字，但是我阿比达尔的确是一个耐得住寂寞的后卫，我的名字一样能让顶级的前锋害怕，因为我耐得住寂寞，我不怕寂寞，我恪守我的天然使命。

我！阿比达尔！我是一个后卫，一个优秀的后卫，我从不妄自菲薄，虽然我进不了球，但是我足够的优秀，我的使命就是防守，防守再防守！努力扼杀一切的失球，我将坚守我的使命，诺坎普禁区左侧永远是我的地盘，一个敌人要拿球从我这儿通过都必须先问问我！

红花是总需要绿叶来衬托的，作为一个耐得住寂寞的后卫也许只能成为一片绿叶，但是绿叶也是分档次的，衬托牡丹的绿叶总比衬托狗尾巴草的绿叶来得好。

我阿比尔达就是那片天生为衬托巴塞罗那这朵国色天香的牡丹的绿叶，是的，我甘当这样的绿叶，巴塞罗那六冠王的奖杯中有我的一份功劳，这是对我的汗水最好的褒赏！

寂寞！是个可怕的东西！但是我耐得住寂寞，所以我比寂寞更可怕！

阿比达尔

尽管我们可能并不是足球迷，但是我们不能不佩服足球表现出的团队精神。

在一场足球比赛当中，和前锋的无限风光相比，常常站在球门边上的后卫显得是孤寂的，很少有掌声送给他，也很少有人呼唤他们的名字。但是他们就是那样默默地看守着球门，随时等待着狙击对方的进攻，为球队的胜利守住球门的第一道防线。

理性克制是人生至宝

朋友从英国回来以后，反复地对我说起英国的赛车公司，让我很莫名其妙。

我问他为什么老是说起赛车公司，他说要不是被赛车公司淘汰掉，他现在已经被英国一家大公司聘为总裁助理并负责开发国内市场了。我继续莫名其妙，他只好把故事完整地讲给我听：

原来朋友在英国伦敦大学进修工商管理专业期间，曾经参与过伦敦大学的专业论文评选。朋友的论文很被英国企业界一些成功人士看好。

英国皇家某大公司的总裁亲自点名要他参加该公司一年一度的职位竞选。我的朋友看完了该公司的简介以及空缺的职位以后，决定竞争较为激烈的总裁助理一职。

面试答辩等一些程序全部完毕以后，我的朋友和另外四个对手进入了最后的决赛。决赛分两个步骤，第一步是做上任第一天的工作安排。

我的朋友在国内曾在某行政单位做过管理工作，朋友以他完美的思维和东方人的谦虚赢得了赞美，结果他和另一位年轻的选手胜出。

第二步考查他们的内容竟是赛车，在接到那把车钥匙之前我的朋友无论如何也想不到第二步考查的内容会是这样。

朋友的车技不错，速度很快超过那位对手，但不幸的是他们的路线出现了堵车，朋友等了一会儿，看到后面对手的车也跟了上来，为了能尽快甩下对手，他看了看地图，把车掉回头去走另外一条路，结果是那位对手耐心等到了塞车结束。

而我的朋友因为走得太远了，当他到达目的地时对手早已经到达。他被公司淘汰。

那位总裁对他说："你的性格在驾车时已经流露出来，一个人耐心地等塞车通了，那么他在工作中即使遇到危机，也能理性地去解决。自我控制和有原则对于总裁助理这个职业很重要。希望你能明白你失败的原因。”

我对他说，原来你被赛车公司淘汰了，朋友严肃地对我说：“其实不是被赛车公司淘汰了，而是被自己淘汰。”我仔细地想了一下，确实是这样。

中原渔人

当你走向生活时，不妨坐下来先检查一下自己的行囊，看看是否带上了一样必备的东西，即理性的克制。

没有理想的勇士是莽汉，不善于克制的勇士是狂夫。对于一个成功的开拓者来说，克制既是实现既定目标的保证，又是取得更大成功的起点。

弱水三千，只取一瓢饮

佛祖在菩提树下问一人：“在世俗的眼中，你有钱、有势、有一个疼爱自己的妻子，你为什么还不快乐呢？”

此人答：“正因为如此，我才不知道该如何取舍。”

佛祖笑笑说：“我给你讲一个故事吧。某日，一游客就要因口渴而死，佛祖怜悯，置一湖于此人面前，但此人滴水未进。佛祖好生奇怪，问之原因。答曰：湖水甚多，而我的肚子又这么小，既然一口气不能将它喝完，那么不如一口都不喝。”

讲到这里，佛祖露出了灿烂的笑容，对那个不开心的人说：“你记住，你在一生中可能会遇到很多美好的东西，但只要用心好好把握住其中的一样就足够了。弱水有三千，只需取一瓢饮。”

我无法体会“十年修得同船渡，百年修得共枕眠”是怎样的一种漫长，但我确信：爱，不仅需要苦寻，更需要守候。

真正的爱情，需要两个人用一生固守。

滚滚红尘中，两颗心互动、磨合，从最初的灵犀一动到最终的浑然一体，这也是两个灵魂不断纠缠于吸引和排斥、疏离和亲近的过程。这是一个非但不轻松而且可以说非常艰辛、漫长的过程。

芸芸众生，乱花迷眼。几经沧桑，几多变迁之后，多少人为故人儿饮泣，为旧景致唏嘘。

可我，还是要真诚进言：不懂爱的人，才会把爱当作野火烧不尽、风吹又生的草。爱其实柔韧如丝，利刃难断，却禁不起滴水侵蚀。

真的，爱这个字，请你尽乎吝惜地锁进心灵深处。为了它唯美的归宿，又何妨众里寻她千百度？弱水三千，只取一瓢饮。娇玫万朵，独摘一枝怜。这，才是完整人格对爱本质的切肤认知，对爱内涵的深度诠释。

喧嚣现世中，我出没于霓虹迷离的步行街，人潮汹涌的地铁站。迷离恍惚间，感动于每一对执著于真爱的人。看到他们为爱迷醉、为爱挣扎，共赏爱的小桥流水，也同博爱的暗礁惊涛。

霎时领悟到，在真爱的心灵里，永远没有分手的理由。为爱可以沧海桑田，为爱可以凤凰涅槃，只为和爱人，共拥匆匆几十载的天长地久。

是的，不在乎天长地久，只在乎曾经拥有！一壶好酒，数碟时令小菜，与三五家人或知己挚友，围坐在石桌旁，把酒问青天，岂不人生一大快事？

然而，这份惬意，世间又有几人能共享？

一个挺漂亮的女孩，爱上了一个男孩。于是很自然地，女孩开始了人生的初恋。女孩可爱的样貌和清雅的气质，使男孩深深心仪，他希望和女孩终身相守。

可是女孩却拒绝了："你是我第一个男朋友，谁知道我以后会不会遇到比你更好的。这样吧，一年以后再说吧，如果我们真有缘，自然还会相逢。"

男孩听了很伤感，但他没有因失恋而失志，而是从此发愤创业。一年后，由于他业绩骄人，已从普通办事员升为部门经理。

此时，男孩接到女孩的电话："在这一年里，我见过不少男孩，还是觉得你最好，我们结婚吧！"

"真对不起，我已经和另一个女孩子恋爱了。"男孩平静地说。

有些精明的人总喜欢抱着“骑牛找马”的心态去恋爱。眼前拥有的不珍惜，结果最理想的人永远高不可攀。

人的一生其实要求的东西并不多，一杯水、一碗饭、一句“我爱你”足矣！如果可以多做一次选择的话，我希望水是你端的，饭是你煮的，“我爱你”是你说的，就这样过日子，多好!

樱花雨

人生不仅在事业上需要耐得住寂寞，在爱情中也需要耐得住寂寞。这种耐得住寂寞既包含“娇玫万朵，独摘一枝怜”，也包含抵制各种诱惑，对爱情的忠诚与固守。

在这个物欲横流的社会里，如果没有这两种固守，我们不可能得到幸福的爱情，也枉谈得到美好的人生。

用一生等一个约定

小的时候，温暖明亮的下午，她会站在他家的窗下，高声喊着他的名字，然后他会从窗口探出小小的脑袋来回答她："等一下，3 分钟！"

但她通常会等5分钟以上,因为他会躲在窗帘后面,看着她在开满花的树下一朵一朵地数着树上的梨花。当他看到分不清哪个是她哪个是花的时候,才会慢吞吞地下楼去。

她看到他会说，你又迟到了。然后他们就开始玩办家家，她是妈妈，他是爸爸，没有孩子。她把掉下来的花瓣撕成细细的条,给自己的小丈夫做菜吃。

上中学的时候，她和他约定每天早晨7时在巷口的早餐铺见面。她总是很准时地坐在最里边的位置,叫来两根油条。7时10分以后,他拖着黑色的书包出现在有些寒冷的阳光里。懒散的表情，脸上有时隐隐可见没擦干净的牙膏沫。她看到他,会说,你又迟到了。她把粗大的油条撕成细细的条,给他配着热腾腾的豆浆喝。然后他坐下来开始吃早餐,她把他脏脏的书包放在自己的腿上。

高中毕业典礼那一天，他们去了一家婚纱店。她指着一套婚纱对他说，我好喜欢那套婚纱。他看那套婚纱，它不是白色，而是深蓝色的。蓝得有些诡异，有些忧郁，就像新娘一个人站在教堂里，月光掉在她如花的脸上时，眼中落下的一滴泪。

然后他轻声告诉她："等你嫁给我的那一天，我把它买给你。"

大学他们分居两地,当她打电话询问他的信什么时候会到的时候，他常常回答她大概三天以后。而她接到信的时候,已经过了七天。于是她会在信里包上新鲜的玫瑰花瓣，然后写到，你又迟到了。

她把日记撕成细细的条，夹在信里寄过去。她想如果他细心地把那些碎条拼起来，就可以读到她在深夜对他的思念。

毕业以后,他们有了各自的工作。有一天他说要来看她，于是朴素的她第一次化了妆，匆匆赶去车站。她看着空荡荡的铁道,觉得那些寂寞的钢轨，当火车从它身上走过，它会发出绝望的哭声。

火车比预定时间晚了一个小时。她看到他变得比以往更加英俊,只是眼中少了一份懒散，接着她又看到他的身边有一个笑颜如花的女子，他介绍说那是他的未婚妻。

她只是说了一句，你又迟到了。

那天晚上，她把他写过的信撕成了细细的条，让一团温柔的火苗轻轻舔舐着它们的身躯。他结婚那天，也邀请了她。她看到新娘是如此的美丽，穿着一套洁白的婚纱。那套婚纱白得十分刺目，像是在讥讽她的等待，没有人发觉她在晕眩。

第二天她就搬去了一个小城市,没有人知道她在哪里，她决心要在这个世界里蒸发，从他的生活里蒸发。 他像大多数城市里小有成就的男人一样，经历了事业上的成功、失败、离婚、再婚、再离婚、再结婚、丧妻。

在他的生命里路过了许许多多的女人，他们有的爱他,有的被他爱,有的伤害了他，有的被他深深地伤害。匆匆而来,又匆匆而去。当他恍惚记起曾经那个站在开满鲜花的树下一朵一朵地数着树上的梨花的小女孩时，自己已经是七旬的老人了。

他寻访到了她的信息，他认为自己可以带一点见面礼给她。后来有人告诉他,她一直都没有结婚，她似乎在等待一个约定，只是这个约定的期限不知是在何时。于是，他知道自己该买些什么了。

他花了很长时间去寻找一件深蓝色的婚纱，他的确找了很多件，只是没有一件像当年那套一样，有着孤独新娘在月光下的第一滴眼泪感觉的深蓝色婚纱。终于，他从香港一位收集了很多套婚纱的太太手里买下了那样一件婚纱。

那位太太听过他们之间的故事后坚持不收钱，但他还是付了55元钱。他们曾经约定在她嫁给他的时候，他会买那套婚纱送给她，直至现在已经有55年。

他带着那套深蓝色的婚纱，匆忙赶到医院。他从不知道自己70多岁的身体居然可以跑得这样快。但是时间是最捉弄人的东西，在他怀抱那堆深蓝色的轻纱踏进病房的那一刻，她停止了呼吸。

他觉得这一幕是那么似曾相识，只不过不同的是,她不能再对他说一句，你又迟到了。她一直都在等待约定的期限，尽管他总是迟到。

但是她从没想过，那最后一个约定的期限，就是她一生的时间。

佚名

感人的爱情故事大都是凄美的，也常常是震撼人心的。文中的她用55年的时间，一个人孤独地等待一个没有约定的约定。别人无法推测她在这55年中的心理状态，但可以想象的出应该是孤独寂寞的。她忍住了几十年的寂寞，最终等来了这份约定，尽管是一份迟到的约定。虽然迟到，但却让人生没有了遗憾。

有一种爱情叫相濡以沫

有人说，相濡以沫不如相忘于江湖。

以前无数次看到这句话，对其没有任何概念，直至上了大学，时不时有成双入对的亲密身影从眼前走过。人们都说大四是分手的季节，劳燕分飞的故事每一年都不胜其数，看着眼前甜蜜的倩影，不由地想是不是他们大多数的结局都是相忘于江湖呢?

有多少人曾经花前月下、山盟海誓、爱得昏天黑地，可是最终还是败给了现实，缘分尽了，便相忘于江湖。比起“相忘于江湖”，我更赞赏、更倾注的还是“相濡以沫”。

在我的身边，我从小至大的成长历程，就见证了对这四个字的最好诠释，是的，他们就是我的父亲母亲。

爱在围城里

佛说，前世的一千次回眸，换来了今生的擦肩而过。但是佛能否告诉世人，多少次的擦肩而过才换来了今生的同甘共苦?

父母相识于最艰苦的年代，物质条件及其恶劣。父亲青年才俊，一穷二白。母亲慧眼识珠，看准了父亲的才智，不在意他的潦倒家境。

刚结婚之时，家里唯一的电器是一只电灯泡，所谓的“家”也只是临时租借的一间小屋。妈妈说她也不是没有过忧虑，但是出于对父亲的信任，让她无论在何时何地都一直坚信着父亲会凭借自己的能力给我们幸福的未来。

母亲贤惠能干，不但在工作上独当一面，而且包揽了家里的一切、父亲的一切、我的一切，以至于若干年后我们什么都有了的时候，母亲总是因为多年来的操劳而腰酸背痛抑或咽炎发作。

然而，父亲不事家务也是有苦衷的，小时候落下的腰痛根本经受不住一丁点体力活。父亲经常开玩笑说自己“身残志坚”，“身残”是夸张了点，“志坚”却是真的。

父亲思维严谨缜密，做事成熟稳重是出了名的，也正是因为果敢而又坚毅的性格，才能从当初一无所有的穷小子走到了今天，拥有了成功人士所拥有的一切。

如果把我家二十年来的奔富过程比作一场战役，那么父亲就是前方的英勇战士，母亲就是后方的兵马粮草。二者同样重要，缺一不可。最重要的是，在彼此的默契配合和同舟共济下，这场战役取得了决定性的胜利。

钱钟书说：婚姻是一座围城，外面的人想进来，里面的人想出来。然而，有一种爱叫相濡以沫，婚姻并不是它的坟墓，而是它的永生。

我的父亲母亲，他们也许曾经也在这座围城里迷茫、徘徊过，可是，更多的包容、理解与关怀，使那看似是围城的婚姻对他们来说更是一种责任，让彼此生活得更幸福的义务。

那一纸婚书，便是两人缔结同盟的约定，于是，从此以后两人并肩作战，突出重围，最初的那座“城”便不复存在了，爱便得到永生。

习惯是爱的最高境界

有没有人思考过：爱的最高境界是什么？也许有人会说是为了爱的人舍弃自己生命中拥有的一切，我最初也是这么认为的，因为许多爱情最壮烈的时候总是会和生与死联系在一起的。

然而后来想想，那些荡气回肠的爱情总是悲情者居多，如果什么都舍弃了，那又有何幸福可言？又谈何最高境界呢？况且只会在言情小说和电视剧中出现的片段，只是水中月、雾中花而已，离我们的现实太远了。

爱的最高境界，我认为是习惯。当你习惯了一个人生活中的习惯，你就真的爱上他了。正如母亲习惯了父亲的鼾声，没有了反而觉得心里不踏实；父亲习惯了母亲的唠叨，听不见反而觉得心里空落落的。

从前不爱干净的父亲，和母亲生活了十多年后，也开始指责别人不干净，那样的语气、那样的神态竟与母亲如出一辙；从前很早就犯困上床睡觉的母亲，慢慢也开始了“猫头鹰”的生活，只为了等待晚归的父亲，并为他做上一份夜宵。

母亲每天将父亲次日要穿的衣物准备妥当，摆放整齐；父亲只喜欢吃母亲烧的菜，对其他人都挑三拣四。习惯是个可怕的东西，它让父亲依赖，让母亲乐意被依赖。

爱情是对另一个人习惯的认同，爱到最高境界就是认同了他的习惯。现在早已习惯相似、步调统一的父母，却出生于两个截然不同的环境里。父亲是清苦农村家庭的长子，母亲是衣食无忧的城市姑娘。两个人会为了对方去改变、去迁就，这就是爱。

爱情的哲学有时候就是这么简单，就在生活的点滴里。安妮宝贝说过：“不是爱他，而是爱有他的日子。”习惯是爱的最终归属，或许也是爱的最高境界吧。

执子之手，与子偕老

在那么多描写爱情的古诗词中，不乏优美华丽的。然而，要说我最爱的还是那一句言简意赅却寓意无穷的“执子之手，与子偕老”。这是一幅两个人同撑起一方天空的风景。父亲母亲就好比两棵独立的大树，共同撑起一方天空，枝叶在蓝天下茂盛的成长，树根在地底下相互扶持。风也罢，霜也罢，雨雪也罢，执子之手，就无所畏惧；与子偕老，就是相守的一生。

执子之手，与子偕老。这其间又包含着多么大的勇气啊！要和一个曾经陌生的人融入同一种生活，要克服最初的恐慌与迷茫，要承受来自另一半和孩子的压力，要度过令人焦虑的七年之痒，要奔走于柴米油盐之间……

漫漫长夜里执子之手，走完这一段又一段的长路；坎坷的道路上执子之手，渡过一次又一次的难关。执子之手，与子偕老，于平凡中彰显伟大，于平淡中窥见真情。

舒婷描绘过这样一道风景：大街上，一个神态安详的老妇人和一个从容的老人微笑着，从不同的方向面对面地走近，走近；然后是微笑着，鼻尖顶着鼻尖地站着，双手紧紧地握在一起，身后西下的阳光把他们的头发和笑容染成一片暖暖的黄色。身旁的人们被他们的幸福感染。

我想，老年的父亲母亲应就如同这般，羡煞旁人。

他们说婚姻是一座围城，进去的想出来。而你们就这样手牵着手，坦坦然然地一起走入围城里，互相扶持着，把许许多多毫不动人的日子走成一串风景。

在你们身上，我看到了爱情的最高境界：习惯彼此，为了对方去习惯另一种生活。

“生死契阔，与子成说。执子之手，与子偕老。”这说的就是你们吧。在冥冥之中相遇，然后携手相伴，看过无数日出与日落，走过每个阴雨艳阳天。没有太多的轰轰烈烈惊天动地，没有大喜也没有大悲，没有999朵玫瑰也没有魂断蓝桥，有的是携手并肩看细水长流的淡然，是相对无言眼波如流的默契，是沧桑岁月中沉淀下的温暖，是浮华背后的那一抹真挚、一份依靠。这种爱，就叫“相濡以沫”。

佚名

一对夫妻几十年风雨与共，相濡以沫，看似平淡，其实这里面包含了很多常人无法做到的东西。因为相爱的人相处久了，感情开始变淡，感觉开始钝化，更多的是对柴米油盐的关注，凝视的眼光也从含情脉脉到平平淡淡。

此时，外界的诱惑不断冲击着这个两人组合，两个人必须耐得住寂寞，经过不断磨合，才能逐渐走向相濡以沫。

一个老人影响了一个镇

为了你早起八九年，我愿意！因为，没有人可以替代你在我生命中的位置……

福尼亚小镇上至今依然保留着这样一个习惯：每年6月15日那天早上的4时

整，小镇上所有的家庭都会响起一阵闹铃声。

4点钟？这个时间未免也太早了吧？难道福尼亚小镇上的人都这么勤奋吗？

这件事要从一个人说起，他叫马歇尔。

马歇尔先生是个每天都起得很早的人。只要教堂里的钟声刚刚敲响4下，他就要从床上爬起来，习惯性地在炉子上炖一碗鸡汤，然后走出家门，到教堂附近的小路上去溜达。

要知道，马歇尔先前可不是这样一个早起的人，那时候的他嗜睡如命，到了早上 9 时还赖在床上，把被子裹得紧紧的，拽都很难拽得动。

马歇尔的改变缘于自己的妻子。

马歇尔20岁那年留学中国，在中国，他结识了自己的妻子。两人感情甚笃，后来妻子跟着他来到了英国，并改名为琳达。婚后的生活十分甜蜜，一年后，琳达为马歇尔生下一个儿子，一家人过得和和美美。

然而，这样的日子并没有一直进行下去，5年后，琳达在一场车祸中被撞成高位瘫痪，马歇尔伤心欲绝，变卖了所有家产来维持琳达的生命，并且拉扯着一个未成年的孩子，生活过得十分艰难。

艰苦的条件并没有改变马歇尔对琳达的爱，由于大小便失禁，琳达总会在早上四时多把床单弄得一团糟，通过长期观察，马歇尔发现，这个时间十分准时。

为了让琳达少遭点罪，马歇尔总在每天教堂钟声敲响4下的时候，迅速爬起来，为琳达换好垫布，擦洗身子，然后再到厨房，为琳达炖一碗她最爱喝的鸡汤，再一小勺一小勺地喂琳达喝下去。

等他们都吃好饭以后，差不多6时了，这时候，马歇尔再把琳达抱到轮椅上，推着她到教堂附近的小路上散步。这样的习惯被马歇尔演化成了一种规律，每天皆是如此，雷打不动。渐渐地，马歇尔和琳达逐渐成了教堂附近的流动风景。

琳达生病期间，有一位朋友曾经为马歇尔介绍过一个对象，女人是个中学教员，人也十分贤淑，表示愿意和马歇尔一道来照顾琳达，尽管这样，还是被马歇尔一口回绝了。

一年后，琳达在轮椅上于一个午后安然离去。这时候，儿子早已成家，70平方米的房子，只剩下了马歇尔一个人。

尽管琳达不在了，但是，马歇尔每早4时起床，煲汤的习惯却一直延续下来。只不过每到6时，马歇尔不再去教堂，而是到附近山腰的公墓去陪琳达说上半小时的话，顺便帮琳达换上一束最鲜美的雏菊，那也是琳达生前最爱的。

后来，马歇尔家附近的教堂拆迁了，许多人以为马歇尔听不到钟声不会再起得那么早了。其实，他们哪里知道，此刻的马歇尔早已在自己的心灵深处安置了一只闹铃，每天早上4时，准时响起。

马歇尔的爱情故事后来被一家媒体报道出来，许多年轻的情侣都涌往这座小镇，每天早上4时整，准时守候在马歇尔家门前，只为一睹马歇尔这位“痴情先生”的尊容。

多年以后，马歇尔先生开始步履蹒跚了。不知道谁最先相信，人们认为：只要能搀扶马歇尔走上一程，就能一生爱情美满，家庭幸福。

再后来，整个小镇发起了这样一项活动，那就是在6月15日那天4时整，小镇上的所有家庭都会响起一阵闹铃声。因为，那天是马歇尔的生日，在那天，所有小镇上的夫妻，约定互相为彼此做一件有意义的事情。

马歇尔先生享年109岁，他去世以后，他让自己的儿子在自己的墓志铭里写下了这样一句话：“亲爱的琳达，如果有可能的话，我一定愿意再为你早起89年！因为，没有人可以替代你在我生命中的位置……”

佚名

也许一个伟人都不可能影响一镇人的生活习惯，但一个平凡的老人——马歇尔居然做到了。

这听起来奇怪，其实不奇怪。因为马歇尔用他的爱，用他孤独的坚持，打动了小镇每一个人的心，他用行动验证了爱情的伟大。

找出你的敏感点

假若评选这几年人气最旺的青年演艺明星，我想蒋雯丽肯定榜上有名。我在“搜狐”里输进她的名字，记录一共有38900项，比巩俐等“国际巨星”还多。

蒋雯丽迄今已在二十多部影视剧中饰演重要角色，并几次获得“百花奖最佳女配角”提名。她演的角色千差万别，几乎没有一个是重复的，她自己也说过：“我总喜欢一些从未演过的、具有挑战性的角色。”

蒋雯丽自然也是有梦想的，但她的梦想却始终随着环境的变化而变化。

五六岁的时候，姥爷希望蒋雯丽成为体操运动员，于是把她送进了蚌埠市体操队，她就这样学会了侧手翻、空手翻、拉拉提等“武艺”。

高中时，蒋雯丽觉得当老师很神圣，渴望“长大后就成了你”。她曾经在家里偷偷地过着教师瘾：复习功课的时候，拿粉笔在玻璃上写那些需要背诵的东西，像老师一样拿根棍子在玻璃上指指点点。

然而，理想不是某个人用私房钱喂大的，它不会那么听话，高中毕业后，蒋雯丽没有考上大学，只上了中专——安徽水利电力学校，她的教师梦破灭了。

中专毕业后，蒋雯丽被分配到蚌埠市自来水公司做了一名普通工人。她不甘心就这样平平庸庸过一辈子，产生了当作家的念头。她如饥似渴地阅读各种文学书籍，开始勤奋练笔。

人生的戏剧性无所不在，有一次，自来水公司决定搞一次春节文艺汇演，在学校做过团委书记的蒋雯丽被任命为总策划，演出特别成功，受到了上级的表扬。

后来，全国城建系统搞汇演，她担任领舞的集体舞又获得了省里和全国的大奖，经历了这样两件事，她的表演才能开始显露出来。

1988年秋天，蒋雯丽看到《大众电影》上刊登了北京电影学院的招生广告，决定赴京投考。

对这次考试，她不像别的考生那样紧张，她的想法很简单：考上了，最好；没考上，就当作为自己的写作增加一次体验。或许是因为没有心理压力，人生体验又相对丰富的缘故，蒋雯丽在考场上发挥得异常出色，她顺利地考上了电影学院，从此开始了人生真正的辉煌。

一个人的才华总有特殊的敏感点、兴奋点、爆发点，这是上苍赐给我们的一块“魔布”。面对这块“魔布”，不同的人态度截然不同。有的人只知得过且过，连瞄一眼“魔布”的心思也没有，活了一辈子，也不知自己适合干什么；有的人开始寻找“魔布”时信心十足，但缺少必要的坚韧，结果功败垂成，还要埋怨这种环境不好，那种条件不行。只有高立于智慧山巅的人才懂得“魔布”的价值，他们总是四处“捕捉”它，平原没发现，转向丘陵；陆路没找到，奔向水路，不达目的，决不回头。

蒋雯丽从最初的体操运动员，到最后勇敢地走向电影学院的考场，一炮打响，找到了生命中的“魔布”，曾经的失败也变成了特有的“营养”：练体操培养了她模仿的功夫；没有当成老师、作家，却锻炼了她在日后的表演中琢磨人物心态的能力……

人的一生都在摸索中前行，一个人站在高处还是低处，固然与所处的环境，拥有的智慧、学识密切相关，但更多地取决于关键时刻你有没有耐心寻找上苍赐予你的那块“魔布”，会不会让才华的敏感点化作实实在在的本事。

游宇明

每个人的生命都有一个“敏感点”，这个“敏感点”是我们成功的敲门砖，找到这个“敏感点”，就走上了人生的康庄大道。问题是这个“敏感点”并非是轻而易举就能找到的。

人生的每一步都是环环相扣的，为了寻找生命的敏感点，就要在有机会的时候学会把握，没有机会的时候，耐住寂寞，认真创造机会。

艺术背后的寂寞

我在买一支狼毫笔时邂逅了他。狼毫笔在他的店里，店在古色古香的青石板街上。

这是一栋两层阁楼，屋中央一个超大的画案。三面墙上一溜儿挂着字画，画下是琳琅满目的笔墨纸砚。

他拿一支狼毫递给我："孩子学画尚早，她太小，练字是可以的，不过也不必花钱请名师，先拿字帖临摹一下。"

"你这样的丹青能手，孩子肯定也很出色吧？"我问。

"不，我的孩子不学画，学武术去了。"他见我吃惊的样子，顿了一下，苦笑，又摇摇头，"歧途啊，歧途……"

我问："什么是歧途？"我不确定他说的歧途是指学武术，还是丹青书法。

"干我们这行的，听上去很风雅，却清苦寂寞，孩子可以把此当爱好，若以此为生，却好比歧途，我的叔父，"他说了一个如雷贯耳的名字，"他默默地画了一辈子画，从不像别人那样包装宣传，直至去世，连县美协都没进去，画自然也卖不出大价钱。"

我说，"你叔父的大名，早已遍布大江南北啊，怎么会？"

他答道：那是他去世之后的事了。叔父活着的时候，困顿了一辈子。曾为生计所迫，卖掉了房子，一家人挤在画室的角落里。他的画很好，名气却没有，他知道自己的价值，便宜了不肯出售，遇上朋友，或者清贫的知音，又免费赠送，这样一来，卖画的收入寥寥无几。

叔叔有8名学生，学生们最了解他，也知道他的价值。叔叔仙逝后，学生们跑到北京，凑钱给他办画展，机会这时候来了。

一天下午，来了位老先生，站在画前看了又看，爱不释手，问："我能不能见一见这位画家？”

学生们说：“老师已经不在人世。”

老先生叹了口气：“遗憾啊！那么，我能不能用我的画换你们这一张？我很喜欢。”

学生们很干脆地告诉他：“不行！”他们想，你随便画张画，就想跟我们老师的换，怎么可以？

老先生离开后，有知情人对学生们说：“你们认识刚才那位老先生吗？”

学生们说：“不认识。”

那人说：“想你们也不认识！他，可是李可染大师啊，连他的画都换不了？”

学生们惊呆！

自那以后，叔叔突然就声名鹊起，他的遗作，价格节节攀升，叔叔若在天有灵，是喜是悲？也可能，两者都有吧！春日的黄昏，斜晖默默地漫过窗棂，流淌在宽大的画案上，淌在那些瘦竹、卵石上，也照着他幽邃的眼。

“千秋万岁名，寂寞身后事”，我想起了这句诗。这是古今多少艺术家的宿命！他们把全部精力都放在了艺术本身，无暇或者不屑于俗事。

从某种意义上说，艺术成就了他们，同时也误了他们，但艺术也给了他们最纯粹的快乐，这种快乐，最永恒的，是云端的享受。

佚名

中国有词语叫“穷文人”，其实不仅文人，很多真正从事艺术的人大都非常清贫。

他们一方面在生活上忍受了常人无法忍受的辛酸，另一方面，他们也在艺术上享受了常人无法体会的快乐。身体的疼与精神上的乐，究竟如何取舍，这个问题的答案只能因人而异了。

心境有很大的魔力

一个名叫维克·弗兰克的精神病博士曾经在纳粹集中营中被关押了很多日子，饱受凌辱。

弗兰克曾经绝望过，这里只有屠杀和血腥，没有人性，没有尊严。那些持枪的人，都是野兽，他们可以不眨眼地屠杀一位母亲、儿童或者老人。

他时刻生活在恐惧中，这种对死的恐惧让他感到一种巨大的精神压力。集中营里，每天都有因此而发疯的。弗兰克知道，如果自己不控制好自己的精神，也难以逃脱精神失常的厄运。

有一次，弗兰克随着长长的队伍到集中营的工地上去劳动。一路上，他产生一种幻觉，晚上能不能活着回来、是否能吃上晚餐？他的鞋带断了，能不能找到一根新的？这些幻觉让他感到厌倦和不安。

于是，他强迫自己不再想那些倒霉的事，而是刻意幻想自己是在前去演讲的路上。他来到了一间宽敞的教室中，他精神饱满地发表演讲。他的脸上慢慢浮现出了笑容。

弗兰克知道，这是久违的笑容。当知道自己会笑的时候，弗兰克就知道，他不会死在集中营，他会活着走出去。当从集中营中被释放出来时，弗兰克显得精神很好。他的朋友不相信，一个人可以在魔窟里保持年轻。

这就是心境的魔力。有时候，一个人的精神可以击败许多厄运。因为对于人的生命而言，要存活，只要一箪食、一钵水足矣。但要存活下来，并且要活得精彩，就需要有宽广的心胸、百折不挠的意志和化解痛苦的智慧。

因此，从某种意义上说，人不是活在物质里，而是活在自己的精神里。如果精神垮了，没有人救得了你，包括上帝。

陆勇强

当寂寞与磨难降临时，决定我们幸福、快乐与否的，不在于我们的外在条件，如出身、职位、住地，而在于我们的心境，我们怎么想。

人不是活在物质里，而是活在自己的精神里。因此，不管我们的处境怎样的糟糕，我们还剩下一个自由，那就是选择，我们可以选择快乐。

忍住孤独、寂寞才能成功

人生最难的一件事就是认识和发现自己，因此，人们需要不时地忍受孤独、寂寞和经常的沉思。

成功的人，当你了解他时，你会发现他的奋斗史，是成功的历史，也是一部辛酸史。很多成功的人，在人生的旅程中，并不是每一步都是一帆风顺的，更多的是默默无闻的行进和苦苦的奋斗史。

中国有句古话“十年窗下无人过，一举成名天下知。”很多人羡慕成功者，关注他头上的光环，但很少去了解他的过去和奋斗历程。

很多人都熟悉王国强这个名字，不错，他就是北京四达邮币社董事长兼总经理王国强。大名鼎鼎的他集投资咨询、集邮者、邮商、集邮网站运营人的身份于一身，被称为全国邮市“一号人物”。但你了解他的过去吗？不会有很多人知道。他的奋斗历史也是曲折的、不平凡的。

1991 年 10 月，曾经当过国家干部、也做过国企领导的王国强遭遇了下岗，于是他以手中仅有的一万元积蓄，在北京月坛邮市租下一间 20 多平方米的小商店，创办了“四达集邮服务部”。

那一年，王国强 39 岁。

入行后，王国强才明白，邮市的水深着呢！做邮商，自己根本是个外行，邮市的三个基本功——邮识、真伪鉴定、市场规律，自己一律不懂。王国强生性不服输，因此他坚信，别人能做到的事，自己一定也能做到；不懂的东西可以学。

于是他开始恶补。《集邮杂志》、《中国集邮报》，找到仔细看版式、刷色、文字、齿孔、背胶，在 30 倍放大镜下常常一看就是几个小时，直至深夜两三点钟。每天工作十几个甚至二十多个小时。直至 1993 年底，王国强才感到心中有了数。

那时他已经具备了相当的邮识和鉴定造诣，在邮票投资、经营方面也逐渐形成了自己的一套理论。也正是那一年，他选准了第一个时机，成功地淘到了进入邮市后的“第一桶金”。

可以说，他进入邮市的前期大部分时间都是在孤独、寂寞中度过的。但他从未放弃他的理论、他的信念，他是一位卓越的成功者。

我们很多人都在苦苦追寻成功的真谛，但就是找不到。不，不是找不到，而是做不到。因为我们害怕孤独、寂寞，因为我们不愿意付出辛苦。我们喜欢手里拿着“成功的圣经”，脚却停留在原地，试想，这样我们能成功吗?

没有孤独，没有痛苦，就不会有幸福、成功。十年窗下无人过，一举成名天下知。朋友们，耐得住孤独和寂寞，奋斗吧！成功只属于能够忍住孤独、寂寞和不懈奋斗的人！

佚名

寂寞是一种很美丽的东西，因为寂寞一次又一次的敲打着你的心灵。在当今浮躁、功利的社会里，有几个人能守住属于自己的心灵家园，又有几个人能耐得住清贫与寂寞呢？能够守得住的，常常获得了成功。

永久的憧憬和追求

1911年，在一个小县城里边，我生在一个小地主的家里。那县城差不多就是中国最东最北部的黑龙江省，所以一年之中，倒有四个月飘着白雪。

父亲常常为着贪婪而失掉了人性。他对待仆人，对待自己的儿女，以及对待我的祖父都是同样的吝啬而疏远，甚至于无情。

有一次，为了房屋租金的事情，父亲把房客的全套的马车赶了过来。房客的家属们哭着，诉说着，向着我的祖父跪了下来，于是祖父把两匹棕色的马从车上解下来还了回去。

为着这两匹马，父亲向祖父起着终夜的争吵。“两匹马，咱们是不算什么的，穷人，这两匹马就是命根。”祖父这样说着，而父亲还是争吵。

9岁时，母亲死去。父亲也就更变了样，偶然打碎了一只杯子，他就要骂到使人发抖的程度。

后来就连父亲的眼睛也转了弯，每从他的身边经过，我就像自己的身上生了针刺一样：他斜视着你，他那高傲的眼光从鼻梁经过嘴角而往下流着。所以每每在大雪中的黄昏里，围着暖炉，围着祖父，听着祖父读着诗篇，看着祖父读着诗篇时微红的嘴唇。

父亲打了我的时候，我就在祖父的房里，一直面向着窗子，从黄昏至深夜——窗外的白雪，好像白棉一样地飘着；而暖炉上水壶的盖子，则像伴奏的乐器似的振动着。

祖父时时把多纹的两手放在我的肩上，而后又放在我的头上，我的耳边便响着这样的声音：

“快快长吧！长大就好了。”

20岁那年，我就逃出了父亲的家庭。直至现在还是过着流浪的生活。

“长大”是“长大”了，而没有“好”。

可是从祖父那里，知道了人生除掉了冰冷和憎恶而外，还有温暖和爱。所以我就向这“温暖”和“爱”的方面，怀着永久的憧憬和追求。

萧红

中国有句话：“没有吃不完的苦，只有享不完的福。”人生的苦难是非常多的，例如文中萧红的童年就充满了苦难，而萧红离开家之后，苦难还一直伴随着她。但是再多的苦难我们总是可以度过的，只要我们耐得住寂寞，只要我们心里有爱和希望，美好的生活一定会到来的。

最出色的地方

有一个流亡海外的女孩子，因为能讲一口流利的英语和法语而被英国特工组织看中，成为英国的特工。

她其实并不适合特工工作，性情急躁，所有的同事都不看好她，认为她做间谍，无疑是为敌国送上一座秘密的宝矿。

果然，几乎所有的训练过程都对她没有用处。组织上让她拿一份敌国驻军图送给地下交通员。她到了接头地点后，怎么也想不起接头暗号，情急之下，索性把地图展开，对着来来往往的人群进行试探：“你对这张地图感兴趣吗？”

幸运的是，她很快遇上交通员，他们扮作精神病人迅速地掩盖了这个可怕而致命的错误。

不仅如此，她认为越是繁华的地段越是安全，于是自作主张把秘密电台搬到了巴黎的闹市区，可她不知道，盖世太保的总部就在离她一条街之远的地方。

终于在一天夜里，盖世太保们把这个胆大妄为、正在发报的间谍逮捕了。

英国特工都后悔不已，如果这个天真的姑娘在盖世太保的刑具下毫无保留地说出一切，那么对在法国的特工组织将是一个重创。出乎意料，盖世太保们用尽了种种残酷的刑罚，都无法撬开她的嘴。

她的名字叫努尔，曾是一位印度王族的娇贵女儿。二战结束后，英国政府追授予她乔治勋章和帝国勋章。

这样一个不称职的间谍获得英国政府的最高奖赏，官方的解释是：对帝国而言，梦寐以求的是间谍的背叛，这等于无形的巨大宝藏。

但这个很笨的女孩儿，至死都没有吐露一个字。一个人需要技巧和智慧，但最不能缺少的，是原则和信念。这就是一个间谍最本位、最出色的地方，所以我们从没怀疑她是一个优秀的间谍。

陆勇强

坚持自己的信仰和责任要比具体的业务能力更重要。

努尔虽然在别人看来很一般，不是做间谍的好料，但她坚强的意志，对工作百分之百的负责，高贵的职业道德感动了官方，她的故事被传为佳话。

上帝只给他一只老鼠

这是一位孤独的年轻画家，除了理想，他一无所有。

为了理想，他毅然出门远行，来到堪萨斯城谋生。起初他到一家报社应聘，想替他们工作。编辑部周围有一个较好的艺术氛围，这也正是他所需要的。但主编阅读了他的作品后大摇其头，认为作品缺乏新意不予录用。这使他感到万分失望和颓丧。和所有出门打天下的年轻人一样，他初尝了失败的滋味。

后来，他终于找到了一份工作，替教堂作画。可是报酬极低，他无力租用画室，只好借用一家废弃的车库作为临时的办公室。他每天就在这充满汽油味的车库里辛勤地工作到深夜。没有比现在更艰苦的了，他想。

尤其烦人的是，每次熄灯睡觉时，就能听到老鼠"吱吱"的叫声和在地板上的跳跃声。

为了明天有充足的精力去工作，他忍耐了。也许是太累了，他一沾着地板就能呼呼大睡。就这样，一只老鼠和一名贫困的画家和平共处，倒也使这个荒弃的车库充满生机。

有一天，当疲倦的画家抬起头，他看见昏黄的灯光下一对亮晶晶的小眼睛。

是一只小老鼠。如果是在几年前，他会设计出种种计谋去捕杀这只老鼠，但是现在他不，一只死老鼠难道比活老鼠更有趣吗?

磨难已经使他具备大艺术家所具有的悲天悯人的情怀。他微笑着注视这只可爱的小精灵，可是它却像影子一样溜了。窗外风声呼啸，他倾听着天籁的声响，感到自己并不孤单，好歹有一只老鼠与他为邻，它还会来的，像羞怯的小姑娘。

那只小老鼠果然一次次出现，不只是在夜里。他从来没有伤害过它，甚至连吓唬都没有。它在地板上做着多种运动，表演精彩的杂技。而他作为唯一的观众，则奖它一点点面包屑。

渐渐地，他们互相信任，彼此间建立了友谊。老鼠先是离他较远，见他没有伤害它的意思，便一点点靠近。最后，老鼠竟敢大胆地爬上他工作的画板，并在上面有节奏地跳跃。而他呢，决不会去赶走它，而是默默地享受与它亲近的情意。

信赖，往往创造出美好的境界。

不久，年轻的画家离开堪萨斯城，被介绍到好莱坞去制作一部以动物为主的卡通片。

这是他好不容易得到的一次机会，他似乎看到理想的大门开了一道缝。但不幸得很，他再次失败了，不但因此穷得毫无分文，并且再度失业。

多少个不眠之夜他在黑暗里苦苦思索，他怀疑自己的天赋，怀疑自己真的一文不值，他在思索着自己的出路。

终于在某天夜里，就在他潦倒不堪的时候，他突然想起了堪萨斯城车库里那只爬到他画板上跳跃的老鼠，灵感就在那个暗夜里闪了一道耀眼的光芒。他迅速爬起来，拉亮灯，支起画架，立刻画出了一只老鼠的轮廓。

有史以来，最伟大的运动卡通形象——米老鼠就这样平凡地诞生了。灵感只青睐那些思考的头脑。

这位年轻的画家就是后来的美国最负盛名的人物之一、才华横溢的华德·狄斯耐名噪全球。

堪萨斯那间充满汽油味的车库，华德·狄斯耐先生后来说，至少要值100万美金。其实那里没有什么，只有一只老鼠，那是上帝给他的，上帝给谁都不会太多。

林飞杨

有时候，成功总是显得离我们那么的遥远，甚至遥不可及。此时，我们不要气馁，只要我们安下心来，脚踏实地的工作，也许在我们不知不觉中，遥不可及的成功会突然敲开我们的大门。

所以，我们要踏踏实实地做事，老老实实地做人。

第二辑 远离挡不住的诱惑

如果某种诱惑能满足你当前的需要，但却会妨碍达到更大的成功或长久的幸福。那就请你屏神静气，站稳立场，耐得住寂寞。

净叶不沉，纯净的心灵又有什么能把它击沉呢？即使把它埋入污泥深深的塘底，它也会绽出一朵更美更洁白的莲花。

砍掉那双“完美的手”

他曾经是人们眼里不可理解的怪人。

读高中时，因为他的优秀，有个保送名牌大学的机会摆在他面前，他却不要。到了高考，他考出了非常高的分数，却执意选择了又苦又累的地质专业。

毕业了，照样在学校里称得上风云人物的他，同时被几个好单位看中，可他却要求去了一个地质队，做一个浪迹天涯的地质队员。

很多人不理解他的选择，他总是笑笑，不屑一顾。

终于有一天，他在别人再次问起他当初为什么作这些选择的时候开了口：

法国著名雕塑家罗丹，精心雕塑了一座文学家巴尔扎克的雕像：巴尔扎克目光炯炯，身披宽袖长袍，一双手非常自然地叠合在胸前。

罗丹唤来了自己的三个学生来欣赏他的得意之作。三个学生不约而同地被雕像上那双栩栩如生的手吸引住了，连声赞叹：“好极了，这真是一双奇妙的手啊！”

罗丹从学生的表情中感到这双手虽然塑得绝妙，可是作为整体的一部分，太突出了，起了喧宾夺主的作用。因此，他找来一把大斧，把那双完美的手砍掉了。

几个学生被罗丹的举动吓得目瞪口呆。

其实，在生活中，这种“完美的手”随处可见，它时时处处地诱惑着人们忘记了最初对人生的本质追求，常常因此走上了一条与理想背道而驰的路。

只有果断地砍掉那双“完美的手”，砍掉那些局部的暂时的诱惑，实实在在的潜心做自己想做的事，才能雕塑出生命整体的完美。

说这些话时，他已经取得了三个部级、三个局级科技进步奖的成果；编写了两个有关三维地震勘探的专集；在许多专业报刊上发表了上百篇论文；承担着非常重要的国家科研项目。

而且，他还用自己细腻的心去翻阅每一寸自然的美丽，写出了许多充满豪情、激情、深情、智慧的诗篇，成了一个地质诗人，一个知道如何去追寻生命真正美丽的诗人。

英涛

人生在世，不可避免地会遇到很多诱惑，如果贪于享受，陶醉于荣誉，就可能裹足不前，失去进取的勇气。

为此，只有看淡那些笼罩在头上的光晕，坚定执著地向着预定的目标前进，才能到达理想的彼岸。

三只兔子不可追

儿时，我家住在一个乡村学校。我们姐弟三人，跟着乡村的孩子捕鱼捞虾，我父亲端起我们捞的一盆鱼虾，全掀翻在河沟里；我们跟着其他的孩子上山打柴，我父亲一把火，将那堆柴火化为灰烬。父亲在这样做后，总恶狠狠地留下一句话：将军路上不追兔！对父亲的言行，我们大惑不解。

后来，父亲给我们讲了一个楚王打猎的故事。在猎场，一只兔子从草丛中蹿出，楚王弯弓搭箭，正要射猎时，忽然从他的左边蹦出一只山羊，于是他把箭头对准了山羊。

正在此时，右边又跳出一只梅花鹿，楚王又重新掉转箭头对准了梅花鹿。忽然从树梢飞出了一只珍贵的苍鹰，楚王最终选择了苍鹰，待要瞄准时，苍鹰已迅速在空中划过一道弧线远遁而去。

待到楚王回过头来找其他的猎物时，前面的目标早已无迹可寻。楚王拿着箭比划了半天，结果一无所获。

听懂了故事，才明白父亲前面说的那句话。自此，姐弟三人心无旁骛，终以优异的成绩完成学业。

大学时代，一位学术成就很高的老师，深有感触地现身说法：人生有三只兔子不可追。

少儿时代，教室之外嬉戏玩耍是一只诱人的兔子，你若去追赶它，它就带给你荒废的一生；青年时代，校园之外名利富贵是一只诱人的兔子，你若去追赶它，它就带给你虚荣的一生；中年时代，社会上灯红酒绿是一只诱人的兔子，你若去追赶它，它就带给你堕落的一生。

与其挖许多井，不如挖一口最深的井。放弃多个目标是为了突出放大一个目标。

何况，没有一只兔子在正道上奔跑，所以，当你要赶路时，不要被草丛中蹿来蹿去的兔子弄得眼花缭乱，从而偏离了前进的方向，记着自己是在赶路，唯一要干的是：看脚下，看前方。

查一路

人的一生要面临许多诱惑，归结起来无外乎：少儿时贪玩，青年时虚荣，中年时堕落。

人的生命是一条长长的线，少、青、中、老就像四个点贯穿在这条线上，其中任何一个点出现故障，都不会有完美的人生。绝不能因为一个点的绚丽，一时的痛快，而荒芜宝贵的一生。

贪念就是陷阱

从前，无果禅师为了专心参禅，在深山里一住就是20年，这20年里一直有一对母女细心地照料他。

然而，这20年，他并没有取得太大的成就，他认为自己无法在那里修行得道，所以打算出去寻师问道，解多年来心中的疑惑。

临行前，他向这对母女辞别时，她们对无果禅师说："禅师，您再多留几日吧。路上要风餐露宿，容我们为您做件衣服再上路也不迟呀！"

母女的好意让禅师无法推辞，于是只好点头答应了。

母女二人回家后，马上着手剪裁衣服。衣服做好了，她们又包了四锭马蹄银，送给无果禅师作为路费，禅师心中无比感激，他接受了母女二人的馈赠，收拾行李准备第二天一大早就走。

到了晚上，无果禅师坐禅养息，半夜里突然出现了一个童子，后面还跟着许多人在吹拉弹奏。他们扛着一朵很大的莲花，来到无果禅师面前说："禅师，请上莲花台！这就是您要去的地方。"

无果禅师心里嘀咕："我的修行还没有达到这种程度，这种境况来得太早了，恐怕是魔镜吧！"

于是他没有理会，童子又说："禅师，请您坐上来吧，机会就只有一次，错过了就再也不会有了哦。"

抵不住童子的纠缠，无奈之下，无果禅师就把自己的拂尘插在莲花台上。童子与诸乐人便高兴地离去了。

第二天一大早，无果禅师正要动身时，那母女二人来到他家，手里拿了一把拂尘，问道："禅师，这可是您的物品？昨晚怎么会从我家母马的肚子里生了出来？"

无果禅师听后十分吃惊，说道："如果不是我的定力深厚，今天已经是你们家的马儿了。"于是将马蹄银还给了母女二人，作别而去！

莲花台就是一个陷阱，还好无果禅师识破它是个魔镜，否则就被投入母马的肚子里面，成为一只小马了。

不要被突如其来的实惠或好运迷惑，天上是不会掉馅饼的。然而，生活中的陷阱太多了，金钱、名誉、地位、美女、机遇……所有的陷阱都有一个共同的特点，就是抓住人心中最脆弱的那根弦，使人像中了魔似的不能脱身，毫不犹豫地掉进陷阱里。掉进陷阱的人，十人当中有十个是因为贪恋不该属于自己的那份东西，被当时不属于自己的东西所诱惑，结果总是得不偿失。

一天，老张去城里看望儿子儿媳，走在半路上，突然见到一个精美的首饰盒滚到他的脚边。

身旁的一个小伙子眼尖手快，急忙捡了起来，打开一看，里面竟然有一条金项链，还附着一张发票，上面写着某某饰品店监制，售价3600元。

但是老张当即拽住小伙子，让他在原地等候失主；可是等了老半天，还是没人来领。

那个小伙子便小声提议两个人私分，说："给我一千元，项链归你。"边说边朝巷口走去。

老张一听，这怎么可以，但是看看项链，心里就有点动摇了。他心想："我可以把它送给我的儿媳妇，当年她嫁过来的时候，我们手头不宽裕也没怎么给她买过东西。这次去看他们，正好把这条项链送给她，她一定会很高兴的，这也是我这个做公公的一番心意嘛。"

老张的犹豫没有逃过小伙子的眼睛，他更是一个劲地说这条项链有多好，今天运气好才会遇到的。老张经不住小伙子的游说，便说："可是我没有这么多钱，我是来城里看我儿子的，身上只带了 800 元钱。"

小伙子故作大方地说："这样啊，没有关系，我就吃点亏，谁叫您年纪比我大呢？"

于是，老张就把好不容易凑到的800元钱给了小伙子，拿着那条金项链美滋滋地向儿子家走去。

一到儿子家，他便把路上的事情跟儿子儿媳说了，还拿出那条金光闪闪的项链送给儿媳妇。小夫妻俩一听就不对，果然，那条项链根本就是假的。

老张这才恍然大悟，原来人家设了一个陷阱让他跳，于是他非常懊恼，因为那800元是准备给还没出生的小孙子买些东西的。

老张因为贪吃天上掉下来的馅饼而掉进了圈套中，其实，这些陷阱都是人们自己挖掘的；而人生最可怕的，莫过于跳进自己亲手挖下的陷阱中！

佚名

在当今社会，诱惑无处不在。遇到诱惑，不要试图同诱惑争辩,躲开它,躲得远远的。

面对诱惑动不动心并不重要，重要的是在诱惑面前能够坚持自己的原则。否则，贪一时之利，而损失则无法计量。

小贪心，大代价

清乾隆年间，一外地书生来京城赶考。

路过延寿寺街，在书铺里拾到一个买书少年失落的一文铜钱，立刻揣入怀中，欣欣然面有喜色。

书铺里有位老者见其装扮，知道是读书求官之人，便和他聊了起来。末了问了问书生的名姓，相揖而别。

后来这个书生考中了常熟县尉，赴任前去拜谒他的上司江苏巡抚汤斌时，连去10次都被拒见。

书生要讨说法，巡抚传下口谕：还记得当年在书铺拾钱一事吗？做秀才时尚视一钱如命，做了地方官吏岂不要挖地三尺？你的名字已被除掉，不必赴任去了。

书生恍然大悟，继而顿足失声，但已悔之晚矣。

贪心都是一点点儿滋生，最后膨胀成无止境的欲望。这个书生为贪心付出的代价看起来过于沉重，但如果不是这样，他最终失掉的可能不仅是前程，还要搭上性命。

李里

贪心，无论大小，都是其本性使然。不贪之人，大小都不会贪，这从那些清官的布衣粗食却能看出端倪。而贪官是小到一个铜钿，大到整个国库，民脂民膏，都想搜为己有，清朝的和珅就是这类人物。

我们做人，应该重义而轻利，如果像那个秀才，一文都看在眼里，最终必吃大亏。

警惕人生的诱惑

农场主汤普森的小店里有很多寄宿的人。苏珊的妈妈每周都给他们代洗衣物，报酬仅5美元。一个周六晚上，苏珊像往常一样去那儿替妈妈领钱，她在马厩里遇到了这位农场主。

显然他正处于气头上。那些总和他讨价还价的马贩子激怒了他，令他火冒三丈。他手里的钱包打开了，被钞票塞得鼓鼓的。

当苏珊向他要钱时，他没有像从前那样训斥她打扰了正在忙碌的他，而是马上将一张钞票递给了她。

苏珊暗暗高兴自己这次比往常轻易地逃过了这一关，她急忙走出马厩。

到了路上，她停下来，拿针将钱小心翼翼地别在围巾的褶皱里。这时，她看到汤普森给了她两张钞票，而不是一张!

她往四周望了望，发现附近没有人看到她。她的第一反应，是为得到了这笔飞来横财而兴奋不已。

“这全是我的了。”她心想，“我要买一件新的斗篷送给妈妈，妈妈就能把她那件旧的给玛丽姐姐了。这样，明年冬天玛丽就能同我一块儿去上学了，说不定还可以给弟弟汤姆买双新鞋呢！”

过了一会儿，她又认为这笔钱一定是汤普森在给她时拿错了，她没有权利使用它。

正当她这样想时，一个充满诱惑的声音说：“这是他给你的，你又怎么知道他不是想要把它作为实物送给你呢？拿去吧！他绝对不会知道的。就算是他弄错了，他那大钱包里有那么多张5美元钞票，他也绝不会注意到的。”

她一边往家走，一边进行着激烈的思想斗争。她一路上都在思考着是拿这笔钱买享受重要呢，还是诚实重要？

当她经过家门前那座小桥时，她看到了妈妈平时的教诲：“你想要人家怎样对你，你就得怎样对人。”

苏珊猛地转过身，向汤普森的小店跑去。她跑得很快，快得让她差点连气都喘不过来了，仿佛是在逃离什么无形的危险。就这样，她径直跑回了农场主汤普森的店门口。

汤普森注视着眼前这个小女孩，他从口袋里取出100美元递给了苏珊。

“不，谢谢你，先生。”苏珊说，“我不能仅仅因为做了件正确的事就得到报酬。”

马丽雅

“不以穷变节，不以贱易志。”这是古人对高尚之人的要求。

在现实生活中，诱惑无处不在，但只要你有颗抵抗诱惑的心，哪怕金山银山在前也会黯然失色，不战而退。把持住自己，就不会雾里看花，迷失方向。

纯净的心灵最坚强

一个年轻人千里迢迢找到燃灯寺的释济大师说：我只是读书耕作，从来不传不闻流言蜚语，不招惹是非，但不知为什么，总是有人用恶言诽谤我，用蜚语诋毁我。如今，我实在有些经受不住了，想遁入空门削发为僧以避红尘，请大师您千万收留我！

释济大师静静听他说完，微然一笑说：施主何必心急，同老衲到院中捡一片净叶你就可知自己的未来了。

释济带年轻人走到禅寺中殿旁一条穿寺而过的小溪边，顺手从菩提树上摘下一枚菩提叶，又吩咐一个小和尚说：去取一桶一瓢来。

小和尚很快就提来了一个木桶和一个葫芦瓢交给了释济大师。

大师手拈树叶对年轻人说：施主不惹是非，远离红尘，就像我手中的这一净叶。说着将那一枚叶子丢进桶中，又指着那桶说：可如今施主惨遭诽谤、诋毁深陷尘世苦井，是否就如这枚净叶深陷桶底呢？

年轻人叹口气，点点头说：我就是桶底的这枚树叶呀！

释济大师将水桶放到溪边的一块岩石上，弯腰从溪里舀起一瓢水说：这是对施主的一句诽谤，企图是打沉你。说着就"哗"的一声将那瓢水兜头浇在桶中的树叶上，树叶激烈地在桶中荡了又荡，便静静漂在了水面上。

释济大师又弯腰舀起一瓢水说：这是庸人对你的一句恶语诽谤，企图还是要打沉你，但施主请看这又会怎样呢？说着又哗地倒下一瓢水兜头浇在桶中的树叶上，但树叶晃了晃，还是漂在了桶中的水面上。

年轻人看了看桶里的水，又看了看水面上浮着的那枚树叶，说：树叶秋毫无损，只是桶里的水深了，而树叶随水位离桶口越来越近了。

释济大师听了，微笑着点点头，又舀起一瓢瓢的水浇到树叶上，说：流言是无法击沉一枚净叶的，净叶抖掉浇在它身上的一句句蜚语、一句句诽谤，净叶不仅未沉入水底，却反而随着诽谤和蜚语的增多而使自己渐渐漂升，一步一步远离了渊底。

释济大师边说边往桶中倒水，桶里的水不知不觉就满了，那枚菩提树叶也终于浮到了桶面上，翠绿的叶子，像一叶小舟，在水面上轻轻地荡漾着、晃动着。

释济大师望着树叶感叹说：再有一些蜚语和诽谤就更妙了。

年轻人听了，不解地望着释济大师说："大师为何如此说呢？"

释济笑了笑又舀起两瓢水"哗哗"浇到桶中的树叶上，桶水四溢，把那片树叶也溢了出来，漂到桶下的溪流里，然后就随着溪水悠悠地漂走了。

释济大师说：太多的流言蜚语终于帮这枚净叶跳出了陷阱，并让这枚树叶漂向远方的大河、大江、大海，使它拥有更广阔的世界了。

年轻人蓦然明白了，高兴地对释济大师说："大师，我明白了，一枚净叶是永远不会沉入水底的。流言蜚语、诽谤和诋毁，只能把纯净的心灵淘洗得更加纯净。"释济大师欣慰地笑了。

净叶不沉，纯净的心灵又有什么能把它击沉呢？即使把它埋入污泥深掩的塘底，它也会绽出一朵更美更洁的莲花。

佚名

寂寞也是一种意境，是一种追逐功名利禄的人无法领悟的境界，也是那些忧谗畏讥的人无法达到的境界。

前者是因为受不住各种人生诱惑的吸引，所以无法享受寂寞；后者是因为过于关注别人的看法，没有了自信。要品尝寂寞这种意境，这两种心态都必须戒除。

别被不必要的“包袱”压垮

一对靠捡破烂为生的夫妻，每天一早出门，拖着一部破车到处捡拾破铜烂铁，等到太阳下山时才回家。

他们回到家的时候，就在门口的院子里摆上一盆水，搬一张凳子把双脚浸在盆中，然后拉弦唱歌，唱到月正当空，浑身凉爽的时候他们才进房睡觉，日子过得非常逍遥自在。

他们对面住了一位很有钱的员外，他每天都坐在桌前打算盘，算算哪家的租金还没收，哪家还欠账，每天总是很烦。

他看对面的夫妻每天快快乐乐地出门，晚上轻轻松松地唱歌，非常羡慕也非常奇怪，于是问他的伙计说：“为什么我这么有钱却不快乐，而对面那对穷夫妻却会如此的快乐呢？”

伙计听了就问员外说：“员外，想要他们忧愁吗？”

员外回答道：“我看他们不会忧愁的。”

伙计说:“只要你给我一贯钱,我把钱送到他家,保证他们明天不会拉弦唱歌。”

员外说：“给他钱他一定会更快乐，怎么说不会再唱歌了呢？”伙计说：“你尽管给他钱就是了。”

员外果真把钱交给伙计，当伙计把钱送到穷人家时，这对夫妻拿到钱真的很烦恼，那天晚上竟然睡不着觉了。

想要把钱放在家中，门又没法关严；要藏在墙壁里面，墙用手一扒就会开；要把它放在枕头下又怕丢掉；要……他们一整晚都为这贯钱操心，一会儿躺上床，一会儿又爬起来，整夜就这样反复折腾，无法成眠。

妻子看丈夫坐立不安，也被惹烦了，就说：“现在你已经有钱了，你又在烦恼什么呢？”

丈夫说："有了这些钱，我们该怎样处理呢？把钱放在家中又怕丢了。现在我满脑子都是烦恼。"

隔天一早他把钱带出门，整条街绕来绕去不知要做什么好，绕到太阳下山，月亮上来了，他又把钱带回家，垂头丧气的不知如何是好。

想做小生意不甘愿，要做大生意钱又不够，他向妻子说："这些钱说少却也不少，说多又做不了大生意，真正是伤脑筋啊！"

那天晚上员外站在对面，果然听不到拉弦和唱歌了，因此就到他家去问他怎么了？

这对夫妻说："员外啊！我看我把钱还给你好了。我宁可每天一大早出去捡破烂，也比有了这些钱轻松啊！"

这时候员外突然恍然大悟，原来，有钱不知布施，也是一种负担。

什么样的人生才是快乐的呢?

放下沉重的包袱，不为贪婪所诱惑，量力而行。这样的人生，自然是轻松而快乐的。

佚名

耐得住寂寞包含了对各种不好情绪的抵制，贪婪之心也是要被抵制的一种。不被贪婪所诱惑的人最没有负担。

因为没有人与他结怨，他也没有心机来和别人计较。这种日子最轻松，这样的人生最快乐。

走过痛楚的心灵驿站

很久没有联系了，同学若萍忽然从美国打来电话，隔着千山外水，依然能听出她声音中的坚决：“我春节回国，你无论如何也要帮我联系到段莉莉，我想亲口对她说‘对不起’。”

这么多年来，大家谁也没有对她提起过段莉莉，大学时的一段过节，曾经造成过持久的伤害，我们都以为她想忘却。

段莉莉的父亲在她很小时就抛弃了她和母亲。长期的单亲生活及母亲的愤恨和偏执，造成了她孤僻倔傲的性格。紧张愉快的大学生活，渐渐抚平了她的伤口，到了大三，她还常常参加一些集体活动。

那时候她和若萍是室友，不知怎么就闹翻了，吵得不可开交，口不择言的若萍脱口骂了她：“你没父亲管教，所以这样没教养！”

段莉莉掩面而去，从此极少与同学来往，也不再参加集体活动，连毕业照都没有去拍……

几年过去了，昔日的老同学早已各奔东西，去谋自己的前程，若萍也远渡重洋去了美国。时光雕塑着面容和心灵，在生活里摸爬滚打着，大家都已有伤痕，心灵也渐渐蒙上一层老茧，往事也渐渐如琥珀一样封存。

我以为若萍也一样，已将往事慢慢淡忘。

可是电话里她的声音如此懊悔。她说这几年她始终不能忘记当初那件事，不是她至今还对别人心存恨意，而是她无法原谅自己。当日冲口而出的那句话，从来没想到会成为如影随形的噩梦，在最欢愉的时候幽灵般到来，时时苦痛着她的心灵。

当初以为伤害的是别人，时光流逝之后才渐渐发现，其实伤害最深的还是自己。

我劝慰她，也许别人早已忘记了当初的伤害，距离一旦拉远，沉淀下来的往往只有美好，而伤心与怨恨会在记忆的网眼里有意或无意地漏尽。

就像我自己，偶然翻到中学时的日记，发现有几张页码有意粘贴在一起。小心地打开来，天哪，上面用红色水笔气势磅礴地写着若干大字：我真是恨死他了！我永远也不会忘记他对我的伤害！每一句后面都有一连串惊心动魄的感叹号，像一眼眼愤怒的机枪口，虽然年代久远早已不再喷火，但仍然可以想象得到当初那种激烈的情绪。

可不好意思的是，上面这个我曾强烈憎恶的“他”，我却再也想不起是谁。

然而，她坚持：“这么多年来，这是我唯一不能解释的一件事，只有亲口对她说出抱歉，我才可以放下心中沉重的包袱，真正轻松。”

有些事情我不知道该如何跟她说。生命中很多话.很多事已经说出做出，可能就再也无法挽回。

很小的时候读了很多鲁迅的文章，最使我震动的确是那篇短短的《风筝》。严厉的大哥最鄙视玩风筝这类没出息的玩意儿，年幼多病的小弟却最喜欢，他背着大哥独自躲在堆放杂物的小屋里扎制风筝，被大哥偶然发现，将他扔在地上狠狠踩碎，只留下小弟绝望地站在小屋里。

很多年以后，人到中年的两兄弟脸上都已添刻了许多辛苦的条纹，大哥的心却越来越难以释怀，终于无奈地说起少年时代的糊涂，无辜地虐杀了弟弟的快乐，希望能得到他的宽恕和谅解。然而，对方已经全然忘却，毫无怨恨，自然也无所谓宽恕。

当年读这篇文章，心中的伤感至今仍清晰记得，一是为了破屋中躲起来做风筝的小孩，他的心灵改造受了怎样的残害？一是为了人到中年的大哥，沉重地道出自己的忏悔，却永远也不会得到宽恕和谅解，因为遭受伤害的人已经全然忘记，而他却毕生背负于身，它如此沉痛地展示了生命的一种无奈。郑重其事地负荆，满以为从此可以解脱，却不料再也找不到请罪的理由，沉重的负荆因而成为生命中不能承受的负担。

然而，忏悔了的大哥还是幸运的，他毕竟能够有机会亲口对他伤害的人说一声“对不起”，尽管遗忘已经永远阻挡了对面的回声。

假如当初受伤的人永远不在了呢？

段莉莉年轻丰盛的生命已经永远定格在很多年前那个落雪的黄昏。莫名其妙的腿疼，一串医学名词，就此宣判了一个年轻生命的死刑。

那时我正和她一起读研，去医院看望时，她已经昏迷，从此再也没有醒来。那是我平生第一次近距离观望死亡，无奈地看到生命的花朵在瞬间凋落。

仅仅只是一句话而已。但也许终此一生，若萍都将背负沉重的遗憾，在平凡的日子里时时体会到尖锐的刺痛。

在人生的长路上，越往前走，我们越感受到沉重。肩上的背篓里装载的很多东西都是沉重而无意义的，比如悔恨，比如伤害，比如亏欠。

当时以为解气了、胜利了、轻松了、没想到它们会随着光阴越来越重，成为心中的“结石”，使我们心痛的往往是来自它们的重量。其实想想当初，我们根本就可以不必背上的。

如何做到不去伤害一个人，在漫长的日子里如何化解而造成的内疚，这真是我们一生的课题。

佚名

我们也许都曾经做过错事，这在我们心里产生了愧疚、悔恨等情绪，这使我们的生命承载了太重的负荷，也使我们郁郁难欢。

我们应该明白，不管当初我们做了什么错事，时间已经过去了，我们现在悔恨、歉疚已经没有多大用处了。我们不能终生都背着“十字架”生活，应该尽快忘却它们，给心灵一个宁静。

人生要远离虚荣

很久以前，在波罗国有一座深山。山上古木参天，奇花遍地，人迹罕至。只有潺潺的溪水和偶尔的鸟鸣声，才会打破这份寂静。

在这座深山里，住着一老一小两位仙人。老仙人是位得道者，面容清瘦，精神矍铄，雪白的须眉下，双目炯炯有神。小仙人虽然也希望能修得正果，却不愿像老仙人那样整天修炼，虚荣心特别强，但是没有多大的本事。

老仙人经过多年的苦心修炼，有了五种不可思议的神通力。老仙人到处寻访仙人，虚心求教，而别的仙人也常常赠给他一些仙果佳酿。从北方的邯郸国，老仙人带回了又香又软的大米；他提来了山上从没见过的瓜果。

甚至有一天，老仙人飞上了天，寻访天上的仙人，回来时还带了一大堆天上的山珍海味。老仙人每次带回美味佳肴时，总要请小仙人共同品尝。

小仙人看到老仙人来去自如，很是威风，心里十分羡慕。有一天，他对老仙人说："师父，请您收我做徒弟吧，我想跟您学本事。"

老仙人严肃地说："年轻人，我们仙人修身养性，学习神通力，不是为了自身的便利或是满足个人的虚荣心。如果你学习神通力是为了造福于人，那么你将会如愿以偿；相反，则会荼毒人间，造成危害！"

听了老仙人的一番话，小仙人不再吭声了。但是过了些日子，他又看到老仙人带回了许多好吃的东西，就再也忍不住了，苦苦哀求道："师父，您教教我吧，我保证一定听您的话，用心修道，我不是因为虚荣心才要学习的，而是为了福利世人，我决不会做坏事的。"

看着小仙人一脸的诚恳，经不住他三番五次的请求，老仙人终于答应把五种神通力传授给他。小仙人费了好大工夫，总算把神通力学到了手。

小仙人学会了五种神通力后，便忍耐不住山上的寂寞，总想到处炫耀一番，可在这个连一个人影都看不到的深山里，他怎么可能听到别人的赞扬声呢？

于是有一天，小仙人偷偷地下了山，来到城里。

热闹的街道上满是熙熙攘攘的人群，只见一个年轻人拔地而起，腾云驾雾，大家都看呆了。人们围拢来赞不绝口："这个年轻人真不简单，本领可真大啊！"

听着大伙儿的一片赞扬声，小仙人不禁洋洋得意起来，于是他使出了各种神通力展示给众人看。

虚荣的小仙人自此常常下山，在男女老幼面前表演神通力，不久便名声大振。

一次，小仙人正在卖力表演时，不巧被老仙人撞见了。老仙人沉下脸来说道："年轻人，若是心术不正，总有一天你会丧失神通力的。"

可是小仙人对老仙人的好言相劝充耳不闻，反而以为老仙人故意让他在众人面前出丑，便到处诽谤老仙人，说老仙人是嫉妒他的本事，见不得年轻人比自己强等等。

流言传到老仙人耳朵里，他只是淡淡一笑，也不作任何辩解，因为他知道他的预言终有一日会变成现实。

果然，没过多久，小仙人在一次表演中，竟然失足跌了下来，众人哄堂大笑。他试图再次拔地而起，却怎么也升不上天空了。小仙人不甘心在众人面前丢人现眼，便一遍遍地施展各种神通，得到的却总是众人嘲讽的笑声，原来他的神通力已经彻底消失了。

沮丧的小仙人这才懊悔不该把老仙人的忠告当成耳边风，可是一切都已经晚了，他只能在众人的斥责声中灰溜溜地离去……

虚荣只是表面的荣耀、虚幻的美名而已，是人们过分追求美誉的膨胀，是一种轻浮，一种不真实。所以小仙人再怎么挖空心思地去博取掌声，最终也不能赢得世人的钦敬！

佚名

空有虚荣的外表和形式上的尊贵是没有意义的，只有确实的勇气和力量才能使人立于不败之地，真正获得他人的尊重和敬畏。

做人不应该太注重虚名薄利，而要踏踏实实地培养自己各方面的素质与能力，因为实力才是证明自我身价的基准。虚荣不过是文过饰非的伪善，只会招致简陋、浅薄和庸俗。

人生要远离享受

客居南方的开放城市，我承认自己因生存环境而有所改变，但远离享受的观念始终如一。

南方珠江三角洲并不是内地朋友想象的那种遍地黄金，要啥有啥，完全不是这样。城市的动画人生，竞争与奋斗，诱惑与骚动……整个城市的生存格局含蕴着一种亢奋的商业情调。

在商业化的社会里，或许人民币、港元、美金多些，名车、大哥大、美女酒楼大厦多些，从内地来的名人也不少，但到了这里，你就很快被湮没了，所重视的是现在和明天会成为什么，而不讲究你过去是什么身份，什么级别。

有几个名人跟我说“开放城市看不懂了”。其意思十分通俗，一个城市必定有地域文化，而文化的组成部分自然是离不开名人，名人在一定意义上代表着这个地域的文化形象和水平。

这些话是不错，但事实上很多人的理性早已开始倾斜，他们不崇拜名人，不崇拜任何人；他们所崇拜的是自己赚钱的本事，是享受。

我忙于工作，没有时间和精力深究这些形而上学的东西。不过从近几年名人来这个城市的情况看，电台、报纸上的语言是吝啬的，给发一条几百字消息就不错了。

后来名人学乖了，要来就以私人名义，不张扬，住几天玩一玩就走了，当什么事儿没有发生一样；名人留下创业做事的，首先要有失去名人光环的思想准备，你与人在一个跑道上竞争，谁也不买谁的账，名人效应似乎不灵了。历史是人民创造的，随便怎么想都是真理。

去年夏秋之交，有位朋友远道来看我，这份情义使我无论如何不能带他到街头排档喝酒，正当我思忖喝酒地方时，朋友开口了："一切从简，远离享受，咱们文人不学暴发大款那一套。"

朋友是作家，任一家文学杂志主编职务，如果他与当地文化系统挂个电话，想出一点理由，凭他那个级别不愁没人迎送，吃宴席住招待所的，但他不那样做，不愿人家当面笑哈哈不成敬意，背后说吃了多少招待费。

朋友接着说："现在是一个急剧转型社会时期，大家逐渐习惯于用市场经济杠杆来衡量、判断事物的价值，内地与开放城市一样，学术、文化气氛淡薄了，这是一代学界、文人的悲哀。"所以，他感到这样活着特烦，跑出来考察一下，末了还笑着说："看着你老弟'下海'怎样当经理。"

送走了朋友，我经常回想起他那句"远离享受"的话。对照自己的过往岁月，奢侈和享受同样远离于我，似乎还从未孜孜以求过。在家乡上海时，我的工作、写作如同日子一般都是平平淡淡。

前几年想换一种活法，换一种角度看人生，就淡然地来到了广东，应聘，跳槽，先后在几家公司干不同行业。

由于我在外资企业一直当经理的缘故，比较适应承担责任、困难及压力，学到的认识的东西相应要多些，然而始终改变不了老板雇员的身份，也不会享受。

比如眼下虽进不了自备轿车阶层，但摩托车是买得起的。可我拣了一位好友丢弃不用的旧自行车，从公司无偿提供我居住的别墅到办公大厦上班要骑20分钟路程，哪怕顶风冒雨我从不"打的"。

令我尴尬的是自行车后轮胎常坏，先是内胎，补一个坏洞1.5元，坏起来总是三四个洞，稍后外胎磨破了好几处，我就一次又一次让修车匠修补。

有同事见我三天两头往车摊上掷钱，就调侃几句："丁先生真不会享受，这车也配你骑！又不是没有钱，早该换辆靓车啦。"

我无话可说，同时多亏别人提醒，才想起一个简单的道理，何不内外胎换新的，内胎5.50元，外胎12元，没完没了修补花的冤枉钱已远远超出新轮胎价格的几倍。

也许别人认为这种小事享受不享受是无所谓的。我不这样想，衣食住行毕竟也是人生重要的事，关键问题在于保存着一份被人日渐唾弃、看轻的艰苦精神。这种精神是与奋斗、追求事业或者生活成功联系在一起的，而远离享受是这一精神的前提和体现。

经常听人说买小车要买奔驰，买彩电要买画王，如果交通没有好路、电视台没有好节目，就是买奔驰、画王爷爷，我看也不见得享受到哪里去。

是的，我坦然面对现实的喧嚣，远离享受，本分做人，用自己的方式投入和创造人生，不管进入哪种角色，在市场经济的狂飙面前，只要不泯灭作为人的良心和社会责任感，那么这个世界会留给你一席之地。

丁惠忠

远离享受需要一个人具有自制能力，一个人或许能在缺乏教育和健康的条件下获得成功，但他无法在没有自制能力的情况下成功。因为那种不同凡响的自制能力，能让他度过艰难的岁月和困苦的境地而冲到最前面去。

记住这样的告诫，如果人们仅仅是面对重大过失的诱惑，他们或许会过得很好，但是，每天都要与细微的过失作战却往往使人们一败涂地。

人生要远离嫉妒

有一对夫妻心胸很狭窄，总爱为一点小事争吵不休。有一天，妻子做了几样好菜，想到如果再来点酒助兴就更好了。于是她就拿瓢到酒缸里去取酒。

妻子探头朝缸里一看，瞧见了酒中倒映着的自己的影子。她以为是丈夫对自己不忠，把女人带回家来藏在缸里，就大声喊起来："喂，你这个死鬼，竟然敢瞒着我偷偷把女人藏在缸里面。如今看你还有什么话说？"

丈夫听了糊里糊涂的，赶紧跑过来往缸里瞧，他一见是个男人，也不由分说地骂起来："你这个坏婆娘，明明是你领了别的男人回家，暗地里把他藏在酒缸里面，反而诬陷我！"

"好哇，你还有理了！"妻子又探头往缸里看，见还是先前的那个女人，以为是丈夫故意戏弄她，不由勃然大怒，指着丈夫说："你以为我是什么人，任凭你哄骗的吗？你，你太对不起我了……"

妻子越骂越气，举起手中的水瓢就向丈夫扔过去。丈夫侧身一闪躲开了，见妻子不仅无理取闹还打自己，也不甘示弱，于是还了妻子一个耳光。这下可不得了，两人打成一团，又扯又咬，简直闹得不可开交。

最后闹到了官府，官老爷听完夫妻二人的话，心里顿时明白了大半，就吩咐手下把缸打破。

一锤下去，只见那些酒汩汩地流了出来。不一会儿，一缸酒流光了，缸里也没看见半个男人或女人的影子。夫妻二人这才明白他们嫉妒的只不过是自己的影子而已，心中很是羞惭，于是就互相道歉，重又和好如初了。

我们遇到怀疑的事，不宜过早下结论，要客观、理智地去分析，才能够了解真相。尤其在生气的时候，不能像故事中的这对夫妻见到自己的影子，不能冷静地思考分析，反被嫉妒心冲昏了头脑而伤了和气。

如果别人的嫉妒能把你打倒，这说明你虽然可能是优秀的，却不是最优秀的，在意志上更算不上优秀。

面对嫉妒者的中伤，常人最容易做出的也是最下策的反应就是反唇相讥。这样，你会因为别人的无聊，自己也变得无聊，甚至有可能陷入一场旷日持久，使心智疲惫又毫无意义的纠葛中。

拜伦说过：“爱我的我报以叹息，恨我的我置之一笑。”他的这“一笑”，真是洒脱极了，有味极了。对嫉妒者的中伤，最妙的回答是——让心灵安详地微笑。

佚名

人人都希望自己有成熟的心理，而成熟的心理应该能够抵制各种诱惑，接受各种打击。如果我们常常好犯嫉妒的毛病，或者常常被别人的嫉妒打倒，这说明我们在心理上还不够成熟，在意志上更算不上优秀。

人生要敢于放弃

有一个孩子，他小时候最喜欢的玩具就是那五颜六色的气球，每次外出玩耍，他的手里总是拿着各种各样的气球，因为那是他最贴心的玩具。

有一次，他母亲带他出去玩。在公园玩耍的间隙，他的母亲从包里拿出了一个精致的口琴，吹出了一首首动听的乐曲。

他有心要母亲的口琴，但又舍不得放弃手中的气球，左右为难之际，母亲突然停止了吹奏，笑眯眯地看看他。

就在这一瞬间，他做出了选择，他松开了手，毫不犹豫地放飞了气球，然后扑向母亲索要口琴。

这一天，他学会了吹口琴，更重要的是他从这件事上获得了一个对他一生影响深远的启示，那就是：当人生需要做出选择时，该放弃的就必须勇敢地放弃。

这之后，他考上了音乐学院，虽然这对他无异于游鱼得水，但是当他发现自己对音乐并不是那么钟爱时，他毅然选择了放弃，转而进入纽约大学商学院学习，学习自己更感兴趣的经济。

1950年，他获得经济学硕士学位，并得到去哥伦比亚大学深造的机会。在这所大学里，他遇到了他一生中最伟大的良师益友，后来曾在尼克松总统麾下效力的美国联邦储备委员会主席亚瑟·博恩斯教授。

从此，他放弃了一切该放弃的东西，一心一意关注经济学，将全部的精力都放在了对经济学的研究上，并很快成为这个领域的行家高手。

1987年，当里根总统任命他为美国联邦储备委员会主席时，他一下子便成了一个重量级的人物，他就是艾伦·格林斯潘。

我们每个人的一生中，都会像小格林斯潘那样，手中抓满各种各样的气球，比如金钱、权力以及已有的成绩与地位。

这些既得的利益与成果，虽然能给我们一种保障与安全感，但同时也很容易消磨我们的斗志与勇气，阻碍我们去追求更远大的人生目标。

因为当更好的发展机会来到我们面前时，面对已经取得的利益，并不是每个人都有勇气放弃的。

杨友学

每个人的人生旅程里都充满了诱惑与机遇，只有不断地选择与放弃，才能正确地把握人生方向。

放弃所有我们并不真正需要的东西，选择对自己最为重要的方面，坚定执著，并为之奋斗不懈，生命才能体现出它真正的价值。

第三辑 在平和中悠然生活

成功之路，艰辛漫长而又曲折，只有稳步前进才能坚持到终点，赢得成功。

面对我们不喜欢的工作时，如果我们不能去更换工作，那我们就去试着爱它。因为有了爱，我们也许会发现其实原本不好的工作也有好的一面。

当成功之箭偏离靶心

有一个大学生，一直热爱画画，大学毕业后，他出国留学继续深造。可是，在国外的生活太拮据了，读书之余，他还要靠打工赚取生活费。

后来，有人介绍了一份工作给他，就是帮宾馆修剪草坪。这个工作和画画可是大相径庭，不仅需要一身好体力，而且剪草坪的剪子还会把手磨得粗糙不堪。

起初他很不情愿，因为他的梦想是当一名油画家而不是草坪工人。但现实是不能由自己的意愿决定的，他只好一次次地去到宾馆外面，对着草坪和灌木，不断地重复单调的工作。

在国外的三年时间里，他就这样一直靠帮各种宾馆修剪草坪谋生。渐渐地他发现，修剪草坪也并非总是那么枯燥。

比如说，有一天，他不小心铲坏了一块草皮，想了想，他就把这块草坪修成了一幅画的样子，竟得到了人们的极力赞赏。他的薪酬也因此增加了一倍。

他开始慢慢地喜欢修剪草坪这个工作了。后来，因为请他修剪草坪的宾馆太多，他不得不雇用了另外一些人，再后来，他有了自己的小店。三年以后，他成立了自己的公司，这是一家专门帮人设计修剪草坪画的公司。

如果当年他一味地热爱美术，专心于油画，而不去做其他工作，也许过不了多久就会坐吃山空，所学的功课也会半途而废。可是，成功之箭偏了那么一点点，它没有射中美术这个靶心，却射中了草坪公司的靶心。

其实，很多时候，成功之箭射中的都是另外的靶心。

孙丽

有时候我们的理想太遥远了，实现起来非常困难，此时我们就应该换一个思路。成功无定式，事业有专攻。

当成功之箭偏离靶心，不要气馁，塞翁失马，焉知非福。只要坚守你的信念，静下心来，把握机遇迎难而进，幸运之神一定会光顾你的。

成功的第一要素

1989年，享誉世界的音乐指挥家赫伯特·冯·卡拉扬突然病逝，柏林爱乐乐团——世界上最著名的交响乐团，一夜之间失去了自己的当家人。

该乐团匆匆物色了34岁的英国人西蒙·拉特尔接替卡拉扬。然而，就在整个英国都在为拉特尔感到骄傲的时候，他却作出了一个令人费解的决定：断然拒绝了柏林爱乐乐团的盛情邀请。

在争强好胜的英国人眼中，拉特尔显然是一个懦夫。他们甚至还认为，拉特尔的行为给英国人丢了脸。然而拉特尔却另有所见：柏林爱乐乐团以出色地演奏古典音乐而闻名于世，而自己太年轻，对古典音乐的理解还不够透彻。

1999年6月，爱乐乐团再次向拉特尔发出邀请。这一次他没有拒绝，很自信地坐上了世界音乐指挥家的第一把交椅。

几年来，他以自己对古典音乐卓越的理解，再加上炉火纯青的技艺，大胆而又游刃有余地诠释着古典音乐中美妙的作品，并创造了音乐史上一个又一个的辉煌。骄傲的英国人此时不得不承认，拉特尔当初的决定是聪明的。

生活中，最好的帽子不是最漂亮的那顶，而是最适合自己的那顶。成功之道也是如此：成功的第一要素即首先知道什么是自己适合做的和到底何时做。

让我们细细体味成功的含义吧，找到自己，找到合适自己的事情，然后创造自己，走向成功！

程绍德

人贵有自知之明。做自己胜任的工作，轻松愉快，游刃有余。另有俗语道：隔行如隔山。自己不会的东西，纵然巧记强学，仍难取得好的效果。

所以，正确评估自己的能力，对于取得成功起着至关重要的作用。

不用羡慕别人

在被环球旅行的念头折磨得心神不定的时候，我见到了格拉斯哥流浪者。他拿着2008年3月出版的杭州地图，问我西湖隧道如何走。

我给他指了指方向，并告诉他那条隧道只通车，不能走人的。显然他有些失望，"那么，请问紫云洞是在哪个方向？"

我对这个"隧道和山洞游"的外国旅行者产生了浓厚的兴趣，不由得多看了他一眼。他长得有点像刚刚死去的法国新小说家罗伯·格里耶，大块头，浓密的头发和络腮胡子，黑白斑驳，像是点雪茄时不小心被打火机烧了一下，眼神游离，指关节粗大，如同一个园艺师，刚刚摆了花盆放进温室，手指上还粘着来不及洗去的新鲜的泥土。

我在那张被他手指搞得黑糊糊的杭州地图上指明了紫云洞的方位，好奇地问他来自哪里。

"格拉斯哥，我来自格拉斯哥。"

我从来没有听说过有这个国家，不过我也不能保证我知道世界上所有的国家。

"没听说过？这很正常。因为我们的国家如今几乎没有人了。如果说格拉斯哥是个国家，不如说是一个民族，虽然我们的国家至今依然存在。"

"这就更不好理解了，一个没有国民的国家？"

"是的。对你们来说，这确实是一个问题。但对格拉斯哥来说，再自然不过。因为格拉斯哥是一个生来流浪的民族。"

"和吉普赛人一样？"

"可以这么说。但不同的是格拉斯哥创建了自己的国家。一个没有国民的国家。"流浪者充满自豪地重申了这一点。

"那么，你们一定到过世界的不少地方吧。"我对格拉斯哥这个民族的生活方式无比羡慕。

世界就是如此的不公平，有的人可以来你的国家，而你却因为各种原因一辈子只能待在原地，你从旅行者的眼神里看到他们那种"犹如初见"的喜悦，而你则可能怀着"天边外"的梦想终老一生。

"我们一直在环游世界。四五百年前，我们的前辈绕地球一圈得用尽一生的时间，他们壮年时从格拉斯哥出发，回到格拉斯哥往往须发尽白，许多人都会客死他乡。然而格拉斯哥人不改初衷，把环游世界作为自己的使命与人生的意义，因此获得'环球者'的绰号。而现在，交通便利，一般一两年就能绕行地球一圈，我今年52岁，已经环游世界33次了。"

"每一次环游世界都会有所不同吗？"我下意识地咬着手指，好奇地问。

每当我被环球的欲望折磨得魂不守舍时，都会像吃似的吮咬手指，以至于我的十个手指已经没有了指甲，全部露出白白的肉皮。

"准确地说，一切由路线决定。陆路、海路、南北回归线、赤道、经线、纬线、南极到北极等都会很不一样。"

"包括这次的隧道山洞游？是想以隧道山洞为路线环游世界吗？"

"这个，这个倒不完全是这样。"不知为什么，说到这里，流浪者有点黯然神伤。"这与我一次伤心的经历有关。在我第二十二次环游世界的时候，在格陵兰岛遇见一个女子，冰一样的透明与美丽。她对我的生活产生了兴趣，随我一起上路旅行，我们驾驶着一辆二手的帆船，沿着大陆架的海岸线走，早上去长着棕榈树的沙滩上漫步，晚上在船上一起看夕阳被海水吞没。那真是我人生中最幸福的一段日子。”

“然而，有一天，她在南美智利北部的安托法加斯塔港口上岸后，就不辞而别，再也没有回来。后面的许多年里，我一直为她的离开痛心疾首，百思不得其解，也许有一些问题得靠时间慢慢给出答案。我50岁沿东经110度进行第三十一次环球旅行时忽然明白了她离开的原因：她只是对我的生活感兴趣，而并非对我这个人有兴趣，我虽然和她生活了两年多的时间，但我却从未走进过她的内心。”

“这与格拉斯哥人和世界打交道的方式有关，他们永远在世界的表面像一只蜉蝣一样滑行，却从来不曾潜入世界的深处。他们与人的关系也是如此。他们和形形色色的人建立各种各样的关系，但永远不会为一个陌生人的内心哪怕停留一小会儿。我的问题正在于此，那两年时间里，看似天天和她在一起，可我的心永远会在下一个目的地，却从来没有想过在自己所爱的人的内心进行一场旅行。我到每一座不同的城市就像遇见每一个陌生的人，地表隆起的城市轮廓仿佛人的五官与身体的曲线，然而，我直到现在才明白：隔着皮肤就是隔着一个世界。”

“那，这与隧道和山洞之类的有什么联系吗？”

“这是格拉斯哥一个古老的传说。我也是听自己的祖父说，以前格拉斯哥部落的长老认为，我们所处的世界有一条隧道，可以直达地心，环球旅行者能够从这条隧道穿越地壳地幔，经过地心，再直接从地球的另一端出来。”

“然而，在这几百年间，格拉斯哥人完成了几乎所有环球线路的旅行，却没有一个人发现这条传说中的隧道，尝试过穿越地心的旅行。我想，我得穷尽下半辈子的时光来寻找这条隧道，为此我到过世界上最深的海沟、最长的隧道和山洞，甚至已经触摸到了岩浆的出口，但隧道往往在那里自行关闭。”

“我现在开始怀疑人类之前的知识是否能够给我以正确的指引，毕竟，据我所知，还没有人进入过地球的核心。所以我还是得靠自己的双手与双脚去探索。我相信，如果我找到了这条隧道，我也同样能够找到通往爱人内心的道路。这以前，我能够到达世界的任何地方，但却无法真正抵达某处；后面的几十年，我想真正地抵达一次，是的，哪怕一次也是好的。”

格拉斯哥流浪者说完这番话，捋了捋花白的头发，继续上路，连一声告别都没有。

我放下了噙在嘴里的食指，目送他离去。后来许多年里，我再没有继续啃我的手指，指甲像穿衣一样重新包裹了指尖。

我觉得那天，自己身上的某种东西已经装入格拉斯哥流浪者双肩背的圆桶包里被他带走，从此放下，轻松地开始过日常生活。

佚名

走出家门，进入社会，我们才发现，这个社会上有各种各样的人。常常我们会羡慕某一类人，并渴望成为他们中的一员。其实，每一类人都有每一类人的苦恼，只不过是我们不了解罢了。

因此，我们不用羡慕他人，而应该认真地过好自己的生活，只有走好自己的人生之路，才是最真实的。

平平淡淡才是真

我毕业后分配在一所山村小学任教。学校像撒娇的稚子偎依在母亲大山的怀抱里，出门是田地，举目见山坡，极利于绿色生命的繁衍，常年四季，鲜花次第开放。生活在天然的百花园中，夏花秋叶，比比皆是，其乐无穷，算是得天独厚吧!

遗憾的是，我们偌大的一个校园，竟难找到五谷和花草赖以生长的泥土，有的尽是些豆大的沙子。看上去只是由校舍围成的一个黄色方块，像是绿色海洋中的沙汀。

春天，四周的草青了，树绿了，花开了。这里，映进眼帘的却是一片单调的砖瓦色；夏天，烈日当空，满地的黄沙像火炉那样散发着热，叫人焦躁难忍，此情此景，促使人强烈地生出对于色彩的渴望。

渴望那郁郁葱葱的树，斑斓多姿的花。然而，年复一年，周而复始，这黄沙在校园依然如故。

春节过后，新学期伊始，我校调来了一位依稀白发的女校长，矮墩墩的个儿，红润的脸颊上总是挂着笑，宛如随时可以摘下一串儿果似的。

据说她是一位很有能力的校长，所到之处，学校面貌准会换个样儿。一个多月过去了，并未曾见她“露一手”，我急着看女校长初来乍到的“三把火”呢。

一天，我还在睡梦中，寝室后边“噼里啪啦”地响，紧接着就是扁担的“咯吱”声和脚踩沙地的“沙沙”声。谁呀？打破这黎明前的静谧。我翻了个身儿，就又睡着了。

天大亮了，我推门一看，哟!校园子里摆满了一堆堆青色的砖块、红色的碎瓦条，像一簇簇花儿，却不显得美，因为它缺少绿色的映衬。

我正揉着惺忪的睡眼，墙角处走出来一个人，谁？老校长!她挑着两筐砖瓦块，腿脚还挺利落，眉毛上的汗珠子在阳光下一闪一闪的。

我知道，三年前建校舍时，废砖块瓦片都堆在校舍后的屋脚下。前天，我就看见校长在那儿又是抠又是挖，好一阵扒拉，她为啥又把它们拣回来？我不解。

“校长，挑来这些破东西能派啥用场？”

校长放下担子，一边从筐里往外拾砖头瓦片儿，一边说：“学校生活五彩缤纷，教师就该喜欢多种颜色。”她仰起脸，笑容可掬，“你常写诗作文章，什么‘绿色的希望’呀，‘花儿一般的美’啦，校园里没有树，没有花草你就不觉得单调？”

山区的孩子放学回家要打猪食、割羊草，活儿多着呢，校长不准学生帮忙。老校长一捋衣袖，老师们便不令而从，一齐动手，给这些半头砖破瓦片派了用场，四周一围，砖摆菱形，瓦围红圈，挑来沃土，于是，一个个小花坛呈现在校园的四周，中间是个较大的花圃。绕校园一圈还新栽了白杨树。

种什么呢？教师们面对花坛，手握着泥土，七嘴八舌地议论起来，认定不能太娇，也不能太雅，太娇太雅都不是我们服侍得了的。

末了，校长提议种粉豆花，说它蓬勃旺盛，野而不俗，雅而不娇，老师们欣然同意了。

豆粒儿大的种子撒下去以后，天天有人俯着身瞅它、盼它。可是大半月过去了，竟丝毫没有动静。有人说种早了，有人说埋深了。

校长却是笑笑："你们是有点急于求成呀！这和教育孩子是一个理儿，心急磨不成嫩豆腐呀！"可不是，正在各种判断莫衷一是时，粉豆花破土而出了。

新出的芽，米黄色的两片叶子合在一起，厚厚的，像知羞的姑娘咕嘟着嘴巴儿，几天之内，就抽出很圆的茎，扁圆的叶。叶和茎秆都饱和着乳白色的汁液，嫩得不敢碰。很快地叶叶秆秆，密密麻麻连成一片，白杨树也长出了嫩绿的叶子，像活泼的孩童一个劲儿直拍手。

校园立刻变成黄绿错综的大毡子。当伏案久读看得双眼昏花或批改学生作业倦乏时，走到园里来，看一看这绿茵可爱的粉豆花，对于困倦的眼睛，确是一种极好的休息。

又是一个晴朗的早晨，我正吟诵自己刚写的一首小诗《粉豆花》，猛抬头看见，校长手提喷壶在给粉豆花淋洒清水，脑际间又浮现出她趁午休时间阳光下蹲在花丛中拔草、松土、捉虫的情景。老校长真是一名辛勤的园丁!她勤奋敬业的精神，令人敬慕!

倏忽间，粉豆花开了，在一层滚圆的绿叶上边，闪出三朵小花。两朵红，一朵黄。乍开的花儿，像彩霞那么艳丽，像水晶那么晶莹。在我们恬静的校园里，激起一阵惊喜，一片赞叹，招引着全校的师生。

三朵花是信号，信号一亮，跟在后边的便一发而不可挡。红的嫣红，黄的金黄，也有的花瓣红黄相间，更有情趣。黄绿错综的大毡子，转眼间，变成缤纷五彩的锦缎，连那些最不爱花的人，也经受不住这美的吸引，一得空暇，就围在粉豆花前欣赏起来，由衷地赞叹："这给我们学校带来了生机、带来了美！"

每每这个时候，女校长却闪在一旁若有所思，又好像在歆嗅粉豆花散发出来的阵阵清香。

是啊，粉豆花，少人问津，平平常常，它没有桃花那般鲜艳，梨花那样素洁，更没有桂花的盛名，牡丹的花魁桂冠。它是细小的花，平凡的花；然而是朴实的花，高尚可敬的花。它不止一次地给了我奋发向上的力量。

一个晚风习习、月明星稀的傍晚，空气中弥漫着粉豆花沁人心脾的清香，我陶醉地在花丛中遐思，不知不觉女校长走到我的身旁，仰望星光璀璨的夜空，满怀激情地说："在这静静的夜里，在我们祖国的大地上，有多少人在披星戴月地工作着，为美好的明天而奋斗着，而这些人中间就有我们平凡的山村教师！”

我已经爱恋着这山、这水、这山村的孩子们! 我鼓足了勇气，拉着老校长的手，恳求她明天去县局开会的时候，一定替我索回调离山区的申请报告。

老校长紧握我的手，投来赞许的目光，我心头一热，仿佛浑身憋足了劲儿，但又有些不好意思。我激动地说：“来年春暖时分，我们还要种些平平常常的粉豆花！”

牟瑞彬

平平淡淡才是真，人生也如此，轰轰烈烈、大智大勇、大红大紫的人生固然壮美，但拥有的人毕竟是少数，大部分人的一生还是波澜不惊，平平淡淡的。

在平淡中创造生活，在平淡中追寻快乐，在平淡中感受幸福，岂不快哉?

幸福就是自己喜欢自己

小迪是一个十分内向的人，她在办公室里存在与否都丝毫引不起任何人的注意。

有一次，她幽幽地对我说:“我就像这地上的泥土，天天存在，人人都踩着它，却永远默默无闻。我一点儿也不喜欢自己，可我又无法改变自己。”

许多人不幸福的原因就是他们不喜欢自己，如长相、性格、习惯、出身、智力等。总之他们对自己很有成见。

这些话说了没有多少日子，办公室就进了一批新人，他们是刚从学校出来的大学生，奔放热情，活力四射。办公室的前辈们都对他们充满羡慕之情，毕竟我们是新闻单位，是一份充满激情的事业，推陈出新是它的生命力所在。

其中有一个女孩尤其吸引别人的眼球，一身男装把她漂亮的脸庞衬托得格外俊朗，最要紧的是她有非常好的性格，和谁都见面熟。不到半天她就和办公室里的所有人都混了个脸儿熟。她的人气指数没几天就在办公室里急剧上升。

也该这个女孩撞上大运，在一次重大报道的采访中，她采访到了党和国家的重要领导人，还和这位领导人合了影，这件事本身就成了我们报社的重大新闻，领导无论大会小会都要提及这件事，那口气不外乎她刚到报社没多少日子，就为报社争了脸。

我知道现在一面光彩夺目的镜子放在小迪面前了，促使她的自卑正在以几何级数放大，我想散会后对小迪说，人各有所长不要太看轻自己，世界上本没有两片相同的叶子，但每一片都是非常重要的。

晚上约好和一位外国朋友吃饭，这位外国朋友是一个和蔼快乐的小老头，他每天都有10条让自己快乐的理由，他的10条理由中足足有7条是自我欣赏的快乐，比如：今天在老人会里我又学会了折纸鹤，想不到自己还有这么一双灵巧的手，不，我本来就是一个心灵手巧的人，当年自己还发明了一辆折叠式的自行车。于是在学第二个纸折工艺时，他就会大声对自己鼓劲：我行，我行，我一定能行。很快他又学会第二个纸折工艺。

年纪大了都很害怕别人看不起自己，所以就像有鬼似的越是怕越是不行，最后连自己也看不起自己，这样就产生了两个“看不起”。首先不要小看自己，因为在这个世界上我是独一无二的，这个我是没有办法复制的。

有了这样的心理垫底你就会活出你自己来，别人也会对你刮目相看，这样你就拥有了两个“看得起”。

老人的话让我猛地想起了小迪，心想如果小迪在这里听这位外国老人说“两个看得起的理论”该有多好。

送走老人后，我马上打电话和小迪联络，想把外国老人对生活、对人生的感悟告诉小迪，谁知她的家人说她到医院看病去了。从她家人吞吞吐吐不肯说看什么病的状况，我猜测这个病和白天她在单位里的状况有关。

第二天，突然，有人送来一面锦旗说是给小迪的，锦旗上面写着六个大字：

人民的好记者。

据来人说，小迪通过深入采访，在报上写了一篇很有深度的报道，使一个受到不公正待遇的人冤情大白。说到这里，大家才发现小迪今天没有来上班，便委托我打电话告诉小迪，让她赶快到单位来。

我只在电话中对小迪说了这样一句话：小迪你真行，很善于挖掘新闻，你的特点就是默默无闻地出成绩，和大地一样奉献自己，千万不要小看自己哦。

大约过了一小时，小迪就出现在办公室里，她依然是过去的那个小迪，她对我浅浅地一笑，低声说了一句：谢谢。

后来，我抽空对小迪说了外国小老头的至理名言：自己看得起自己就拥有了两个“看得起”。

小迪笑得直不起腰，说归说笑归笑，但我知道竖在小迪面前的那面光彩夺目的镜子不见了。因为她用一面真实的镜子，照出了一个真正的自己，不再扭曲变形。

像小迪那样，许多人不喜欢自己，主要是不喜欢自己身体、性格中的某一部分，那么如何来摆脱对自己的成见呢？正如那个外国老头所说的，我是谁？我是这个世界上独一无二的。

科学证明，要生出和你完全相同的一个人，这机会是30万亿分之一，这样的机会几乎可以忽略不计。难道拥有这样的我不值得骄傲？

佚名

生活中的很多人其实都是平淡的，寂寞的。我们日日工作，却无人认同我们，无人赞扬，甚至无人关注，因为我们只是平常的人。在无人赏识的寂寞中，我们应该学会自己欣赏自己、赞美自己，切不可自己看低自己。

忍耐人生隧道中短暂的黑暗

我第一次坐火车穿过隧道时，已是一名大学生了。知识和经验都告诉我，这不过是在穿越一个山洞；黑暗和气闷，都是短暂的，前边就是光明。

果然，火车大吼一声便又风驰电掣般重新奔驰在阳光下，风景依旧快速地从前面向我们涌来，又排山倒海似的向后面退去。

比较起来，我的孩子就很幸运了。第一次坐上明亮干净的火车时，差不多刚学会说话，走起路来也踉踉跄跄的。坐火车的新鲜感，使他无法安静地坐在位子上，总在过道上来来往往，去看那些陌生的面孔。

突然车进隧道，阳光、风景顿时从车窗消失，而列车员又未及时地打开车灯。顿时，一片黑暗!

孩子吓坏了，哭叫着："灯！灯！"

我想，那时他一定是处在一片恐慌之中，大约他以为一种可怕的、无法抗拒的灾难已经降临到头上。他大声呼叫："灯！灯！"完全是一种本能的求生愿望。在他短短的生活经验里，也许他知道灯可以给他光明，使他找到摆脱灾难的方法。

当然，这一切对于一个无知的孩子来说，完全是一种幼稚的想法。只一瞬间，火车就以它强大的力量穿越了隧道，光明于是重归于眼前，几分钟前的风景、人物依旧。

我们望着孩子眼中尚未褪尽的惊慌，给他讲：这叫隧道!接下来，我给他讲了有关隧道的知识以及隧道是安全的，不必害怕。

接着，又是几个隧道。这回，孩子不哭了，自言自语地念叨着：隧道！隧道!

他的穿越短暂黑暗的第一次经验，是在这恐慌中获得的。

这已是许多年以前的事了，可是它给我的启示，却总难忘记。

儿子慢慢长大了，上学、入伍、工作。不久之前，又开始交女朋友了。可是，常常在一段时间里会看到他皱着眉头，一个人发呆，过一段时间，便又见他笑逐颜开，好像什么事也没发生过似的。

我不会去问他那些具体的事情，猜想着大概是与同事间发生了不愉快的事情，或者恋爱进展得不顺利。

不过，从他情绪变化中，我可以十分有把握地判断他一定是行进在“隧道”里，或者已经穿越了“隧道”。我在心里默默为他鼓劲，相信他正一步一步走向成熟。

我想，把过隧道用来比喻人生，比喻人生所经受和遭遇到的困难、不幸或挫折。人没有克服不了的困难，没有战胜不了的挫折。既没有一路阳光，又没有永远黑暗，一段又一段的阴影，曲曲折折，起起伏伏，“雨后复斜阳，关山阵阵苍”，构成了一个完整的人生。没有谁的一生可以一帆风顺。“人有悲欢离合，月有阴晴圆缺，此事古难全。”把这一段可以穿越的阴影，称作“人生隧道”，我看是恰当的。

佚名

人生会遇到鲜花与掌声，也会遭遇挫折与不幸。无论是遇到什么，我们都应该以一颗平常心面对它们。

因为，在人生的道路上，你得忍耐人生隧道中短暂的黑暗，如果你有足够的智慧和信心，那就意味着隧道里灯火通明！

修鞋匠也可以高贵

他是个上了年纪的修鞋匠，铺子开在巴黎古老的玛黑区。我拿鞋子去请他修补，他先是对我说:“我没空。拿去给大街上的那个家伙吧，他会立刻替你修好。”

可是，我早就看中他的铺子了。只要看到工作台上放满了的皮块和工具，我就知道他是个巧手的工艺匠。“不成，”我回答说,“那个家伙一定会把我的鞋子弄坏。”

“那个家伙”其实是那种替人即时钉鞋跟和配钥匙的人，他们根本不大懂得修鞋子或配钥匙。他们工作马虎，替你缝一回便鞋的带子后，你倒不如把鞋子干脆丢掉。

那鞋匠见我坚持不让，于是笑了起来，他把双手放在蓝布围裙上擦了一擦，看了看我的鞋子，然后叫我用粉笔在一只鞋底上写下自己的名字，说道：“一个星期后来取。”

我将要转身离去时，他从架子上拿下一只极好的软皮靴子。

他很得意地说 :“看到我的本领了吗？连我在内，整个巴黎只有三个人能有这种手艺。”

我出了店门，走上大街，觉得好像走进了一个簇新的世界。那个老工艺匠仿佛是中古传说中的人物——他说话不拘礼节，戴着一顶形状古怪、满是灰尘的毡帽，奇特的口音不知来自何处，而最特别的，是他对自己的技艺深感自豪。

在现代社会里，人们只讲求实利，只要“有利可图”，随便怎样做都可以。人们视工作为应付不断增加消费的手段，而非发挥本身能力之道。

在这样的时代里，看到一个修鞋匠对自己一件做得很好的工作感到自豪，并从中得到极大的满足，实在是难得遇到的快事。

出色的工作就是高贵的荣衔。一个认真而又诚实的工匠无论做哪一门手艺，只要他尽心尽力，忠于职守，除了保持自尊之外别无他求，那么，他的高贵品质实不下于一个著名的艺术家。

世上没有世袭相传的贵族。做人堂堂正正才是唯一真正高贵的人。

阿利·玛利尼

也只有真正热爱自己的工作，并为之感到自豪的人，才能在生活中找到真正的乐趣。虽然修鞋不是一个让人尊敬的行业，但是只要我们能够热爱自己的技艺，达到相当高的水准，同样会赢得别人的尊敬。

在现实生活中，如果人人都能像老鞋匠那样爱岗敬业，那么快乐将无处不在。

别让自己变得空虚

亚历山大率领着他那一小股部队侵占了亚洲西部的全部领土。“这世界是我的王国。”他说。

他征服了波斯，当时波斯是众所周知最大、最富饶的国家。他烧毁了蒂尔这座强大的城市。他自封是埃及的主人。他在尼罗河口附近建造了一座辉煌壮丽的新城，并用他自己的名字命名它为亚历山大里亚。

“在埃及西部有什么？”他问。

“只有一望无际的沙漠。”有人回答说，“直到这陆地的尽头，除了沙子，沙子，灼热的沙子什么都没有。”

于是，亚历山大率领着他的部队回到了亚洲。他侵占了幼发拉底河那边的国家。他沿着里海海岸穿过草原，之后爬上了似乎可以俯视世界的雪山。

他注视着北边的一片荒凉的土地。

“那边有什么？”他问。

“只有冰封的沼泽地，”有人回答说，“直到这块陆地的尽头，除了雪地和冰海，什么都没有。”

于是，亚历山大率领他的部下向南推进。他侵占了印度的大片国土，征服了一个又一个富饶的城市。最后他来到一条叫作恒河的大河岸边，本想横渡此河，但是他的士兵不愿跟随他过河。

“我们不再往前走了。”他们说。

“这条美丽河流以东有什么？”亚历山大问。

“只有纵横交错的丛林，”有人答道，“到这陆地的尽头，别的什么东西都没有。”

于是，亚历山大叫人造船。他的船在另一条叫印度河的河里下了水，然后同他的部队顺流而下，驶向大海。

“远处是什么地方？”他问。

“只是无人到过的水域，”有人回答说，“直到这个地域的尽头，除了深海什么都没有。”

“真是的，”亚历山大说，“凡是有人居住的地方都是我的。东、南、西、北再没有我可征服的地方了。但是，这毕竟是一个多么小的王国呀！”

于是，他坐下哭了起来，因为再没有他可征服的世界了。

佚名

名人库尔茨说过：“谁能以深刻的内容充实每一瞬间，谁就是在无限地延长自己的生命。”亚历山大取得了如此多的军事胜利，建立了如此巨大的功勋，但战争结束的时候，他依然会感到空虚。

那平平淡淡的我们呢？寂寞和空虚自然也会常常光顾我们。所以要想让我们的人生更快乐，就应该学会忍耐寂寞。

没有台词也能成为主角

玛丽是一个10岁的小姑娘，她从小就希望自己能成为一名出色的演员。这不，机会来了，学校准备排练一部叫《圣诞前夜》的短话剧。玛丽热情地去报了名，对此，她的家人都表示支持。

定角色那天，玛丽回到家后，径直去了自己的卧室，她的脸上没有了以前的笑容，眉头紧锁，嘴唇紧闭。家人见状很是担心，便都跟了进去。

“你被选上了吗？”哥哥小心翼翼地问。

“是的。”玛丽的声音极细，那两个字简直是从牙缝里挤出来的。

“那你为什么不高兴呢？”父亲问。

“因为我的角色！这部短剧只有4个人物：父亲、母亲、女儿、儿子。”玛丽说。

“你的角色是什么？”父亲接着问。

“他们让我演……演一只狗！”玛丽说完，用被子蒙住了头。家里人只好默默地退出了她的房间。

晚饭后，父亲和玛丽谈了很久，但他们没有透露谈话的内容。

除父亲外，全家人都很奇怪玛丽为什么没有退出排练，因为她们认为演一只狗没什么好排练的。

但是，玛丽却练得很认真，很投入，她还用自己的零花钱买了一对护膝，据说这样她在舞台上爬时，膝盖就不会痛了。玛丽还告诉家里人，她的动物角色名叫“拉拉”。

演出那天，玛丽的家人早早地到了剧场。当灯光转暗时，演出正式开始了。

最先出场的是“父亲”，他在舞台正中的摇椅上坐下后，就大声召集家人出来讨论圣诞节的意义。

接着“母亲”出场，她优雅地面对观众坐下。

然后是一脸幸福的“女儿”和“儿子”，他俩分别跪坐在“父亲”两侧的地板上，然后把头倚在“父亲”的大腿上，眼睛却看着慈祥的“母亲”……

“这是多么和睦、快乐的一家人啊！”观众们想。

在这一家人热烈的讨论声中，玛丽穿着一套黄色的、毛茸茸的狗道具，手脚并用地爬进场。

然而，这不是简单地爬，“拉拉”蹦蹦跳跳、摇头摆尾地跑进客厅，她先在小地毯上伸个懒腰，然后用可爱的小鼻子嗅嗅男主人的脚尖，又抬起前脚朝两位小主人做了一个滑稽的动作，才在壁炉前安顿下来，并开始呼呼大睡，一连串动作，惟妙惟肖。很多观众都注意到了，四周传来轻轻的笑声。

接下来，剧中的“父亲”开始给全家人讲圣诞节的故事。他刚说到“圣诞前夜，万籁俱寂，就连老鼠……”

“拉拉”突然从睡梦中惊醒，机警地四下张望，仿佛在说：“老鼠？哪有老鼠？”神情和真的小狗一模一样。舞台下玛丽的哥哥用手掩着嘴，强忍住笑。

男主角继续讲：“突然，轻微的响声从屋顶传来……”昏昏欲睡的“拉拉”又一次惊醒，好像察觉到异样，它仰视屋顶，喉咙里发出“呜呜”的低吼。

太逼真了！可爱极了！玛丽一定费尽了心思。很明显，这时候的观众已不再注意主角们的对白，几百双眼睛全盯着“拉拉”。

因为“拉拉”的位置靠后，其他演员又都是面向观众坐着，所以观众可以看见玛丽，其他演员却无法看到她的一举一动。他们的对话还在继续，玛丽幽默精湛的表演也没有间断，台下的笑声更是此起彼伏。

那晚，玛丽的角色没有一句台词，却抢了整场戏。

后来，玛丽告诉哥哥说，让她改变态度的是爸爸的一句话：“如果你用演主角的态度去演一只狗，狗也会成为主角。”

佚名

很多年轻人总爱抱怨自己的待遇、地位，这也不好，那也不好，并常常把自己的失败归之于没有机会。

当然每一个的命运可能会有所不同，但命运赐予我们不同的角色，与其怨天尤人，自暴自弃，还不如承认现状，耐住寂寞，全力以赴，在不好的处境下展现不同凡响的自己。

路的旁边也是路

1956年，松下电器与日本生产电气精品的大阪制造厂合资，成立了大阪电气精品公司，制造电风扇。当时，松下幸之助委任松下电器公司的西田千秋为总经理，自己任顾问。

这家公司的前身，是专做电风扇的，后来开发了民用排风扇。但即使如此，产品还显得很单一。西田千秋准备开发新的产品，试着探询松下的意见。松下对他说："只做风的生意就可以了。"

当时松下的想法，是想让松下电器的附属公司尽可能专业化，以图有所突破。可是松下精工的电风扇制造已经做得相当卓越，颇有余力开发新的领域。尽管如此，西田得到的仍是松下否定的回答。

然而，西田并未因松下这样的回答而灰心丧气。他的思维极其灵活与机敏，他紧盯住松下问道："只要是与风有关的，任何事情都可以做吗？"

松下并未细想此话的真正意思，且西田所问的与自己的指示很吻合，所以回答说："当然可以了。"

四五年之后，松下又到这家工厂视察，看到厂里正在生产暖风机，便问西田："这是电风扇吗？"

西田说："不是。但它和风有关。电风扇是冷风，这个是暖风，你说过要我们做风的生意。这难道不是吗？”

后来，西田千秋一手操办的松下精工的风家族，已经是非常丰富了。除了电风扇、排风扇、暖风机、鼓风机之外，还有果园和茶圃的防霜用换气扇，培养香菇用的调温换气扇，家禽养殖业的棚舍换气调温系统……

西田千秋只做风的生意，就为松下公司创造了一个又一个的辉煌。

生活中，我们在一条路上不断地走，总觉得自己已经把路走绝了，再不能走出一片崭新的天地，再不会有更大的成就。

实际上，路的旁边也是路。可能我们一生注定只能奔赴一个方向，如果总是沿着那条老路前进，当然有把路走烦、走绝的时候。

西田千秋试着往旁边跨了几步，就发现了无数的路，而且条条都是全新的路，并最终引领他走向了成功。

事实上，更多的时候，我们在生活的路上走得不好，不是路太狭窄了，而是我们的眼光太狭窄了，所以最后堵死我们的不是路，而是我们自己。

马德

俗话说“三百六十行，行行出状元”，不管从事什么行业，只要下足工夫，做精做好，就能从熟悉的领域开辟崭新的天空。

我们通过松下电器制造风扇的经历，就可以得出这一宝贵经验，进而联想到生活中的相关事情，给我们以人生启迪。

不肯放手的孩子

这是一个早上，妈妈正在厨房清洗早餐的碗碟。她有一个4岁的小孩子，自得其乐地在沙发上玩耍。

不久之后，妈妈听到孩子的啼哭声。究竟发生了什么事呢？妈妈还没有将手抹干，就冲到客厅看孩子。

原来，孩子的手插进了放在茶几上的花樽里。花樽是上窄下阔的一款，所以，他的手伸了进去，但抽不出来。母亲用了不同的办法，想把卡着了的手拿出来，但都不得要领。

妈妈开始焦急，她稍为用力一点，小孩子就痛得叫苦连天。在无计可施的情况下，妈妈想了一个下策，就是把花樽打碎。可是她稍有犹豫，因为这个花樽不是普通的花樽，而是一件价值连城的古董。

不过，为了儿子的手能够拔出来，这是唯一的办法。结果，她忍痛将花樽打破了。

虽然损失不菲，但儿子平平安安，妈妈也就不太计较了。她叫儿子将手伸给她看看有没有损伤。虽然孩子完全没有任何皮外伤，但他的拳头仍是紧握住似的无法张开。是不是抽筋呢？妈妈再次惊惶失措。

原来，小孩子的手不是抽筋。他的拳头张不开，是因为他紧握着一个硬币。他是为了拾这一个硬币，所以令手卡在花樽的口内。小孩子的手抽不出来，其实，不是因为花樽口太窄，而是因为他不肯放手。

感情的事，很多时候也是盲目的。

你曾为他（她）做的事，当日，你觉得是多么的天经地义；今天，你却感到荒谬至极。盲目是幸福的，只要盲目能维持一生一世。问题是有一天，我和你都会像小孩子一样，发现自己被感情问题卡住了，动弹不得。问题出现了，你希望寻求方法解决，但全都徒劳无益。有人说："问题不是你所想的那样复杂，只要你肯放手就解决了。"你却偏偏不肯放手。

这时，你往往不会想："这样值不值？"你只会自问："我还爱不爱？"只要是爱，你觉得再没有什么要犹豫。你会想方设法解决彼此之间的问题。你一直守下去，你不会放手。

其实，放手就立刻解决问题，只是大家都逃避这个事实。你宁愿受着牢笼之苦，都不愿解脱。"这段感情值得这样磨下去吗？"你的朋友会劝你放弃。

你不相信，这份爱，只是一枚硬币。你忍痛执著于这份感情，不惜代价，消耗了许多眼泪，虚度了不少的岁月，错过很多机会。 为了区区一枚硬币，打碎了一个古董花樽，小孩子当时不会了解，也不会后悔，因为那时他不了解他执著的那个硬币的机会成本是那么大。他长大了之后，才了解了花樽的价值，才会明白自己昔日的愚昧。

感情是人生重要的一部分。处理感情问题是否得当，可能会影响一个人一生的苦乐或成败。

感情与生俱来，也是人生乐趣的来源。但是，它需要控制与升华。有人能理智地把多余的感情化开；有人还能用艺术把原始的激情美好、纯化和净化。

有些人的感情淡如水，有些人的感情轻灵优美如诗歌，另有一些人的感情却充满了阴暗卑下的欲念。这就是一个人的格调。

当恋爱顺利时，要让感情优美而崇高；当恋爱受挫时，要很自然地给自己的感情找到出路。一个人太少用理智，固然不能应付问题，但太少用感情，也会使生活枯燥冷硬而缺乏色彩。

人们常不了解，感情上的升华境界如何可以达到。其实，它最简单的解释，无非是在必要的时候，使自己腾出身来，保持一份旁观者的释然之情。

佚名

生活中，我们总是不惜一切的求取成功。可是，有时失败是不可避免的。如果我们做得优雅，该放手时就放手，我们就可以得到平安，从经验中成长。就像松开一个握紧的拳头，我们会感到自在而有活力。

自由职业是我的“正途”

总是有人问我：“为什么毕业不工作”。这问题后面，接着下来一般是：“你读计算机，研究生毕业，大好前途呀……”善意之下，隐含这样一层意思，仿佛我现在没有前途。他们认为我现在的身份是自由股民，走的不是“正途”。

这种说法根据在于我学而不用，是一种浪费，而浪费是一种罪恶。仿佛我应该去工作，是因为我学了计算机，这不是我的逻辑。

我的逻辑是这样的：我之所以学计算机，是因为我喜欢，我还有其他爱好，还有其他能力，为此我还想做做其他事情。

至于为什么要做股民，那是我其中的一个兴趣，对我而言，炒股是个相对公平的数字游戏，在该游戏中，金钱是奖品，比的是心智，不需涉及我不擅长的人际关系。这虽是我本身的意愿，但让我作出决定，还有别的原因。

对于“正途”，我还有这样的看法：它是条阳关大道，但和整个世界相比，一条路总是太窄，而且太多人争着往里挤，对此我并不喜欢，除非接受拥挤是我认为的一种乐趣。

阳关大道还有一个特点，那就在于：在路上所有人都在往一个方向走，仿佛被什么所驱赶着。

对于这种现象，作家王小波先生生前作出如下比喻：“大家都顺着一个自然的方向往下溜，最后准会在低洼的地方汇齐，挤在一起像粪缸的蛆。”

这比喻让我十分恐惧，以至于它打消了我的选择“正途”的最后一丝愿望。

后来，别人不再问我原因，转而问将来的打算，这个问题一时难以说清，还好我听过一个故事，可以用来回答：

在路上，有一只第一次出洞的老鼠，它觉得世间好大。它想吃，它想玩，它想尝试这世间所有有趣的事物。可是，它遇到一只猫。

于是老鼠拼命跑，猫在后面追。跑呀跑，追呀追，终于有一天，老鼠再也不想跑了，它停下来，想闭上眼睛，等待猫爪的来临。

这时，它却听到猫说：“你走吧，我只是想告诉你，以后的路再没有猫追你。”猫说完走了。老鼠站在那里，好像明白了什么。

我讲这个故事，目的并非为了赞扬那只可爱的猫，我只是觉得，自己像那只明白了什么似的老鼠。对于将来，这只老鼠虽然有点迷茫，可它还年轻，在没有猫的日子里，它跨出了第一步。

佚名

"正途"工作稳定，旱涝保收，因此挤到此途的人熙熙攘攘，现在的"正途"有点不堪重负，路越来越窄。我们为何不稍微偏一点，走一条另外的路呢。

其实"正途"之外的路，虽然多一点风险，却宽阔、自由，风光无限。

少制定空头计划

人们在指责一件事物根本无法实现时，总喜欢说"你这是白日做梦"。在实际生活中，热衷于做白日梦的人还真不少。

曾看过一篇文章。有位农妇不小心打破了一个鸡蛋，她想象着：一个鸡蛋经孵化后可变成一只小鸡，小鸡长成母鸡，母鸡又下很多蛋，蛋又孵化成很多小鸡。

最后农妇深深叹息："天哪！我失去了一个养鸡场！"她越想越痛苦，越想越悔恨。

这不是在作践自己吗?

有位彩民，买了几年彩票也未中大奖。有一次，只差一个号码竟使他与百万大奖擦肩而过。他陷入了痛失良机的悔恨之中，并由此想入非非，开始做"白日梦"。

如果中了大奖，首先要保证安全。只有连夜携带全家老小，远走高飞，到一个不为人知的地方，买一栋新房子重新安家，才能保证全家人的安全。

但这不成了"越狱逃犯"？再说一家人一夜之间突然消失。那才是"此地无银三百两"哩！现在的罪犯都具备高科技本领，即使孙悟空也难逃如来佛的手掌心。要是被罪犯盯上了，全家恐怕要遭灭顶之灾。哎呀．太可怕了！不行！不行!

如果中了大奖，采取财产分散的办法也许最可靠。应该召集兄弟姐妹及所有的七大姑、八大姨，根据血缘关系的远近，评估各人家底的厚薄，再参考平日对我们家的贡献，论资排辈，合理分配，这活脱脱一个大富翁在救灾扶贫。

但还有一帮狐朋狗友怎么办？左邻右舍向你借钱怎么办？如此算来，只怕还要倒贴老本。不行！不行！此方案也绝对不行。

捐赠慈善事业吧？自己不是白干了？不合算。投资项目吧!又没这个能耐……

为了这张没有中奖的彩票，这位彩民费心伤神，自寻烦恼。

人生总会遇到各种各样的机遇，一旦抓住了，小则能获得快乐，大则能改变命运。但这机遇是可遇而不可求的。我们也可能会失去各种各样的机遇，还会犯各种类型的错误。对自己的过失，切不可无限悔恨，死揪不放。要知道，人非圣贤，孰能无过？重要的是总结经验，少犯错误。

就像那位农妇，如果她这样想：幸亏只打破了一个鸡蛋，并非失去了一个养鸡场。以后要做事小心点，若不打破鸡蛋，那不就拥有无数个养鸡场了吗？她自然越想越快乐，也就不会因为这区区小事而自责自怨了。

佚名

鲁迅说过:“幻想飞得太高，落在现实上的时候，伤害也就格外沉重。”很多人做的“白日梦”，其实就是一种幻想，就是盲目追求那些根本无法实现的目标。其结果除了痛苦还会有什么呢?

因此，充实的人生还应面对现实，忍耐住寂寞，过自己平淡且又实际的日子。

爱自己的工作

在我遇见班奇太太之前，护理工作的真正意义并非我原来想象的那么一回事。“护士”两字虽然是我的崇高称号，谁知得来的却是三种吃力不讨好的工作：替病人洗澡，整理床铺，照顾病人大小便。

我带上全套用具进去，我护理的第一个病人是班奇太太。

班奇太太是个瘦小的老太太，有着一头白发，全身皮肤像熟透的南瓜。“你来干什么？”她问。

“我是来替你洗澡的。”我生硬地回答。

“那么，请你马上走，我今天不想洗澡。”

使我吃惊的是，她眼里涌出大颗泪珠，沿着面颊滚滚流下。我不会理会这些，强行给她洗了澡。

第二天，班奇太太预料我会再来，准备好了对策。“在你做任何事之前，”她说，“请先解释‘护士’的定义。”

我满腹疑团地看着她。“唔，很难下定义，”我支吾道，“做的是照顾病人的事。”

说到这里，班奇太太迅速掀起床单，拿出一本字典。“正如我所料，”她说，“连该做些什么也不清楚。”

她翻开字典上她做过记号的那一页慢慢地念：“看护；护理病人或老人；照顾、滋养、抚育、培养或珍爱。”她“啪”的一声合上书，“坐下，小姐，我今天来教你什么叫珍爱。”

我听了。那天和后来许多天，她向我讲了她一生的故事，不厌其烦地细说人生中的教训。

最后她告诉我有关她丈夫贝恩的事：“他是高大粗壮的庄稼汉，穿的裤子总是太短，头发总是太长。他来追求我时，把鞋上的泥带进客厅。当然，我原以为自己会配个比较斯文的男人，但结果还是嫁了他。”

“结婚周年，我要一件爱的信物。这种信物是用金币或银币刻上心和花图案交缠的两个名字简写，用精致银链串起，在特别的日子交赠。周年纪念日到了。贝恩起来套好马车进城去，我在山坡上等候，目不转睛地向前看，希望看到他回来时远方扬起的尘土。”

她的眼睛模糊了：“他始终没回来，第二天有人发现那辆马车，他们带来了噩耗，还有这个。”

她毕恭毕敬地把它拿出来，由于长期佩戴，它已经很旧了，但一面有细小的心形花型图案环绕，另一面简单地刻着：“贝恩与爱玛，永恒的爱。”

“但这只是个铜币啊，”我说，“你不是说是金的或银的吗？”

她把那件信物放好，点点头，泪盈于睫：“说来惭愧，如果当晚他回来，我见到的可能只是铜币。这样一来，我见到的却是爱。”

她目光炯炯地面对着我：“我希望你听清楚了。小姐，你身为护士，目前的毛病就在这里。你只见到铜币，见不到爱。记着，不要上铜币的当，要寻找珍爱。”

我没有再见到班奇太太。

她当晚死了。不过她给我留下了最好的遗赠：帮助我珍爱我的工作，做一个好护士。

佚名

生活中的很多人都不喜欢自己的工作，并常常抱怨工作是祸殃，劳动是不幸。这种抱怨不仅不利于我们工作的进步，同时还会影响我们的心情。

面对我们不喜欢的工作时，如果我们不能去更换工作，那我们就去试着爱它。因为有了爱，我们也许会发现其实原本不好的工作也有好的一面。

修车摊响起萨克斯

那是一个寒冷的冬日。一天忙碌的工作结束，整个城市已被酽酽的夜色笼罩。我带着满心的疲惫，随着清冷的车流茫然前行。

远处，一阵萨克斯声悠然飘来。一曲《回家》，婉转低回，温情洋溢，寒冷的街道顿时有了一丝温暖。

冷风中蜷缩的心，也缓缓打开。

是谁家学艺的孩子，如此勤奋？我循着前方一片亮着灯光的窗口，想着窗内是怎样温情融融的一家。萨克斯声越来越近，我循声望去，那声音来自路边。

寒风中，一个中年男子，穿件旧夹克衫，微低着头。抱着萨克斯的身体，随着音乐的节拍轻轻晃动，认真而投入。不时有路人经过，再回头张望，那男子一心专注地表演。

他似处无人之境，无视路人的目光；又似处于流光溢彩的舞台，用全身心的演绎与观众交流。说不清是好奇心还是动人的乐曲，让我驻足。

那男子的身边是一辆很旧的三轮车，装着轮胎和工具。很显然，他是这修车摊的主人。旁边有三两个人围着，不知是等着修车，还是只为聆听。

一曲终了，那男子长出一口气，笑着说："哪位修车？"

一个小伙子开口："师傅，我车胎扎了，您给补一下。"萨克斯手憨厚地一笑说："咋不早说，大冷天的在这冻着傻等。"

"师傅，您吹得真好听，我不忍心打断。"小伙子一脸的真诚。

"我吹萨克斯就是图一乐，给大伙修车才是正业呀。修好了车，赶紧回家。"

"你在这上学吧？一听你这东北口音，就知道是我的小老乡。"萨克斯手娴熟地摆弄着车子。"我也离开家好几年了。"他的眼神像这暮色，有些迷蒙。

“老乡，那您为啥离开家呢?”

在这异乡的城市，一声老乡，叫人敞开心扉。“我和爱人以前都是国企职工，前几年企业改革，亲戚说，这个城市民风淳朴，好过活。我就凭着在工厂学的修理技术，带着一家人，在这生活下来。”

“靠修车生活，够苦的，还有心思玩萨克斯?”东北的年轻人说话够直爽。

“苦吗?我不觉得啊。一家人有吃有穿，健健康康地守在一起。”

修车男子的眼亮亮的，望着那把萨克斯说：“还有它陪着我，还有大伙，都爱听我吹它。”

说话间，车子修好了。小伙子递出的零钱被萨克斯手挡回。

“小姑娘，你的车咋了?”我一惊，好似偷听被人发现似的。四顾摊边只剩我一个人了。

“师傅，您给我的车把上安个车铃吧。”我心里佩服自己的机灵。

“您要收摊了吗?”我是想再听他吹一曲。

“收摊，儿子学琴也该到家了。”

“您儿子也吹萨克斯吗? 您吹得那么好!”

“他学钢琴，好几年了。弹得可好了，这孩子有音乐细胞，随我。”他笑成一朵花，质朴灿烂。

我按下一串清脆的铃声，与暮色中的萨克斯手道别。

马迎辉

“靠修车生活，够苦的，还有心思玩萨克斯?”年轻人的话也许代表了很多人的看法。

但修车人用他的行动告诉别人，无论我们做什么工作，无论我们处于何种处境，我们都可以选择自己喜欢的生活态度，并愉快地生活。

一种寂寞的人生

有一个人总是落魄不得志，便有人向他推荐智者。

智者沉思良久，默然舀起一瓢水，问："这水是什么形状？"

这人摇头："水哪有什么形状？"

智者不答，只是把水倒入杯子，这人恍然："我知道了，水的形状像杯子。"

智者摇头，轻轻端起杯子，把水倒入一个盛满沙土的盆里。清清的水便一下融入沙土，不见了。

这个人陷入了沉默与思索。过了很久，他说："我知道了，社会处处像一个规则的容器，人应该像水一样，盛进什么容器就是什么形状。而且，人还极可能在一个规则的容器中消逝，就像这水一样，消逝得迅速、突然，而且一切无法改变！"

"是这样，"智者拈须，转而又说，"又不是这样！"说毕，智者出门，这人随后。

在屋檐下，智者用手指着青石板上的"小窝"说："一到雨天，雨水就会从屋檐落下，看这个凹处就是水落下的结果。"

此人大悟："我明白了，人可能被装入规则的容器，但又应该像这小小的水滴，改变着这坚硬的青石板，直至破坏容器。"

智者说："对，这个窝会变成一个洞！"

人生如水，我们既要尽力适应环境，也要努力改变环境，实现自我。

我们应该多一点韧性，能够在必要的时候弯一弯，转一转，因为太坚硬容易折断。

唯有那些不只是坚硬，而更多一些柔韧弹性的人，才可以克服更多的困难，战胜更多的挫折。

罗兰

如水人生其实是一种寂寞的人生。当我们在尽力适应环境的时候，我们要克制自己的各种冲动，默默在自己可能并不喜欢的环境里坚持。

当我们要改变环境的时候，我们也要默默地，一点一滴地去积聚能量，去赢得生活。

幸福的糖醋水

基德曼是一名出色的大金融家，在他70岁生日的时候，亲戚朋友们从四面八方赶过来为他祝贺，就连报刊和电台的记者也对他这次生日蜂拥而至。因为，基德曼平时即使一个小小的举动，都有可能给金融市场带来一次震动。

生日宴会上，当基德曼吹灭生日蜡烛，在金碧辉煌的大厅里与众多亲友举杯共庆的时候，一名记者微笑着向基德曼提问。他说："基德曼先生，你觉得一生最幸福的时刻是什么时候，是不是现在这一刻？"

基德曼送到嘴边的酒杯停住了，他立刻说："不，不是这样的时刻。这样的幸福我觉得很平常。我最幸福的时刻是在我 13 岁过圣诞节的那一刻，我这一辈子都不会忘记。"

所有的人都愣住了，基德曼说："我小的时候，对汽水非常向往，觉得那是一种很神奇的东西，因为，我看到有钱人家的小孩喝了那东西以后，会站到大街上一个接一个地嗝气，那长长的嗝气，让我羡慕得要死，我经常想，什么时候，我也能喝上那种神奇的饮料，能站在大街上对着来来往往的行人嗝气，那该是多么幸福的事情呀。"

"可是，我家里太穷了，穷得常常连饭都吃不上，哪还有钱买汽水呢？母亲知道我对汽水的渴望，对我许诺说，到圣诞节的时候，就给我买一瓶那种神奇的会嗝气的饮料。于是，我天天盼望着圣诞节的到来。母亲每天都忙忙碌碌的，公司一有加班的机会，她就抓住不放。”

“终于，圣诞的钟声敲响了。那天，在我家的饭桌上，饭菜并不比往常丰富，但是，我看到，餐桌上多了一瓶汽水。我知道，那是母亲给我的圣诞礼物。

“母亲微笑地看着我，她小心地拧开瓶盖，递给了我，我幸福地喝了一口，仔细地品味着舍不得咽下。原来，这种东西是一种酸酸甜甜的感觉呀。我伸脖子，等待着呕出一口长长的气来，可等了好久，根本就嗝不出气来。

“母亲在一旁紧张地看着我，说：‘你喝得太少了，多喝一点再试试。’可是，那一瓶东西就那么多，我喝完了，母亲不是连尝一尝的机会都没有了吗？

“我对母亲说：‘你也喝一口吧。’母亲说：‘我喝过了，真的。’我不相信地看着母亲，然而，她一口也不肯喝。

“为了能幸福地呕出那长长的气来，我每喝几口，都要等待一会儿，可是，直至我把那瓶酸酸甜甜的东西喝了个底朝天，我也没能呕出那幸福的气来。

“我疑惑地看着母亲，母亲也慌了，她说：‘怎么会这样呢，经理说那东西就是这个味道的。’

“我看看那瓶子上的字，不错，就是我见过的那种能嗝气的饮料瓶子呀。就在这个时候，母亲突然抱着我哭了起来，她说：‘儿子，妈妈骗了你，那里面的东西，是妈妈自己制作的呀。’

“原来，老板承诺圣诞节会发给妈妈加班的薪水。可圣诞节到来的时候，老板对母亲说，公司亏本，他根本没有钱再给妈妈发薪水了，也许，过了圣诞节，他的公司就倒闭了。

“听了老板的话，无可奈何的母亲充满了惆怅。她突然问老板，‘汽水是什么味道。’

“老板奇怪地看着母亲，耸耸肩说：‘你问这个干什么？那是一种酸酸甜甜的东西，就像是糖和醋同时放到水里混合在一起的味道。’

“母亲指着老板桌子上的空汽水瓶说：‘这个，可以给我吗？’

“那天晚上，母亲用这个空汽水瓶子装上糖、醋和水。她尝了一小口，那种酸酸甜甜的味道很好喝。她想，也许，那种会冒气的饮料，就是用这些东西做成的吧。

“听完母亲的话，我的眼里闪出泪花。我使劲地伸长脖子，咽下一口气又一口气，然后，真的嗝出了一口长长的气来。我装着惊喜地对母亲说：‘妈妈，那些东西在我胃里面沉淀后，终于嗝出气来了。你给我制作的这种酸酸甜甜的饮料，也会嗝气呀。’

“母亲的脸上挂着泪水，她说：‘是真的吗？基德曼。’

“我说：‘是的，妈妈。’

“母亲说：‘儿子，我知道，你想嗝气就能嗝出来的呀。’母亲紧紧地把我搂在了怀里。

“所以，我现在最喜欢喝的饮料，就是自己调配的糖醋水，里面充满着浓浓的亲情。”

基德曼的故事讲完了，金碧辉煌的大厅里静得能听见一根针掉下地的声音，许多人的眼里也和基德曼一样噙着泪花。

基德曼端着酒杯对那名记者说：“年轻人，我以我 70 年的人生经验告诉你，生命的幸福不在于环境、地位、财富和所能享受到的物质。贫困的岁月里，人也能感受到幸福，也许，那种幸福还会让你的记忆更深刻。就像我喝的那瓶糖醋水，那里面的幸福和亲情，虽然普通，却是人世间最真实的味道呀。”

佚名

正如基德曼所说，生命的幸福不在于环境、地位、财富和所能享受到的物质，贫困的岁月里，人也能感受到幸福。

因此，当我们面临贫穷、失败等不幸时，我们不要失望，不要抱怨，应该静下心来，体会一下我们身边处处存在的亲情，因为它们才是人生中最重要的东西。

告别权力的华盛顿

美国独立战争结束后，华盛顿解散了部队，把自己的行装也托运回了故乡。

他知道，在回到他的故乡蒙梵依庄园去之前，他还有一件重要的事必须完成，那就是，他要把人民授予他的军权，交还给当时象征着人民权力的国会。

这个交出军权的仪式，是和华盛顿同为弗吉尼亚人的托马斯·杰弗逊，专程从巴黎赶回来设计的。华盛顿和杰弗逊，是美国建国时期最重要的两个人。美国人总说，华盛顿是打下了一场美国革命，而杰弗逊是思考了一场美国革命。

在两百多年前，人人都清楚地看到，没有华盛顿的浴血奋战就没有美国的诞生。两百多年以后的今天，美国人越来越深切地认识到，没有杰弗逊的思考，也同样不会有美国的存在。

杰弗逊设计了这样一个仪式：华盛顿将军走进“国会大厦”，在国会议员们的对面他可以有一个座位。

当议长向大家作出介绍时，华盛顿将站起来，“以鞠躬礼表示国家的武装力量对文官政府的服从”。而国会议员们“只需要手触帽檐还礼，而不必鞠躬”。

然后，华盛顿将军将以简短讲话交出军权，议长也以简短讲话接受军权。

结果，整个仪式完全按照这个设计进行。

华盛顿将军在交出军权的时候，他只说了几句话：“现在，我已经完成了赋予我的使命，我将退出这个伟大的舞台，并且向尊严的国会告别。在它的命令之下，我奋战已久。我谨在此交出委任并辞去我所有的公职。”

议长答道：“你在这块新的土地上捍卫了自由的理念，为受伤害和被压迫的人们树立了典范。你将带着同胞们的祝福退出这个伟大的舞台。但是，你的道德力量并没有随着你的军职一起消失，它将激励子孙后代”。

林达

对于掌权的人来说，告别权力会带来失落。华盛顿在功成名就之后，毅然交出军权，这不仅给他自己赢来了美名，也使整个国家为此收益。

正如议长所说，他的“道德力量并没有随着他的军职一起消失，它将激励子孙后代。”

什么是真正的满足

2002年1月13日，海明威短篇小说《老人与海》中的主人公原型富恩特斯去世，享年104岁。第二天，世界上有27家网站出现了这么一张问卷：

有一个人，他几乎什么都有。论地位，他是享誉世界的大师级人物；论荣誉，他是诺贝尔奖获得者；论金钱，他的版税在他成名之前就已使他成了富翁；论爱情，几乎每一个女人都喜欢他，都愿为他奉献一切。

在他的国家他享有充分的自由。他想到哪儿旅游就到哪儿旅游，哪怕是敌对的国家。总之，他是一个令世人非常羡慕的人。

可是，在他获奖后不久，却用猎枪结束了自己62岁的生命，而他的一位朋友——一个靠出海打鱼为生的渔夫，却悠然地颐养天年。请问，为什么一个拥有一切的人选择了死亡，而一个一无所有的人却选择了活着?

假如你已经知道了答案，请发给我们，我们愿把它刻在这位诺贝尔奖获得者的墓碑上，因为他的墓碑至今还空着。

问卷贴出后，每家网站得到的回答日平均400多条。而且，几家网站根据点击率，公布了自己所选定的墓碑内容。

网站1墓碑的正面：人生最大的满足来自于对目标的追求。

墓碑的背面：一个人一旦在自己所从事的领域达到了顶峰，就会有一种空前的寂寞感，这种寂寞感所带来的迷茫和绝望会把你送进天堂。

网站 2 墓碑的正面：成功也是一件非常可怕的事。

墓碑的背面：人人都追求成功，其实成功的背后往往隐藏着魔鬼，而失败的背后才有一个救命的天使。

网站 3 墓碑的正面：无话可说。

墓碑的背面：生命是一种太好的东西，好到你无论选择什么方式度过，都像是一种浪费。

其余的几家网站还在陆续公布，不过人们对此已经失去兴趣，因为那位渔夫的独生子在此期间公布了一封信，据说是海明威去世前一天写给他父亲的，并交代让他帮着刻在墓碑上。信中是这么写的：人生最大的满足不是对自己地位、收入、爱情、婚姻、家庭生活的满足，而是对自己的满足。

刘燕敏

海明威在获诺贝尔奖后，倒在了自己的猎枪下；尼采在超人哲学的太阳里曝晒为一个疯子；海子把“面朝大海，春暖花开”的愿望碾碎在车轮下；他们战胜了生命的极限，却湮没在成功的背叛中。人生最大的满足是对自己的满足。

种一株快乐的兰花于我心

唐代著名的慧宗禅师常为弘法讲经而云游各地。有一回，他临行前吩咐弟子看护好寺院的数十盆兰花。

弟子们深知禅师酷爱兰花，因此侍弄兰花非常殷勤。但一天深夜，狂风大作，暴雨如注。偏偏当晚弟子们一时疏忽将兰花遗忘在了户外。

第二天清晨，弟子们后悔不迭：眼前是倾倒的花架、破碎的花盆，棵棵兰花，憔悴不堪，狼藉遍地。

几天后，慧宗禅师返回寺院。众弟子忐忑不安地上前迎候，准备领受责罚。得知原委后，慧宗禅师泰然自若，神态依然是那样平静安详。

他宽慰弟子们说："当初，我不是为了生气而种兰花的。"

就是这么一句平淡无奇的话，在场的弟子们听后，肃然起敬之余，更是如醍醐灌顶，顿时大彻大悟……

记得初次读到这句话时，我也曾怦然心动。在现实生活里，现代人时常心为物役，有太多的患得患失。因此，我们错过了许多的快乐和幸福。

"我不是为了生气而种兰花的。"看似平淡的偈语里，暗示了多少佛门玄机，又蕴涵了多少人生智慧：

> 我不是为了生气而工作的，
> 我不是为了生气而交往的，
> 我又何尝是为了生气而生儿育女的，
> 我又何尝是为了生气而生活的……

常言道：人生在世，不如意事常八九。况且事已如此，生气又何益？从此将那棵快乐的兰花栽种于心田，拥有了兰心蕙质，我们的心境一定会盈满幸福。

陈文杰

“不生气”是一种修养，一种境界，更是一种练达。李白怀才不遇不生气，所以有“安能摧眉折腰事权贵”的傲岸不屈；苏轼远贬黄州不生气，所以有“也无风雨也无晴”的乐观豁达。

因此，无论我们遭遇何种磨难，我们都要保持不生气，种一株快乐的兰花于心田，让人人拥有兰心蕙质。

很多事情需要等待

一对情侣在咖啡馆里发生了口角，互不相让。然后，男孩愤然离去，只留下他的女友独自垂泪。

心烦意乱的女孩搅动着面前那杯清凉的柠檬茶，泄愤似的用匙子捣着杯中未去皮的新鲜柠檬片，柠檬片已被她捣得不成样子，杯中的茶也泛起了一股柠檬皮的苦味。

女孩叫来侍者，要求换一杯剥掉皮的柠檬泡成的茶。侍者看了一眼女孩，没有说话，拿走那杯已被她搅得很混浊的茶，又端来一杯冰冻柠檬茶，只是，茶里的柠檬还是带皮的。

原本就心情不好的女孩更加恼火了，她又叫来侍者，“我说过，茶里的柠檬要剥皮，你没听清吗？”她斥责着侍者。

侍者看着她，他的眼睛清澈明亮，“小姐，请不要着急”，他说道，“你知道吗，柠檬皮经过充分浸泡之后，它的苦味溶解于茶水之中，将是一种清爽甘甜的味道，正是现在的你所需要的。所以请不要急躁，不要想在3分钟之内把柠檬的香味全部挤压出来，那样只会把茶搅得很混，把事情弄得一团糟。”

女孩愣了一下，心里有一种被触动的感觉，她望着侍者的眼睛，问道：“那么，要多长时间才能把柠檬的香味发挥到极致呢？”

侍者笑了：“12个小时。12个小时之后柠檬就会把生命的精华全部释放出来，你就可以得到一杯美味到极致的柠檬茶，但你要付出12个小时的忍耐和等待。”

侍者顿了顿，又说道：“其实不只是泡茶，生命中的任何烦恼，只要你肯付出12个小时忍耐和等待，就会发现，事情并不像你想象的那么糟糕。”

女孩看着他：“你是在暗示我什么吗？”

侍者微笑：“我只是在教你怎样泡制柠檬茶，顺便和你讨论一下用泡茶的方法是不是也可以泡制出美味的人生。”侍者鞠躬，离去。

女孩面对一杯柠檬茶静静沉思。女孩回到家后自己动手泡制了一杯柠檬茶，她把柠檬切成又圆又薄的小片，放进茶里。女孩静静地看着杯中的柠檬片，她看到它们在呼吸，它们的每一个细胞都张开来，有晶莹细密的水珠凝结着。她被感动了，她感到了柠檬的生命和灵魂慢慢升华，缓缓释放。

12个小时以后，她品尝到了她有生以来从未喝过的最绝妙、最美味的柠檬茶。女孩明白了，这是因为柠檬的灵魂完全深入其中，才会有如此完美的滋味。

门铃响起，女孩开门，看见男孩站在门外，怀里的一大捧玫瑰娇艳欲滴。“可以原谅我吗？”他讷讷地问。

女孩笑了，她拉他进来，在他面前放了一杯柠檬茶。“让我们有一个约定，”女孩说道，“以后，不管遇到多少烦恼，我们都不许发脾气，定下心来想想这杯柠檬茶。”

“为什么要想柠檬茶？”男孩困惑不解。

“因为，我们需要耐心等待12个小时。”后来，女孩将柠檬茶的秘诀运用到她生活中的各个层面，她的生命因此而快乐、生动和美丽。

女孩恬静地品尝着柠檬茶的美妙滋味，品尝着生命的美妙滋味。

佚名

正如那位侍者所说："如果你想在3分钟内把柠檬的滋味全部挤压出来，就会把茶弄得很苦，搅得很混。"

生命中的有些事是需要耐心等待的，遇到这样的事情时，我们要把愤怒、自卑、嫉妒等情绪除去，把心静下来，认真等待事情发生好的变化。

天堂是个更大的笼子

上帝问一只被囚在笼中的画眉："你愿意到天堂吗？"

"为什么呢？"

"天堂宽敞明亮，不愁吃喝。"

"可我现在也很好啊。我吃喝拉撒全由主人包办，风不吹头雨不打脸，还天天都能听主人说话唱歌。"

"可是你自由吗？"画眉沉默了。

于是，上帝以胜利者的姿态把画眉带到了天堂。他把画眉安置在翡翠宫里住下，便忙着处理各种事务去了。

一年后，上帝突然想起了画眉，便去翡翠宫看它，他问画眉："啊，我的孩子，你过得还好吗？"

画眉答道："感谢上帝，我活得还好。"

"那么，你能谈谈在天堂里生活的感受吗？"上帝真诚地说。

画眉长叹一声，说："唉，这里什么都好，只是这笼子太大了，怎么飞也飞不到边。"

看来，人生若是没有相互交流和相互欣赏，即使给你天堂，也注定找不到快乐、自由的感觉，更不要说幸福了。

赵海峰

人是有思想、会说话的高级动物。在日常的生活和工作中，每个人都渴望被理解、被欣赏，每个人都渴望敞开心灵和别人交往。

懂得欣赏他人也会被别人欣赏，这样你就会懂得快乐和幸福的真谛，就不会有关在笼子里的画眉的感觉了。

蚂蚁与蝉的生活方式

一阵秋风过后，天上下起了哗哗的秋雨。随着秋雨的飘洒，绿色的树叶、青青的小草，都被洗成了黄色。

太阳出来了，蚂蚁兄弟们便忙了起来。他们先来到树下，将树上落下的果子用刀切成小块，然后整整齐齐地摆在树下，晒成干，最后一点点地运回到自己的家中。

此时，草籽都已成熟，在草下铺了一层，这是多么好的食物啊，只要收起来，运回家里，随时都可以吃。

啊，蚂蚁家的粮仓真大啊!那里存了许许多多好吃的东西。

但蚂蚁兄弟仍然四处去寻找食物，让自己的粮仓满些，再满些。

汗水沿着蚂蚁兄弟们的脸往下淌，他们的衣服都被汗水浸透了，但它们还不休息。

这时，优哉一夏天的蝉飞了过来。他看到蚂蚁累得那副模样，便对它们说："蚂蚁兄弟，又在忙碌啊!看看我，你们什么时候才能与我一样潇洒呢! 夏天我唱歌、秋天我还唱歌。"

说着，蝉飞到蚂蚁的身边，抬起脚展开翅膀，多美的一个舞姿，它自己欣赏着。但忙碌的蚂蚁兄弟却没有听到蝉的讲话。

在整个夏天，蝉悦耳的声音如阳光一般洒在林地的每个角落。

秋天一过去，冬天就来了。

漫天的大雪将一切都掩盖了。好冷的天啊!树枝被冻得发出响声，大地被冻得裂出缝隙。

天冻了，地冻了，一切都冻了。

这一天，冬天的太阳升上了天空，太阳将无限的金光洒在雪地上，远远看去宛如一片金色的海。

冬天里也会有欢乐的日子。蚂蚁兄弟抓住这大好时机，运出粮仓里有些受潮的粮食，仔细地晾晒着。

这时，秋天曾见到蚂蚁兄弟运粮的那只蝉飞了过来。

再看这只蝉，它不是秋天时那么精神了，翅膀软了，脚没有力气了。原来它已经好多天没有东西吃了，但它仍快乐地对蚂蚁兄弟说："好兄弟们，马上我就要和你们告别了，我活不过冬天，也就不会看到春光的来临！啊！春天是多么美好啊！"

蚂蚁兄弟们对它说：

"你为什么不在夏天存点粮食呢?"

蝉回答说：

"我的职责是唱歌，我们蝉是为唱歌而生的。"

"那你为什么不在秋天存粮呢?"

"即使到死，我也不能放弃我神圣的职责，我也不能让其他事来占用我唱歌的时间。"

蚂蚁兄弟们若有所思地说：

"我们生来就有不同的追求啊！"

蝉不久就死了，蚂蚁们为它修了一个墓。

高原

怎样的生命才有价值，这是一个很难回答的话题，是蝉那样为唱歌而生，还是像蚂蚁那样只为生活，这个问题的答案不是唯一的。

因为，每个人都有自己的追求与理想，我们为自己的目标努力，走自己的路，才可寻找生活的内涵。

悠然是一种潇洒

有一位无氧登山运动员，在一次攀登珠穆朗玛峰的活动中，在6400米的高度，他渐感体力不支，停了下来，与队友打个招呼，就悠然下山去了。

事后有人为他惋惜：为什么不再坚持一下，再攀点高度，就可以跨过6500米的死亡线啦！

他回答得很干脆："不，我最清楚，6400米的海拔，是我登山生涯的最高点，我一点都不感到遗憾。"

我不禁对他肃然起敬。现实中，我们往往不怕拔高自己，就怕自己的高度超越不过别人。

其实，任何事情都存在突破口，但不是任何人都能找到并穿越突破口，抵达更高的层次。因此，学会停止，悠然下山去，至关重要。

有人不遗余力地朝上爬，踩着坎想坡，爬着坡想山，登上山尖想月亮，全然不顾脚下的基石有多厚，是否承受得起欲望的高度。甚至把一双原本应该有所支撑的脚架空，只把朝花夕拾的幻想拧成一条向上攀援的绳索，浑然不顾处境险象环生。

有人殚精竭虑地朝外铺张，越过篱笆想沟，跨过沟想岸，跳上岸想天边的大海；也不管口袋里的苇条是否足够编织铺天盖地的席子，甚至无视人们的愤怒和鄙夷。

每个人的生命都有自己的极限，超过这个极限可能就会遭到报复。那种只贪求高度和长度，而不注重厚度和深度的人生，不是我们所期待的。

至于直上云霄，长风漫卷，以及无所顾忌的贪婪，则是对生命的虐待和亵渎。并非所有的人都知道生命的度和事物的临界点。

学会停止，是对生命的尊重，尊重不就是一块令人肃然起敬的碑吗？

王一木

登上山顶，实现目标无疑是每个人都追求的。但干什么事都有一个“度”，这个“度”就是人的能力和极限。

只能挑得50千克重的东西，你硬要挑100千克，即使你硬挺了起来，身体也会受到损伤。为此，了解自己的“度”，干事情适可而止，当放弃时就放弃才是大智之人。

平和的心是金

金字塔的建造者，不会是奴隶，应该是一批欢快的自由人！第一个作出这种预言的，是瑞士钟表匠塔·布克。1560年，他在埃及的金字塔游历时，便作出了这种预言。

2003年，埃及最高文物委员会宣布，通过对吉萨附近600处墓葬的发掘考证，金字塔是由当地具有自由身份的农民和手工业者建造的，而非希罗多德在《历史》中所记载的，由30万奴隶所建造。

在400多年前，一个钟表匠为什么一眼就看出，金字塔是自由人建造的呢？

自埃及考古工作者证实了布克的判断，埃及国家博物馆馆长多玛斯便对这位钟表匠产生了兴趣。他想知道这个人到底是凭什么作出那种预言的。

为了搞清这个问题，他开始搜集布克的有关资料。最后，他发现布克是从钟表的制造上，预知那个结果的。

布克原是法国的一名天主教信徒。1536年，因反对罗马教廷的刻板教规被捕入狱。由于他是一位钟表大师，入狱后，被安排制作钟表。

在那个失去自由的地方，他发现无论狱方采取什么高压手段，都不能使他们制作出日误差低于1／10秒的钟表。

可是，入狱前的情形却不是这样。那时，他们在自己的作坊里，都能使钟表的日误差低于1／100秒。

为什么会出现这种情况？起初，布克把它归结为制造的环境，后来，他们越狱逃往日内瓦，才发现真正影响钟表准确度的不是环境，而是制作钟表时的心情。

对金字塔的建设者，他之所以能得出自由人的结论，就是基于他对钟表制作的那种认识。埃及国家博物馆馆长多玛斯在塔·布克的文字中发现了这么两段话：

> 一个钟表匠在不满和愤懑中，要想圆满地完成制作钟表的1200道工序，是不可能的；在对抗和憎恨中，要精确地磨挫出一块钟表所需要的254个零件，更是比登天还难。
>
> 金字塔这么大的工程，被建造得那么精细，各个环节被衔接得那么天衣无缝，建造者必定是一批怀有虔诚之心的自由人。真难想象，一群有懈怠行为和对抗思想的人，能让金字塔的巨石之间连一张刀片都插不过去。

塔·布克是第一批因反宗教统治流亡瑞士的钟表匠，他是瑞士钟表业的奠基人和开创者。

在过分指导和严格监管的地方，别指望有奇迹发生，因为人的能力，唯有在身心和谐的情况下，才能发挥到最佳水平。

刘燕敏

布克之所以能作出金字塔为自由人所建的结论，是因为他曾遭遇过牢狱之灾，而且在高压及管制状态下制作过钟表。

一般说来，身体的管制会造成人心理不自由，而那些名利诱惑也会妨碍我们的心理自由。自由之意延伸下去，自由应该包括身体的被管制，他的结论对后人的意义在于，人们应该保持心理的自由。

所以在人生中，我们不管处在何种环境，都应该让自己的心态保持平和、自由。

我们一起行动吧！

第四辑

坚守是力量的凝聚

坚持无疑是寂寞的，那些能够达到，并且乐于达到这种境界的人，在常人无法忍受的寂寞中，收获了冷静和智慧，保持了清醒头脑，终于成就了一番常人无法企及的成就。

只要心头时时燃烧着坚定的信念，一往无前地行进下去，就会惊讶地发现——很多所谓的远方，其实真的并不遥远。

人生就像天际的一颗恒星

教我们高等数学的老师其实是个哲学家。十多年前，我们面临着毕业，所有的老师都祝愿我们事业有成，他却在最后一堂课上说："我们随便聊聊吧！"

那是一个阳光很好的下午，教室外的梧桐树华阴如盖，阳光从叶间抛洒下来。他指着一束阳光问："你们见到的阳光是现在的吗？"

我们说："当然是现在的。"

老师说："错，太阳是距离地球最近的恒星，它发出的光线需要走 8 分钟才能到达地球。我们现在所见到的阳光，是太阳 8 分钟之前发出的，不是现在。"

我们茫然，不知老师为什么聊天文方面的话题。

他却继续说道："在所有的恒星中，有一颗星叫天狼星，它距离我们地球 10 光年；牛郎星和织女星，离我们长达 27 光年；而现在距离我们最远的恒星在 8 万光年之外。

"我们所看到的天穹，都不是现在的模样。而现在的天狼星，我们在10年后才能看见，现在的牛郎织女星要在27年后才看见。

"同学们，人生就像天际的一颗恒星，我希望你们从现在开始，努力地发光，10年后，20年后，我就能见到你们最亮丽的人生。"

从来没有一种经历能像这堂课让人刻骨铭心。

陆勇强

时间是漫长的，也是公平的。没有今日的努力，就没有后来的成功。

为了取得将来的辉煌，我们需要从现在起，耐得住寂寞，认认真真地为将来而努力。腊梅越是天寒地冻，越会鲜艳夺目；人生，越是拼搏，越能赢得日后的辉煌。

磨难是陪衬果实的绿叶

在100多年前，比利时有个小木匠，名字叫阿道夫·萨克斯。他能活下来简直是个奇迹。

小时候，他吞过缝衣针，误食过硫酸，被砖块砸破过头，不幸从楼上跌落过，还曾摔倒在点燃的炉火上，但这些都没能阻止他在21岁时发明一件奇特的乐器。

这乐器有与单簧管类似的哨头，还有抛物线形圆锥管体，而金属圆筒竟带风琴那样的按键。

一开始，阿道夫想把这件新乐器介绍给世界音乐权威集中的地方——巴黎音乐界，但阿道夫煞费苦心，也没有一个法国乐器商把这个比利时来的无名小辈放在眼里。法国音乐界的名流们更喜欢用自己熟悉的乐器。

一晃9年过去了，阿道夫的愿望始终没有实现，他还是一个默默无闻的小木匠。

机会终于来了，一位作曲家为阿道夫争取到了一个在巴黎音乐会上演出的机会，还特意为他谱写了一个曲子。

就在去演出的路上，意外又一次降临，阿道夫的乐器从马车上掉下来，摔成两半儿。

我们可以想象，当时的阿道夫心情是如何懊恼。不过阿道夫没有打道回府，而是抱着破损的乐器登上了舞台，吹奏时他的双手一刻也不能离开乐器，否则铜管就会掉下来。

正因为如此，阿道夫没法儿翻乐谱，只能凭记忆演奏。有几次，他由于紧张忘记了谱子，就干脆持续吹一个长音，直至想起谱来再继续演奏。

法国观众从来没听过这样柔和优美、荡气回肠的音乐，顿时喜欢上了这种乐器。演出结束后，阿道夫一连谢了五次幕，台下仍然掌声不绝。

这种能奏出特殊效果的乐器一下子成了巴黎音乐界的宠儿。一支乐队用这种乐器参加音乐大赛，轻而易举地夺取桂冠。法国政府也将这种乐器列为军乐队必备乐器。

这种乐器是什么?就是世人皆知的萨克斯管，是用发明者的名字来命名的。

萨克斯管魅力无穷，有着与任何乐器相匹敌的巨大力量。美国前总统克林顿就曾担任阿肯色州管乐队首席萨克斯管演奏员，前几年还被媒体称为“不老的萨克斯手”。

如果把阿道夫的成功比作一件果实，那么此前的磨难和变故就是陪衬这果实的小花絮、小绿叶、小枝桠了。或许正因为有了这些磨难和变故，成功才显得如此耀眼夺目。

佚名

坚持无疑是寂寞的，那些能够达到，并且乐于达到这种境界的人，在常人无法忍受的寂寞中，收获了冷静和智慧，保持了清醒头脑，终于成就了一番常人无法企及的成就。

阿道夫在他的萨克斯管不被人看好的情况下，无疑也尝试了寂寞的滋味，他也因此取得了成功。

一步步地达到目标

麦克唐纳快餐馆的董事长克罗克没读完中学就出来做工，以维持生计。

后来，他在一家工厂当上了推销员，生活有了明显的改善：另外，他在推销产品过程中也交了许多朋友，积累了大量有关经营管理方面的宝贵经验。

后来，他决定创办自己的公司。

通过市场调查，克罗克发现当时美国的餐饮业已远远不能满足已变化了的时代要求，亟须改革，以适应亿万美国人的快餐需求。但是，克罗克面临的首要问题就是资金问题，对于一贫如洗的克罗克来说，自己开办餐馆根本就不可能。

最后，他终于想出了一个好办法，他在做推销员工作时，曾认识了开餐馆的麦克唐纳兄弟，自己可以到他们的餐馆中学习，最后实现自己的理想。于是，克罗克找到麦氏兄弟，讲述自己目前的窘境，恳请麦氏兄弟帮忙，最后博得了对方的同情，答应他留在餐馆做工。

克罗克深知这两位老板的心理特点，为了尽早实现自己的目标，他又主动提出在当店员期间兼做原来的推销工作，并把推销收入的5%让利给老板。

为取得老板的信任，克罗克工作异常勤奋，起早贪黑，任劳任怨，他曾多次建议麦氏兄弟改善营业环境，以吸引更多的顾客。并提出配制份饭、轻便包装、送饭上门等一系列经营方法，扩大了业务范围，增加服务种类，获得更多的营业收入。还建议在店堂里安装音响设备，使顾客更加舒适地用餐，他还大力改善食品卫生，狠抓饮食质量，以维护服务信誉；认真挑选店堂服务员，尽量雇佣动作敏捷、服务周到的年轻姑娘当前方招待；那些牙齿不整洁、相貌平常的人则安排到后方工作，做到人尽其才，确保服务质量，更好地招待顾客。

克罗克为店里招徕了不少顾客，老板对他更是言听计从。餐馆名义上仍是麦氏兄弟的，但实际上餐馆的经营管理、决策权完全掌握在克罗克的手中。

不知不觉，克罗克已在店里干了6个年头。时机终于成熟了，他通过各种途径筹集到了一大笔贷款，然后跟麦氏兄弟摊牌。起初，克罗克提出较为苛刻的条件，坚决不答应，克罗克稍作让步后，双方经过激烈的讨价还价，最终克罗克以270万美元的现金，买下麦氏餐馆，由他独自经营。

第二天，该餐馆里发生了引人注目的主仆易位事件，店员居然炒了老板的鱿鱼，这在当时可以说是当地特大的新闻，引起了巨大的轰动，而快餐馆也借众人之口，深入人心，大大提高了其在美国的知名度。

克罗克入主餐馆后，经营、管理更加出色，很快就以崭新的面貌享誉全美，经过去20年多年的苦心经营，总资产已达42亿美元，成为国际十大知名餐馆之一。

佚名

成功是一个漫长的过程，特别是当各方面条件都不具备时，就应该把心沉寂下来，从基层做起。有很多成功人士都是从最底层做起的。

他开始时都会低调故事，他们会把自己的目标隐藏起来，当时机成熟时，他们则会做出令别人不敢相信的决定或行动，然后一步步地达到目标。

坚守自己的人生信条

在这个不大不小的城市，小玉也可以说是阅人无数。尤其是女人，黑的白的，胖的瘦的，高的矮的，当她们躺在搓澡案上都是一个样，任小玉从头到脚地揉搓拿捏。

刚开始进城时，小玉想找个体面的工作，可找来找去没合适的，正好一家浴池招搓澡工，她便做上了，刚开始心理不平衡，有时想想自己一个乡村的女孩，夏天里到河里洗澡，冬天烧点热水在自家擦擦身子。什么沐浴露、牛奶汁，那些东西从没有舍得往身子上擦拭，而城里的女人懂得保养，她们除了搓澡，有时还要敲背，做全身护理。

这样也好，小玉想，她们要求得越多，她小玉便越有钱赚，有时哪个顾客搓完澡后，小玉也多问上一句——不敲敲背吗？随着时间的推移，小玉对自己的工作变得乐此不疲。可是小玉的工作也有不顺心的时候，有些女人仗着付出几个臭钱，便对小玉百般挑剔，这些让小玉很为难。可小玉是个好脾气的女孩，她知道要混下去必须忍气吞声，争辩的结果只能使自己更加难堪。

在平淡的日子里，也时常有些小的插曲。一天，小玉在打扫公共更衣室的时候，在柜门底下发现了一个银光闪闪的铂金项链，毫无疑问，是哪个顾客丢失的。

小玉想，人家一定很着急吧，可自己暂时不能张扬，以防心怀叵测的人冒领。不出半天，一对母女风风火火地来到浴池，那当妈的四十几岁，一个劲地埋怨二十几岁的姑娘说："你呆还是傻呀，把身上值钱的东西给弄丢了？"

小玉急忙从搓澡室出来，说："别着急，你们丢的是什么样的项链？"

那女孩带着哭腔说："是铂金的，带波浪花纹的。"

小玉急忙打开她的工具箱，拿出她捡到的东西，说："是这个吗？"

母女俩欣喜若狂，说："就是它，就是它，怎么在你手里？"小玉便把事情的来龙去脉讲了一遍。那母亲说："这姑娘真是有心人啊！等有合适的阿姨帮你在城里找个对象。"

小玉笑了，感到很温暖。

在浴池里工作，什么事都会发生。有一天，一个女人在被小玉按摩护理后，神神秘秘地对小玉说："小姑娘，我看你模样俊俏，手法也不错，我介绍你到一家洗浴中心给男人服务，那钱随你心情赚呢！"

小玉想都没想说："谢谢你的好意，我是一个上不了场面的人，就在这里做吧。"那女人对小玉扔下一个不屑的冷脸，用鼻子哼了一声，扬长而去。小玉想，出门在外虽然为了赚钱，可比钱更金贵的是自尊。有了自尊，小玉活得踏实。

在日复一日的白天和黑夜，小玉总是穿着裤头，戴着乳罩，在水雾缭绕的浴池里忙碌着。她感到过苦和累，但她想一切都会好起来的。

她想攒钱为自己买上一件好看的衣服，还想有机会参加一个电脑培训班，带一门手艺回家。每当想起这些，她的心里就很甜蜜。

有一天，丢失项链的母女俩又找小玉搓澡，那阿姨一脸喜气地告诉小玉说终于为她物色了一个好小伙。小伙子是阿姨的内侄，在边疆当兵。他尽管是一个城里的孩子，但喜欢纯朴的乡村女孩。他已同意这次探亲回来跟小玉见面。

而那和小玉年龄相仿的女孩对着小玉的耳朵窃窃私语："姐姐，哥哥跟你很配啊，他个子高高、浓眉大眼的。"

小玉的心再一次被幸福充满，她怎能不高兴呢？

佚名

由于出身、学历、知识等原因，有很多人被迫选择了一些地位显得有些卑微的行业。虽然职业他们没有更多的选择，但自尊、诚信这些人生信条他们是可以选择的。

选择和坚持这些信条，自然要失去一些金钱、物质等方面的好处，但却赢得了尊严，赢得别人的尊敬。

永远都不要放弃

华语歌王周杰伦在3岁的时候，就表现出了出众的音乐天赋，妈妈拿出积蓄为他买了钢琴，然后用"棍棒教育"的方式，教育周杰伦弹得一手好钢琴。这使他在台北读高中的时候，就成为学校的"知名人物"。

但是"知名"没有给他带来幸运，1996年6 月他高中毕业以后就到一家餐馆当了服务生。

服务生不好当，稍微不留神就会挨训。有一次，他托着东西边走边听歌，一不小心与一位女服务员撞个满怀。女服务员的手被烫出水泡，大哭不止。餐厅经理不定期来狠狠地教训了他一顿，又罚了他半个月的薪水。使他难受的是买音乐资料的钱不够了。

周杰伦并没有因为“音乐无用”和他地位卑微就停止对音乐的追求，他差不多把所有的工资都用来买音乐资料，几乎把所有的业余时间都用在音乐上，每天都孜孜不倦地学习。

不久餐厅配备钢琴，但是换了几位钢琴师都不满意。周杰伦瞅准一个没人的机会忍不住上去弹了一曲。不想马上被老板知道，他弹奏得非常合老板的口味。于是，这个18岁的男孩子在人们惊讶的目光中当上了钢琴师。

机会终于给了他。这只是迈上了他的第一个台阶。

1997年9月，表妹为他介绍了一个伴奏的机会，但他的音乐让歌手唱起来非常难听，台下嘘声四起。

周杰伦难受极了，可他并不灰心。

不久，正是这家他伴奏的台湾阿尔法音乐公司请他专职去写歌。他很高兴辞了职就去上任。

没有想到，安排给他的职务却是“音乐制作的助理”。这是一个除了写歌什么杂事都要做的工作，包括给同事买盒饭。他想这里至少有音乐的环境，怎么也比在餐厅弹钢琴强。

于是他勤快地干好所有的事。有一次因为人数不断增加，他买盒饭从中午12时一直买到下午15时，水都没有顾得上喝，他却毫无怨言。

终于有一天，老板给他配备了办公室，让他专职写歌。他有了可以放飞梦想的平台，创作灵感喷薄而出。他创作了大量的歌曲。然而，当他把这些歌曲拿给老板的时候，每一次老板都失望地摇摇头。

老板感到他的音乐天赋很好，可音乐总是怪怪的，不讨人喜欢。自己创作这么多的歌，老板一首也没有看中。他感到屈辱。他想放弃，他不愿意忍受这种屈辱。可是，他也明白如果放弃，就等于自己炒了自己的鱿鱼。

他终于选择不放弃，屈辱激发一股劲头，他一下子连续7天每天都创作一首歌。老板每天早晨8时上班时，准能见到他的作品。老板虽然觉得作品还不成熟，但是老板被感动了。

1998年，公司把他的歌曲《眼泪知道》推荐给刘德华，但是遇到拒绝。又专门把为张惠妹精心创作的《双截棍》推荐给张惠妹，又是遭到拒绝。

一次次的失败，周杰伦迷茫了，他开始怀疑自己。就在这关键的时候，老板对他说："别忘了你对音乐有独特的理解能力。"

在迷茫的时候，这一句肯定的话语，胜过过多的奖赏。在他到这家公司两年多而毫无成绩的时候，1999 年 12 月，老板把他叫到办公室，对他说："我给你 10 天的时间，如果你能写出 50 首歌，我就从中选出 10 首为你出唱片专辑。"

周杰伦简直不敢相信自己的耳朵。一个毫无成绩的人怎么会享受如此待遇？当他证实这是"真的"时，热血上涌，激动得说不出话来。

他涌出一股拼命的热情，买来一大箱方便面，钻进创作室，任由激情喷发，一首接一首的创作直到疲惫不堪时，打个盹儿，醒来继续创作，不停地工作了10天，50首歌曲创作出来了。

老板佩服他的速度，也佩服他的毅力，兑现了诺言，经过大半年的制作，他的第一张专辑做出来，刚一上市就一鸣惊人，被歌迷抢购一空，并得了三项大奖。

从此，他的每张专辑都风靡歌坛一发而不可收。2002年初，在第八届全球华语音乐榜中榜评选中，他被评为"最受欢迎的男歌手"。

回首自己走过的路，周杰伦说："当幸运之神还没降临的时候，请不要着急，并耐心等待，并非你不是天才，而是时间还没到。我为这一天努力了 20 年，而且这中间我从不曾放弃。"

周杰伦还说："明星梦并非遥不可及，任何人都可以做，我之所以能有今天，是我永不服输的结果。"

佚名

取得成功的人，大都是那些读懂寂寞的人。因为耐得住寂寞具有十分重要的意义，它能够安静躁动的心灵，熨帖狂乱的灵魂，把无休无止无尽头的欲望归于最有价值最有意义的地方。这些耐得住寂寞考验的人，再加以永不言弃的精神，自然会取得巨大的成功。

毕业了，学习才刚开始

这是美国东部一所大学期终考试的最后一天。

在教学楼的台阶上，一群工程学高年级的学生挤做一团，正在讨论几分钟后就要开始的考试，他们的脸上充满了自信。这是他们参加毕业典礼和工作之前的最后一次测验了。

一些人在谈论他们现在已经找到的工作；另一些人则谈论他们将会得到的工作。带着经过四年的大学学习所获得的自信，他们感觉自己已经准备好了，并且能够征服整个世界。

他们知道，这场即将到来的测验将会很快结束，因为教授说过，他们可以带他们想带的任何书或笔记。要求只有一个，就是他们不能在测验的时候交头接耳。

他们兴高采烈地冲进教室。教授把试卷分发下去。当学生们注意到只有五道评论类型的问题时，脸上的笑容更加扩大了。

三个小时过去了，教授开始收试卷。学生们看起来不再自信了，他们的脸上是一种恐惧的表情。没有一个人说话，教授手里拿着试卷，面对着整个班级。

他俯视着眼前那一张张焦急的面孔，然后问道："完成五道题目的有多少人？"

没有一只手举起来。

"完成四道题的有多少？"

仍然没有人举手。

“三道题？两道题？”

学生们开始有些不安，在座位上扭来扭去。

“那一道题呢？当然会有人完成一道题的。”

但是整个教室仍然很沉默。教授放下试卷，“这正是我期望得到的结果。”他说。

“我只想要给你们留下一个深刻的印象，即使你们已经完成了四年的工程学习，关于这项科目仍然有很多的东西你们还不知道。这些你们不能回答的问题是与每天的普通生活实践相联系的。”

然后他微笑着补充道：“你们都会通过这次考试，但是记住——即使你们现在已是大学毕业生了，你们的教育仍然还只是刚刚开始。”

随着时间的流逝教授的名字已经被遗忘了，但是他教的这堂课却没有被遗忘。

佚名

人生是一个漫长的过程，要想在这个漫长的道路上取得最终的胜利，就要不断地积蓄能量。在生活中，也许我们已经离开了学校，也许我们工作很顺利，也许我们家务事很多，没有时间学习。

但不管怎么，我们都应该抽出一些时间来看书，学习，只有这样，我们才能不断进步。

成功的失败者

在外人看来，一个绰号叫斯帕奇的小男孩在学校里的日子应该是难以忍受的。他读小学时各门功课常常亮红灯。

到了中学，他的物理成绩通常都是零分，他成了所在学校有史以来物理成绩最糟糕的学生。

斯帕奇在拉丁语、代数以及英语等科目上的表现同样惨不忍睹，体育也不见得好多少。虽然他参加了学校的高尔夫球队，但在赛季唯一一次重要比赛中，他输得干净利落。即使是在随后为失败者举行的安慰赛中，他的表现也一塌糊涂。

在自己的整个成长时期，斯帕奇笨嘴拙舌，社交场合从来就不见他的人影。这并不是说，其他人都不喜欢他或讨厌他。事实是，在别人眼里，他这个人压根儿就不存在。如果有哪位同学在学校外主动向他问候一声，他会受宠若惊并感动不已。

他跟女孩子约会时会是怎样的情形，大概只有天晓得。因为斯帕奇从来没有邀请过哪个女孩子一起出去玩过，他太害羞了，生怕被人拒绝。

斯帕奇真是个无可救药的失败者。每个认识他的人都知道这一点，他本人也清清楚楚，然而他对自己的表现似乎并不十分在乎。从小到大，他只在乎一件事——画画。

他深信自己拥有不凡的画画才能，并为自己的作品深感自豪。但是，除了他本人以外，他的那些涂鸦之作从来没有其他人看得上眼。

上中学时，他向毕业年刊的编辑提交了几幅漫画，但最终一幅也没被采纳。尽管有多次被退稿的痛苦经历，斯帕奇从未对自己的画画才能失去信心，他决心今后成为一名职业漫画家。

到了中学毕业那年，斯帕奇向当时的沃尔特·迪斯尼公司写了一封自荐信。该公司让他把自己的漫画作品寄来看看，同时规定了漫画的主题。

于是，斯帕奇开始为自己的前途奋斗。他投入了巨大的精力与非常多的时间，以一丝不苟的态度完成了许多幅漫画。然而，漫画作品寄出后却如石沉大海，最终迪斯尼公司没有录用他，失败者再一次遭遇了失败。

生活对斯帕奇来说只有黑夜。走投无路之际，他尝试着用画笔来描绘自己平淡无奇的人生经历。他以漫画语言讲述了自己灰暗的童年、不争气的青少年时光：一个学业糟糕的不及格生、一个屡遭退稿的所谓艺术家、一个没人注意的失败者。他的画也融入了自己多年来对画画的执著追求和对生活的真实体验。

连他自己都没想到，他所塑造的漫画角色一炮走红，连环漫画《花生》很快就风靡全世界。

从他的画笔下走出了一个名叫查理·布朗的小男孩，这也是一名失败者：他的风筝从来就没有飞起来过，他也从来没踢好过一场足球，他的朋友一向叫他“木头脑袋”。

熟悉小男孩斯帕奇的人都知道，这正是漫画作者本人，日后成为大名鼎鼎漫画家的查尔斯·舒尔茨的早年平庸生活的真实写照。

布赖恩·卡瓦诺

失败者与成功者的区别是，失败者很少去集中精力去做一件事，他们总是这也做，那也做，结果一事无成。而成功者骨子里就对某一种东西感兴趣，他有强烈的专注意识，并长久地坚持做他感兴趣的事，直至成功。

梦想决定你未来到达哪里

他出生于金融世家，1927年，他随父亲调职举家搬至上海，就读于上海青年会中学。在学校里，由于他口才出众，同学们都认为他长大后最适合去当律师。

在中学读书时期，每逢礼拜六、礼拜天，这位贵公子什么事都不做，就去离家不远的大光明电影院附近玩打弹子游戏，玩累了便躺到电影院里舒舒服服地看场好莱坞电影。

打弹子和看电影，几乎成了他中学时代消磨时光的最重要的两大娱乐活动。应该说，那时候的他谈不上有什么远大理想，甚至可以说有些安于现状、随波逐流。还好，他天资聪慧，学习成绩一直很好。

不过他的父亲常常引导他要树立一些理想。但或许因为太年轻的缘故，他一直说不清自己长大后该干些什么。他一会儿觉得自己适合当律师，一会儿觉得自己说不定也可以做个很好的银行家，一会儿又觉得自己什么也干不了。

1934年，也就是在他17岁的那一年，他的生命中突然出现一件影响了他一生的事，在他家附近，又有一座大楼破土动工了！

按说在高楼林立的大上海，一座大楼并没有什么稀奇的，但和别的大楼不同，这座大楼据说要建26层，并宣称建成后将成为“远东第一高楼”。

26层，这怎么可能？这位年轻人根本不相信大楼能够建成人们传说中的26层的高度，他觉得这是吹牛。也难怪，那时的上海是个十里洋场，是冒险家与吹牛大王的乐园，他虽涉世未深，但类似的牛皮故事他一定有所耳闻，因此他怎么也不相信这会是真的。

在好奇心的驱使下，他决定前往建筑工地一探真伪。

为此，他放弃了以前的爱好——打弹子和看电影，每到周末就准时赶往施工现场。一个月过去了、两个月过去了，随着大楼像变魔术一般拔地而起，他渐渐相信了眼前的事实。

这座大楼叫国际饭店，是由一位外国建筑师设计的，采用青岛花岗石作外墙，有着深褐色的建筑外观，仅从外观上看就与当时别的大楼大为不同。

当大楼终于落成的那天，仰望着这座高耸入云的庞然大物，他激动得“哇”的一声叫了起来。

他深深地沉醉在这个神话般的奇迹中，与此同时，一个自己也要建造一座和国际饭店一样高的大楼的梦想也从他的心中冉冉升起。他认定，这就是他的理想，这理想虽然像国际饭店一样高不可攀，但他相信只要自己努力，就一定可以实现！

他整天沉浸在这个理想中，很快就到了中学毕业的日子，他的银行家父亲给了他两个选择，一是从事金融业，二是去学医。但他对这些都不感兴趣，因为这时候他心中最向往的就是建一座像国际饭店那样高的高楼。

父亲对他的理想虽然有些意外，但最后还是同意了他的选择。不久，他就被父亲送到美国学习建筑。

50年后，当他重新回到上海的时候，已是世界著名的建筑大师了。他一生所建造的那些数不清的高楼的高度，早就远远超过了当初的国际饭店！

现在，他的名字几乎无人不知，他叫贝聿铭！

佚名

贝聿铭的故事告诉我们，梦想的高度决定你人生的高度。

你拥有和抱着什么样的梦想，就决定了你的未来是什么样，只要你能够坚持自己的梦想，并为此梦想付出足够的努力。人生最重要的不是所处的位置，而是所朝的方向。

坚守自己的品格

梁国志是清朝乾隆年间人，他从小就聪明好学。可是他家里很穷，父亲想让他放弃学业，做些小生意来养家糊口。梁国志为此苦苦哀求父亲，让他再读几年书。

街坊邻居见了，也觉得梁国志不读书太可惜了，就帮着说情，有的还愿意帮他出学费。

父亲也盼着将来儿子能有些出息，家里日子就好过了。于是就答应让他继续学习。

村子里的乡亲们都是忠厚老实的人，心肠很好，虽然都不富裕，还是经常帮助贫困的梁家。全村的人都盼望着梁国志将来能出息，好给他们村子争争光。小国志知道，自己一定不能辜负乡亲们的期望，学习也就更加努力了。

由于梁国志从小就在这样一个和谐友好的环境下成长，他从小就形成了善良、诚实、正直的品格。

1741年，年仅17岁的梁国志就中了举人；24岁那年，他又中了头名的状元。

梁国志在朝廷当了官以后，不忘家乡父老，经常用自己的俸禄为乡亲们办事。无论在哪里做官，他都替老百姓着想，受到老百姓的好评。

梁国志不但学问高，人品好，而且还擅长书画，谁要是得他到的书画作品，都当作宝贝收藏起来。他的儿子受他的感染，很小的时候就对书画产生了兴趣，吵着让梁国志教他画画儿。

一天，儿子又拿着画笔来找父亲，还弄得满脸都是墨汁。梁国志见了就想笑，帮儿子擦了擦脸，然后语重心长地对儿子说："学作画之前，要先学会做人，没有人格的人永远也不会成为优秀的书画家。"

儿子抬起幼稚的小脸，很疑惑地问爸爸："画画儿就画画儿呗，和做人有什么关系？"

梁国志说："一个真正的画家，是用心在画，而不是用笔在画。如果你是一个诚实、正直的君子，你的画也就会充满正气，让人一看就觉得充满灵气。"

儿子眨眨眼睛，好像还不是很懂，于是梁国志就讲了宋朝有大奸臣秦桧的例子。他说："秦桧其实是一个很有才华的人，他的书法相当好，可他是历史上有名的奸臣，品行十分恶劣。他死了以后，人们一听到他的名字就咬牙切齿地骂他，没有人愿意收藏他当时留下的书法作品，都认为留着他的字会带来灾难，他的作品不是被撕毁后扔到粪坑里就是让人用火烧掉。他的字现在留下的已经很少了，人们讨厌他的字其实是讨厌他这个人。"

儿子点点头，好像听明白了。

梁国志又说："诚信是做人的第一步，不说谎话、讲信用的人，才会挺起胸脯光明磊落地做人。"

儿子听了，牢记父亲的教导，一生坚守诚信的品格，后来他真的成为当时很受人尊敬的画家。

佚名

和人生的一些谋生技能如画画等相比，人的品德无疑是最重要的，也是根本性的。所以我们为人处世，要坚守自己的品格，要警惕物质、金钱、权利、名誉等因素的诱惑，否则，无论人生在事业上取得多大的成就，也无法挽回道德上的缺陷。

当一块石头有了愿望

一位名叫薛瓦勒的乡村邮差每天徒步奔走在乡村之间。有一天，他在崎岖的山路上被一块石头绊倒了。

他起身，拍拍身上的尘土，准备再走。可是他突然发现绊倒他的那块石头的样子十分奇异。他拾起那块石头，左看右看，便有些爱不释手了。

于是，他把那块石头放在了自己的邮包里。村子里的人看到他的邮包里除了信之外，还有一块沉重的石头，感到很奇怪，人们好意地劝他："把它扔了，你每天要走那么多路，这可是个不小的负担。"

他却取出那块石头，炫耀着说："你们谁见过这样美丽的石头？"

人们都笑了，说："这样的石头山上到处都是，够你捡一辈子的。"

他回家后疲惫地睡在床上，突然产生了一个念头，如果用这样美丽的石头建造一座城堡那将会多么迷人。于是，他每天在送信的途中寻找石头，每天总是带回一块，不久，他便收集了一大堆奇形怪状的石头，但建筑城堡还远远不够。

于是，他开始推着独轮车送信，只要发现他中意的石头都会往独轮车上装。

从此以后他再也没有过上一天安乐的日子，白天他是一个邮差和一个运送石头的苦力，晚上他又是一个建筑师，他按照自己天马行空的思维来建造自己的城堡。

对于他的行为，所有人都感到不可思议，认为他的精神出了问题。

二十多年的时间里，他不停地寻找石头，运输石头，堆积石头，在他的偏僻住处，出现许多错落有致的城堡，有清真寺式的、有印度神教式的、有基督教式的……当地人都知道有这样一个性格偏执沉默不语的邮差，在干一些如同小孩子筑沙堡一样的游戏。

1905年，法国一家报社的记者偶然发现了这群低矮的城堡，这里的风景和城堡的建筑格局令他叹为观止。他为此写了一篇介绍薛瓦勒的文章，文章刊出后，薛瓦勒迅速成为新闻人物。许多人都慕名前来参观城堡，连当时最有声望的毕加索也专程参观了薛瓦勒的建筑。

现在，这个城堡成为法国最著名的风景旅游点，它的名字就叫“邮差薛瓦勒之理想宫”。

在城堡的石块上，薛瓦勒当年的许多刻痕还清晰可见，有一句就刻在入口处的一块石头上：“我想知道一块有了愿望的石头能走多远。”据说，这就是那块当年绊倒过薛瓦勒的石头。

陆勇强

当一朵花有了愿望它会表达感情，当一只蚌有了愿望它会长出一颗珍珠，当一块石头有了愿望它会成为一座城堡。当然仅有梦想还不行，还必须要敢于坚持，这样梦想才能让我们自己的人生更精彩、更耐人回味，那必须拥有愿望或梦想。

时间是海绵里的水

其时我大约只有14岁，年幼疏忽，对于卡尔·华尔德先生那天告诉我的一个真理，未加注意，但后来回想起来真是至理名言，嗣后我就得到了不可限量的益处。

卡尔·华尔德是我的钢琴教师。有一天，他给我教课的时候，忽然问我：“每天要练习多少时间钢琴？”

我说大约每天三四小时。

“你每次练习，时间都很长吗？会不会有个把钟头的时候？”

“我想这样才好。”

“不，不要这样！”他说，“你将来长大以后，每天不会有长时间的空闲的。你可以养成习惯，一有空闲就几分钟几分钟地练习。比如在你上学以前，或在午饭以后，或在工作的休息空闲，5 分钟、10 分钟地去练习。把小的练习时间分散在一天里面，如此弹钢琴就成了你日常生活中的一部分了。”

当我在哥伦比亚大学教书的时候，我想兼职从事创作。可是上课、看卷子、开会等事情把我白天晚上的时间完全占满了。

差不多有两个年头我一直不曾动笔，我的借口是没有时间。后来才想起了卡尔·华尔德先生告诉我的话。

到了下一个星期，我就把他的话实验起来。只要有5分钟左右的空闲时间我就坐下来写作100字或短短的几行。

出乎我意料，在那个星期的终了，我竟积有相当的稿子准备让我修改。

后来我用同样积少成多的方法，创作长篇小说。我的教授工作虽一天比一天繁重，但是每天仍有许多可利用的短暂余闲。我同时还练习钢琴，发现每天小小的间歇时间，足够我从事创作与弹琴两项工作。

利用短时间，其中有一个诀窍：你要把工作进行得迅速，如果只有5分钟的时间给你写作，你切不可把4分钟消磨在咬你的铅笔尾巴上。

思想上事前要有所准备，到工作时间届临的时候，立刻把心神集中在工作上。迅速集中脑力，幸而不像一般人所想象的那样困难。

我承认我并不是故意想使5分钟、10分钟不要随便过去，但是人类的生命可以从这些短短的间歇中获得一些成就的。

卡尔·华尔德对于我的一生有极重大的影响。由于他，我发现了极短的时间，如果能毫不拖延地充分加以利用，就能积少成多地供给你所需要的长时间。

爱尔斯金

时间是海绵里的水，只要肯去挤，总能够挤出来的。忙里偷闲，日积月累，把有限的时间收集起来，积沙成塔，聚木成荫。

人的生命是有限的，把有限生命的点滴时间充分利用起来，完成你想完成的夙愿，才不枉活一生。

不灭的信念之火

一个名叫菲尔德的美国实业家曾有一个执著的信念，就是铺设一条横越大西洋，联接欧美两洲的海底电缆，从而改变了世界历史的进程。

1837年人类发明了电报，十几年后有人提出一项跨越大西洋的电缆计划。绝大多数人都认为这项计划纯属天方夜谭，可望而不可即。

只有年轻的菲尔德对此计划充满着强烈的信念，他坚信这绝不是梦想！

为此，他把自己的全部精力和所有财产都贡献出来，他在那几年里横渡大西洋，往返于两大洲之间达31次。

经过两次失败，1858年7月28日，海底电缆发报成功。次日，欧美两洲沉浸在一片狂欢之中。

但就在此时，不幸的事情发生了。电缆虽然接通，电传讯号不久却又归于沉寂。于是群情由狂欢而转为对菲尔德的愤怒责难。

菲尔德沉默了6年，1865年，不屈不挠的他又重新继续这项事业，并于1866年取得了最后的胜利。

斯迈森

世界历史因菲尔德执著的信念而改变，不断改变的历史同样昭示着一个亘古不变的真理：一个人能否取得成功，取决于他具有什么样的信念。坚信你的理想，执著地追求；用自己的行动去证明你的实力，证明你的信念；证明你的理想不是空想，坚持不懈，你就会取得最后的胜利！

不积跬步无以至千里

大学刚毕业那会儿，峰被分配到一个偏远的林区小镇当教师，工资低得可怜。其实峰有着不少优势，教学基本功不错，还擅长写作。

于是，峰一边抱怨命运不公，一边羡慕那些拥有一份体面的工作，拿一份优厚的薪水的同窗。这样一来，他不仅对工作没了热情，而且连写作也没兴趣。

峰整天琢磨着“跳槽”，幻想能有机会调换一个好的工作环境，也拿一份优厚的报酬。

就这样两年时间匆匆过去了，峰的本职工作干得一塌糊涂，写作上也没有什么收获。这期间，峰试着联系了几个自己喜欢的单位，但最终没有一个接纳他。

然而，后来发生的一件微不足道的小事，改变了峰一直想改变的命运。

那天学校开运动会，这在文化活动极其贫乏的小镇，无疑是件大事，因而前来观看的人特别多。小小的操场四周很快围出一道密不透风的环形人墙。

峰来晚了，站在人墙后面，翘起脚也看不到里面热闹的情景。这时，身旁一个很矮的小男孩吸引了峰的视线。只见他一趟趟地从不远处搬来砖头，在那厚厚的人墙后面，耐心地垒着一个台子，一层又一层，足有半米高。

峰不知道他垒这个台子花了多长时间，但他登上那个自己垒起的台子时，冲峰粲然一笑，那是成功的喜悦。

刹那间，峰的心被震了一下，多么简单的事情啊！要想越过密密的人墙看到精彩的比赛，只要在脚下多垫些砖头。

从此以后，峰满怀激情地投入到工作中去，踏踏实实，一步一个脚印。很快，峰便成了远近闻名的教学能手，编辑的各类教材接连出版，各种令人羡慕的荣誉纷纷落到峰的头上。

业余时间，峰笔耕不辍，各类文学作品频繁地见诸报刊，成了多家报刊的特约撰稿人。如今，峰已被调至自己颇喜欢的中专学校任职。

其实，一个有理想的人只要不辞辛苦，默默地在自己脚下多垫些“砖头”，就一定能够看到自己渴望看到的风景，摘到挂在高处的那些诱人的果实。

完成小事是成就大事的第一步。伟大的成就总是跟随在一连串小的成功之后。在事业起步之际，我们会被分派到与自己的能力和经验相称的工作岗位，直至我们向团体证明自己的价值，才能渐渐被委以重任和更多的工作。

将每一天都看成是学习的机会，这会使你在公司和团体中更有价值。一旦有了晋升的机会，老板第一个就会想到你。任何事，任何目标，都是这样一步一步达至成功彼岸的。

佚名

伟业来自于一点点的积累。小事情干不好，大事情也不会干成功。

在生活中，我们不能抱怨我们的处境，成功不一定是做大事，把一件小事做好，并且持之以恒地做好每一件事，这也是成功的基本要素。

成功其实是条不归路

大马哈鱼的繁殖过程十分惊心动魄。

在大马哈鱼的生殖季节，它们成群结队地从深海区域往内陆的江河跋涉，也许千里万里吧，行程异常艰难。一些浅得刚能没过石子的水湾处，大马哈鱼几乎是倾斜着身子，蹭着江底的砂石挣扎着前进的。

到达浅滩时，奔波劳顿的大马哈鱼差不多是伤痕累累了。但是，它们仍然不停歇，雌鱼还要在有沙砾的江底掘出一个个的洞穴，以便产卵。

产完卵的大马哈鱼体无完肤，面目全非，就在这祖祖辈辈完成生殖使命的地方，一批批血肉模糊的大马哈鱼悲壮地死去，一层又一层大马哈鱼的尸体漂浮在江面。

这里，是新生的大马哈鱼生命开始的地方，也是前辈大马哈鱼生命终结的地方，生与死衔接得如此紧密和短暂，流泪的余地都没有，悲壮的余地也没有，只要踏上行程，就义无反顾。

我请教过研究鱼类的专家，难道就没有一种比较温和的生殖方式可以选择？专家说，这是自然进化的结果，世上一些事情必须靠残忍的方式取得，包括大马哈鱼的生殖过程。

我采访过一位芭蕾舞演员。

10个脚趾，找不到一个完整的脚趾甲盖，在拇指的前端，是一团模糊的肉球，那是十几年舞蹈磨成的茧。

谁能想到，这样一双可怕的脚，竟是踩着足尖鞋，在舞台上旋转如蝶的芭蕾舞演员的玉足。

芭蕾舞演员一边活动脚尖，一边跟我说话："现在脚的样子尽管很丑陋，可是不痛，刚开始跳舞的时候，一场舞跳完，足尖鞋前端殷红殷红的，没有亲身经受过的人，绝对体验不出钻心疼痛的滋味。”压腿、弹跳、下腰，短暂的喝彩和瞬间的辉煌的后面，竟然藏着数十年的艰辛和磨难。

后悔吗？

她眼中闪过一片泪光。还有用吗？在我试图跳芭蕾舞之前，我已经把全部身心交给了芭蕾舞。除此之外，我还能做些什么，会做些什么，来得及学会做什么呢？

当我后悔的时候，已经无处言悔了。就像乘坐一条船，起锚后才被告知，前方没有码头。不可能回头，不可能停息，甚至连叹息的间隙都没有，你能怎么样？

这是一条别无选择的不归路，就像视死如归的大马哈鱼，就像舞出仙姿的芭蕾舞演员，除了迎向前方，没有第二种活法。

其实，我们的生活都是这样的。

今又

个人选择人生的事业，有时就和视死如归的大马哈鱼的结局其实是一样的，也是一条没有返程的不归路。

不同的是，有人在这条路上留下了闪光的辙迹，有人则雁过无痕，同没来世上走一回一样。造成这种区别的原因是，前者选择了一条路，能够耐住寂寞，无怨无悔地坚持。

只要不认输就有希望

那一年，我18岁，正面临高考，家中却接连发生几件事：父亲去世，母亲病倒。小我4岁的妹妹和只有8岁的弟弟瞪着惊恐的眼睛望着我，我知道我前面的桥梁已经坍塌，可我还是参加了高考前的预选，在班里考了第二名。我只想证明一下自己。

当我把放弃高考的决定告诉老师时，老师只拍了一下我的肩膀，深深地叹了一口气。我嘴里涌出一股浓浓的苦味，为了表示我的轻松和不在意，我牵强地对老师笑了笑，就蹒跚地走回家去。

随后，我进了郊区的一家小钢铁厂，在电炉车间当了一名电工。电工这名字听起来很不错，可是上班第一天，我就差点没给吓死。

正炼着钢时，电缆坏了。师傅让我跟他一起到横桥上去，他先教我像他那样把衣服在水里浸透。我心里莫名其妙，只依样画葫芦地学着师傅，在这大冬天里穿着湿冷的衣服上了横桥。

横桥离红红的钢水只有3米多远，一站上去，我的衣服就开始冒蒸气，脸上火辣辣地疼，脑袋仿佛给烤大了。

不一会儿，我和师傅就被蒸气罩住了，我甚至能听到衣服上的水蒸发时的“吱吱”声。

不多久，我就受不了了，师傅又下去浸了一次衣服才把电缆修完。

我坚决要求调离这个车间。

终于，我被调到了轧钢车间。与我共事的工友有些是刚从监狱里放出来的家伙，他们冷了喝酒，热了也喝酒。

他们都管我叫博士，因为我有四个借书证，一天到晚捧着书看。我不知道该怎样改变我的生活，那时候一有空闲我就想这事。

不过别人都以为我一点希望也没有，既没有文凭，又没有门路，还受家庭的拖累。我也仅是想想而已，但促使我真正下决心离开这里的是一个工友的死。

那天，那位工友到开着的轧机上去修一根电线，被轮子挂住了棉衣，他凄厉地叫着我的名字，我冲过去的时候，他的一条胳膊飞出来，差点打中我的头；接着是另一条胳膊，然后是脑袋和一条腿。我吓呆了，眼睁睁地看着轧机怎样把一个人轧死。

这时候车间里静得可怕，所有人都呆呆地站着，我听到自己的肚子在“咕咕”地响，我恶心得要命，却什么也吐不出来。好多天里，我老是在梦中给吓醒。我下决心要离开这个地方。

一天，我从一本旧杂志上看到一篇文章，介绍一个青年农民经过奋斗，终于圆了当播音员的梦想。

这也是我的一个目标啊。我为自己买了一个最便宜的小收音机，开始跟着中央台的播音员练习播音，令人沮丧的是，当时我连土话说得都不清晰。我找来一口大水缸，把头扎进去练习发音，常常搞得头昏眼花。

几个月后，我参加了电视台组织的一次普通话比赛，当时紧张得要命。因为在上学的时候，我甚至很少被老师叫起来读课文。好在一位女评委让我站起来走了一圈，这对我是一个鼓励，以后我就更起劲地练起来。

第二年，电台又招播音员，我再次报名，临考时还是紧张得要命，搞得我本来不错的嗓音听起来却像鸡叫。

此后，我不断地参加考试，无论省里的还是市里的，甚至县电台我也去考，我太想成功了。

到后来，那几位评委大都认识我了，一见我就笑。我看不出自己有什么好笑的，一个人怀着一份纯真的梦想，坚持不懈地拿头撞击命运的大门有什么可笑吗?再说，我的声音这时候已经稳定下来，他们为什么听不出我的音质很出色?在我练习播音的第四年，命运终于对我笑了一下。

市电台要招一名男播音员。这次我的表现还不错，500多人当中考了个第五名。接下来先要试播。我前面有两名考生试播效果不理想，另外两名考生因为是县里的播音员，单位不放，结果，一位评委坚持说我的音质不错，应该让我试一下。

在试用的那段时间里，我干得真是卖力。大冬天早上5时爬起来，骑10公里路的自行车，就为录两分钟的天气预报；中午的新闻也只有15分钟，可是我要背一个小时的稿，再录一个小时，精益求精。

试播结束的时候，我一心以为自己会让领导满意。台长大人却对我说，局里对试播人员都不满意，一个也不留了，下次再找机会吧！

这下所有人都站出来嘲笑我，他们告诉我播音不是一般人能干的，你不是那块料；妈妈也忍不住劝我，老大不小了，别整天做梦了。他们都以为我在异想天开，我只好把脑袋扎进书里去。唯有知识从不慢待勤于用功的人，你付出有多少，获得的就有多少。

一年以后，市里成立经济台，我到台长那里自荐。他说，你先干业余的吧！

那时电台的直播节目刚开始启动，我一下也成了一名主持人。节目办得很红火，不到半年，我就正式调进了电台。

转眼5年过去了，我看着那一大堆获奖证书和听众赞誉的来信，想想过去那段焦灼报考的日子，无论是多么痛苦无助，我都庆幸自己始终保持了那份倔强的自信。

其实大多数人的一生只有一个最大的阻力，而且它来自于自身，只要你咬住牙冲破这个阻力，任何困难都打不垮你。为此我更加坚信：干任何事情只要选准了目标，内心怀着一份强烈的渴望，就没有干不成的事。

周自横

人生需要有希望，更需要持之以恒地去追求自己的希望。

这种追求也许是寂寞的，孤独的，有时还遭到别人的嘲笑。但越是困难，我们越不要失去信心,只要坚持不懈,就终会有成果的。

人生需要好好挺着

“好好挺着”，第一次听到这句话时，我正在一家银行贷款。那年，我才18岁，刚接到一所师范大学的录取通知书。

那时，父亲正病重，已在床上躺了一年。弟妹还小，都在中学读书。于是，我这个长子便在万般无奈之下捏着村里的证明到区银行借钱。

接待我的是位50多岁、头发花白的老伯。他接过我的证明，略微一看，便抬起头细细地打量我。过了好久，他才淡淡地说：“你就是那个才考上大学的孩子？”

我轻轻地“嗯”了一声，便低头看向自己的脚丫。那老伯放下手中的证明，摸着花白的头发在窄窄的室内踱起步来。

我慌了，心想这回准借不到钱，先前我曾听人说过，现在向银行借钱要先给红包，再给回扣，还要找经济担保人。

可是，我哪来的钱给红包给回扣，又找谁来做担保？我想伸手去拿回证明，因为我事先已想好：万一借不到钱，我便不去读书而去打工，我不信我不能靠自己的双手来养家。

“别急！”老伯慢慢踱过来，轻按我的手：“借多少？”

“起码要3000元。”我知道自己的学费要2000元，弟弟和妹妹至少要600元。

“3000元?要这么多?”老伯惊疑地看着我。

“是的，我三兄妹都读书。”老伯不再说什么，坐在桌边去签写一张票据。

当我捏着一叠钱正准备离开时，那位老伯突然走出来，立在我的面前，目光定定地望着我。然后，他把手搭在我的肩上，用力摇了摇：“小伙子，千万要好好挺着，以后的日子还很长。”

我听了，泪水滚了下来。

进了学校，办好一切手续后，我便骑着一辆租来的单车“吱吱呀呀”地在城里转悠了几天，终于找到了两份打工的差事：替人守书摊和当家庭教师。每周三下午从13时至17时替人守书摊；每周三、五、日晚给一个初二的学生辅导功课。

守书摊的摊主是个很和善的老头。他说他已摆了10年书摊，准备不摆了，可是他听说了我的境遇后便雇了我，说还想再摆几年。我照看书摊很是认真。

时间久了，老头便夸我这样的人难得，准会有出息。可是，令我伤心的是，那个家教学生的母亲却很刁蛮。

委屈的我在一个雨后的中午与书摊的老头说起这事，老头听了，良久才抬起头，目光望向前方，说：“再忍一忍，挺一挺吧，以后的日子还很长呢！”

没想到，在这异地他乡，又一个萍水相逢的人对我意味深长地说出这个“挺”字。我不禁凄然泪下，也暗下决心一定要好好挺着。

大四时，父亲的病慢慢好了起来。弟弟和妹妹也相继接到大学的入学通知书。

那天，又是盛夏，我再次赤着脚，冒着火辣辣的太阳去那家银行借钱。其时，我的贷款已高达万元，银行的领导不想借了，让我往别处想办法。

我没说什么，我知道我没有其他办法可想。我找到了那位曾给我签过借据的老伯。

他没说什么，将我带到银行主任那儿说："借给他吧，我担保。"我的鼻子一酸，泪再一次流了出来。

我知道，这万元巨款若用自己毕业后那三四百元的工资，就是待到猴年马月也还不清，我更知道，那时候银行将会对提供担保的人采取一定的措施。但没容我想下去，老伯便牵着我走了。他又一次摇摇我的肩："小伙子，好好挺着，以后的日子还长呢。"

是的，以后的日子还长，我该好好挺着。几年前的某天，当我和弟弟妹妹一起还清最后一笔贷款时，这个信念又一次坚定起来。是的，不管日后的路途如何艰险，不管生活的风雨如何鞭打我稚嫩的双肩，我都不会退却。就为那些鼓励我"好好挺着"的人们，我也要选择坚强，好好挺着。

佚名

好好挺着说起来容易，但做起来并不容易，那需要忍受常人难忍的孤独与煎熬。

但是，如果忍受了苦难，一直坚持自己的理想，好好挺着，就能战胜人生路上的风风雨雨，也能够见到雨后灿烂的彩虹。

生活总会苦尽甘来

贝里·马卡斯的父母于20世纪20年代从俄罗斯来到美国，他们在纽威克一个穷人聚居区安顿下来。他的父亲做木工活维持生计，母亲则料理家务。

当时，马卡斯已有了两个哥哥和一个姐姐。他的母亲在40来岁的时候患上了严重的风湿性关节炎，卧床不起，她的手脚关节变得像树枝似的粗糙和弯曲。

为她看病的医生建议她再生一个孩子。医生认为怀孕将有助于母亲风湿病的康复。于是，马卡斯便在那年5月母亲节那天来到了人世。

除医生外，每个人都对她能重新下地行走惊奇不已。

马卡斯家以前都用犹太人使用的国际语——依地语。他的母亲常挂在嘴边的一句话是“巴谢特”。这句话的含义是：“这是上天的安排，生活总会苦尽甘来。”这也是他的母亲面对艰难困苦时的一贯态度。

她认定，一切苦难都将过去，事情总会有好结果的。马卡斯的出生对她来说，就是一个很好的佐证，那就是“巴谢特”。

虽然母亲的风湿病没有完全康复，但她从不抱怨。她不时取下手上缠着的石膏绷带扔在一边，在冷水管下为孩子们洗衣服，或在大热天呆在炎热的炉灶旁为孩子们做饭。

春去秋来，严寒酷暑，尽管生活艰辛，她始终相信苦尽甘来这一道理。在马卡斯上学后不久，她便宣布，在家里谁也不准再讲依地语，必须讲英语。她陪着马卡斯一起一字一句地学起了英语。

马卡斯的母亲和父亲就这样学习着成为美国公民。虽然离开了故土，放弃了自己的母语，但对她来说，这算不了什么，成为美国公民，为全家寻求到更好的生活，这便是“巴谢特”。

马卡斯从小的理想是上医学院，毕业后成为一名大夫。作为一个穷学生，他就近进了路特格大学的纽威克校区，这样便可以住在家里而省下住校的费用。

马卡斯开始学习医学预科课程，并取得了优秀的成绩。一天，系主任通知他，已经为他争取到了上医学院的奖学金。但接下来的消息却令人失望：马卡斯仍需另外缴纳10000美元的费用。

毫无疑问，他拿不出那么多钱。没办法，马卡斯只好退学了，搭顺路车到佛罗里达州去找工作。半路上，马卡斯和母亲通了电话。他告诉她，自己将再也不会成为一名大夫了。

“别着急，”她说，“说不定好事还在后头呢！”

马卡斯在餐馆当了一年服务生，然后到新泽西州进了那里的药学院。毕业后，他开始营销药品，这让他接触到了商品零售业，并开始喜欢上了这份工作。

后来，马卡斯跳槽到西部一个名为“便民”的公司，这是一家小型家装物品公司。

在这里，他常看到不少自己动手装饰和修补住房的人来买各种家装必需品，但他们不可能在一处一次就买齐。一天，他突然有了一个主意：如果能有一家大商场，把所有的家装材料店，如厨卫设备店、涂料店、木材店全都包括进来，顾客岂不更方便？要是所有经销商都懂得怎样修马桶或怎样安装吊扇，岂不更好？这便是马卡斯的梦想的起源。

如果不是马卡斯与老板的那次会面，他的梦想也许将无法实现。1978年的一天，老板召见他，马卡斯便向老板谈了自己的建议。虽然他们过去在一些问题上有过分歧，这次，马卡斯还是希望老板能采纳自己的建议，把企业做大做强，将“便民公司”变成一家可能赢利的大型连锁超市。

但是老板认为马卡斯在他面前过分炫耀，自以为了不起，无视他的权威，便将马卡斯解雇了。

这无疑如一闷棍打来，打得马卡斯晕头转向。“我该怎么办？我如何才能重新找到工作？谁需要已进入中年的我？我怎么才能付清家庭开支的账单？”

马卡斯当时有两个孩子正在上大学，另一个在读高中。他向银行借的大笔抵押贷款必须按期归还。他根本承受不起解雇。“我在‘便民公司’埋头苦干多年，为什么这种事偏偏发生在我身上？”

这时，马卡斯想起了母亲的那句口头禅。面对这种局面，他知道她的态度。虽然母亲已经过世，但此时，他仿佛听见她在说：“巴谢特。”对，总会有苦尽甘来的那一天，甚至到了这一步也不会例外。

于是，马卡斯抓住这个被解雇的机会，从头开始，决心自己当老板，着手实现创建一个大型家装材料总汇超市的构想。他的这个超市将面向人口众多的工薪阶层，他们是自己动手搞家装的主力，他这样做，正好为他们提供了及时的、恰到好处的帮助。

马卡斯找到几个和自己志同道合的合伙人。于是，一个名为“家庭”的大型家装材料公司应运而生。他们的生意做得红红火火，后来业务遍及全美，甚至开始扩展至全球。

现在，马卡斯已年满72岁，最近刚退休。他一直忙忙碌碌地在零售业营销市场上工作了50余年。那时，马卡斯还不知道将来会怎么样；实际上现在他也不清楚将来会怎样。

但有一件事他是清楚的——那就是母亲的口头禅，充满哲理的人生经验“巴谢特”——苦尽甘来。

耐心与时间，甚至比力量和激情更为重要。年复一年的挫折终将迎来收获的季节。所有已经完成的，或者将要进行的，都少不了那孜孜不倦、锲而不舍、坚忍不拔的拼搏过程。但是，生活总会苦尽甘来。

佚名

成功的诸多要素中，究竟什么最珍贵，历来是一个非常有争议的话题。但不管持何种观点的人，他们都承认耐心是成功的一个非常重要的因素。它常常要比激情、才能、机遇更重要，每一个成功者无不经历过长久的坚持，本文的马卡斯就是这样。

坚持挑战挫折

1832年，林肯失业了，这显然使他很伤心，但他下决心要当政治家，当州议员。糟糕的是，他竞选也失败了。在一年里遭受两次打击，这对他来说无疑是痛苦的。

接着，林肯着手自己开办企业，可一年不到，他开办的企业又倒闭了。在以后的17年间，他不得不为偿还企业倒闭时所欠的债务而到处奔波，历尽磨难。

随后，林肯再一次决定参加竞选州议员，这次他成功了。他内心萌发了一丝希望，认为自己的生活有了转机 :“可能我可以成功了！”

1835年，他订婚了。但离结婚还差几个月的时候，未婚妻不幸去世。这对他精神上的打击实在太大了，他心力交瘁，数月卧床不起。

1836年，他得了神经衰弱症。

1838年，林肯觉得身体状况良好，于是决定竞选州议会议长，可他失败了。1843年，他又参加竞选美国国会议员，仍然没有成功。

林肯虽然一次次地尝试，但却是一次次地遭受失败：企业倒闭、情人去世、竞选败北。要是你碰到这一切，你会不会放弃——放弃这些对你来说可能是一种解脱吗？

林肯是一个聪明人，他具有执著的精神，他没有放弃，他也没有说 :“要是失败会怎样？”1846 年，他又一次参加竞选国会议员，最后终于当选了。两年任期很快过去了，他决定要争取连任。他认为自己作为国会议员表现是出色的，相信选民会继续支持他。但结果很遗憾，他落选了。

因为这次竞选他赔了一大笔钱，林肯申请当本州的土地官员。但州政府把他的申请退了回来，上面指出:“做本州的土地官员要求有卓越的才能和超常的智力，你的申请未能满足这些要求。”

接连又是两次失败。在这种情况下你会坚持继续努力吗？你会不会说“我失败了”？

然而，作为一个执著的人，林肯没有服输。1854年，他继续竞选参议员，但失败了；两年后他竞选美国副总统提名，结果被对手击败；又过了两年，他再一次竞选参议员，但仍然以失败收场。

林肯尝试了11次，可只成功了两次，但是他一直没有放弃自己的追求，他一直在做自己生活的主宰。1860年，他终于当选为美国总统。

林肯遇到过的敌人你我都曾遇到。因为他是一个执著的人，他面对困难没有退却，没有逃跑，他坚持着，奋斗着。他压根就没想过要放弃努力，他相信坚持的力量，所以他成功了。

佚名

一个人想干成任何大事，都要能够坚持下去，坚持下去才能取得成功。但坚持下去，要忍受多少孤独与寂寞呀，有太多太多人在半途就放弃了。能够一直坚持下去的，才能成为最后的赢家。

梦想皆有神助

他是一位匈牙利木材商的儿子，由于从小生得呆笨，人们都喊他“木头”。他也确实名副其实过，9岁之前，除了因遵守纪律在学校里获得过一枚玩具螺丝钉外，再没有获得过什么奖励。

12岁时，他做了一个梦，梦到有位国王给他颁奖，因为他的作品被诺贝尔看上了。当时，他很想把这个梦告诉别人，希望有人与他一起分享但又怕被人嘲笑，最后，他只告诉了妈妈。

妈妈说，假如这真是你的梦，你就有出息了！我曾听说，当上帝把一个不可能的梦，放在谁的心中时，就是真心想帮助谁完成的。

男孩从来没有听说过梦想和上帝还有这层关系，妈妈说完，他就信以为真了。他想，他真是天下最幸福的人！世界那么大，上帝却一下子就选中了他。为了不辜负上帝的期望，从此他真的喜欢上了写作。

“倘若我经得起考验，上帝会来帮助我的！”他怀着这样的信念开始了他的写作生涯。

三年过去了，上帝没有来；又三年过去了，上帝还是没有来。就在他期盼上帝前来帮助的时候，希特勒的部队却先来了。他作为犹太人，被送进了集中营。

在那里，数百万人失去了生命，而他却靠着“生存就是顺从”的信念活了下来。

“我又可以从事我梦想的职业了！”他怀着这种心情走出奥斯维辛集中营。1965年，他终于写出了他的第一部小说《无法选择的命运》；1975年，他又写出他的另一部小说《退稿》。

接着，他又写出一系列作品。

就在他不再关心上帝是否会帮助他时，瑞典皇家文学院宣布：把2002年的诺贝尔文学奖授予匈牙利作家凯尔泰斯·伊姆雷。他听到后大吃一惊，因为这正是他的名字。

当人们让这位名不见经传的作家谈一谈他获奖后的感受时，他说：“没有什么感受！我只知道，当你说我就喜欢做这件事，多困难我都不在乎时，上帝就会抽出身来帮助你。”

梦想皆有神助！在新世纪里，伊姆雷成为第一位证明人。预言家说，还会有第二位，就藏在有梦想的人中间。

刘燕敏

理想是人生奋斗的目标，没有理想的人如同行尸走肉。

本文从诺贝尔文学奖得主伊姆雷的小时候写起，一直至他获奖，通过他对梦想的不断追求的人生历程，向人们揭示一个道理：梦想皆有神助。

跌倒了，再爬起来

圆圆的脸庞，含笑的眼睛，落落大方的举止，矫健的身形，在这样一个正值青春年华的农村女青年身上，你一靠近就会嗅出一股浓浓的青春气息。

这就是潘国霞，一个集板栗收购、加工、贮存、外销于一体的龙头公司——

齐发栗业公司的总经理。

潘国霞的家乡在全国有名的板栗大县——安徽省金寨县，那里有板栗园50万亩，年产板栗1.5万吨。

1988年，不甘平庸的潘国霞18岁高中毕业后，便和男朋友一起开了个小小的面条作坊。两年后，他们结婚生子。小两口勤劳、聪慧，虽说是小本买卖，可小日子却也过得温馨舒畅。

然而，改革开放、发展经济的大潮呼啸而来，潘国霞也被这大潮激荡得跃跃欲试。她想，我年轻，有文化，为什么不能在这经济大潮中畅游一把，脱离贫困，改变家乡的落后面貌呢？

小两口都是非常要强的人，面条厂受粮食市场不景气的影响开不下去了，他们就另辟新径承包了一个冷饮厂。

干了两年，饱尝了创业的艰辛后，潘国霞的眼光看得更远了，心胸也变得更加开阔了。

她把目光锁定在了家乡的一片片丰饶的板栗园上，家乡的父老乡亲们一年到头辛辛苦苦，板栗进入收获期后却总是卖不出去，常常使得血汗换来的果实白白地变成了烂泥。潘国霞看准了板栗销售这块空白，她觉得这是她施展抱负和才能的一片新天地。

于是她和爱人商量,决定涉入这个领域去打拼一场。

1993年秋天,板栗成熟的季节,潘国霞和爱人开着“飞虎”小货车，开始到农户家一家一户地收板栗。他们一天能收到板栗1000多斤,然后再开着小货车，把板栗卖给收购站。在板栗收获的季节里，国霞和丈夫每天只能睡两个小时的觉，虽说苦点累点，可收益还算不错。

随着市场的不断变化，收购站把板栗的收购价格压得越来越低,基本赚不到钱了。

收购站不行了，潘国霞一咬牙，直接把“飞虎”开到了上海十六铺蔬果批发市场。让他们没有想到的是，上海这地方对板栗的需求量相当大，每次虽把“飞虎”装得满满的，可当天就能全部卖完。

初闯市场，潘国霞虽尝到了不少的苦头，但也尝到了不小的甜头。她发现家乡的板栗广受欢迎的主要原因是因为质量好，符合外贸出口标准，她想，她得找机会把家乡的板栗推得更远。

可就在这时，出了一件让她意想不到的事：有个客户不讲信用，给了3000元定金，订了10000多斤板栗，却说不要就不要了。国霞没办法，这10000多斤板栗总不能让它烂掉吧！她只好和丈夫一起运沙子，把这些板栗埋起来保鲜，再找机会出售。

但是很快就有了转机，芜湖外贸加工厂正在此时急要板栗，结果她的10000多斤板栗竟以3元一斤的价格卖了出去，不仅保了本，还净赚了四五千元。

借此东风，潘国霞又联系了芜湖安可福食品有限公司和省粮油进出口公司，并与他们签订了长期供货合同，加工外贸标准板栗。

金寨的板栗终于走向了世界，远销到了美国、加拿大、澳大利亚、东南亚各国。

潘国霞的生意越做越兴旺，贷款不久就还清了，还翻盖了楼房。在金寨，提起潘国霞的名字，做板栗生意的父老乡亲们都不得不竖起大拇指。

1997年，潘国霞以几年来辛苦积累的50万元资金作为注册资金，成立了“齐发栗业有限公司”，她出任公司总经理。

“齐发”这个名字是县委书记来视察时亲自为潘国霞起的，他的意思很明确，潘国霞不能只是自己富，还要带动更多的父老乡亲一起奔小康。

潘国霞的公司坐落在镇上船冲街板栗大市场内，拥有两条精选加工生产线，配套设施齐全，因而公司的销售量占了全县板栗销售量的50%。

为了规范市场，共同发展，镇上的板栗交易户们成立了板栗交易户联谊会，还拟定了联谊会章程。潘国霞则倡议在每年的板栗收购季节，对外地客户采取免费吃住的优惠，给外地客户提供方便，以吸引更多的外地客户。

她的这一倡议还真的挺有效，几年下来，他们的客户竟从开始的十几家发展到了现在的1000多家。

成功当中常常饱含着艰辛与挫折。1998年夏天，一场台风将金寨30%未成熟的板栗刮掉了，急得种植户们的心都快碎了。潘国霞心里也很急，她千方百计的联系客户，可谁又愿意要这些半生不熟的板栗呢?

没办法，潘国霞只得用自己的50余万元把这些板栗全部收了下来。她好说歹说才有一位客户答应要了一车板栗，可这剩下的几十吨怎么办?

潘国霞的丈夫在芜湖联系客户，急得三天吃不下饭，睡不着觉，人也瘦了一圈。潘国霞放心不下爱人，便借别人的冰库把板栗存放起来，然后自己也跑到了芜湖。

她含着眼泪劝爱人：钱赔了可以再赚，可精神不能垮。这次天公没有作美，夫妻俩无奈将板栗低价处理给了小商贩。

由于齐发公司的信誉一直比较好，县联合信用社在关键时刻支持了他们，给予他们20万元的贷款，使得他们又有了周转资金。

这一次危机平安度过之后，潘国霞感到板栗的保鲜冷藏问题是个当务之急，她认为应该建立起自己的冷库。原来，她需将收购上来的板栗运到梅山、六安、合肥等地，放在租用的冷库中保存，这样每年要花去几万元的冷库存放费不说，还非常不方便，影响到了销售和扩大经营。

于是，潘国霞与丈夫商量后作出了一个大胆的决策：自建冷库。

她得到了当地银行和政府的大力支持，2000年至2001年，她先后申请得到信用社贷款和政府贴息贷款共100万元，又自筹资金200万元，建起了两座容量分别为800吨和1200吨的冷库，解决了板栗储存难的问题，同时也给父老乡亲和板栗交易户们提供了方便。

冷库建成后，国霞的业务量更大了，她不仅能够更从容地进行反季节销售，而且还有效地调节了市场价格，从而大大减少了市场风险，增强了驾驭市场的能力。

通过互联网，国霞认识了不少国际货商。为了方便销售，拓宽销路，她还多方筹资，以注册资本200万元，申报了自营出口许可证。自此，齐发公司赢得了直接与国外客商做生意的方便。

10年市场上的拼搏奋斗，潘国霞的齐发栗业公司资产额已近600万元，年销板栗3000吨，营业收入1800万元，创利税150万元左右。

潘国霞不仅自己家走出了贫困，也带动家乡父老乡亲们走向了小康。凡是齐发公司外销的板栗，平均收购价每吨要高出市场价500多元，仅此一项她每年就给当地增加收入150多万元，同时还带动了板栗大市场内运输、餐饮、旅馆等多种产业的发展。

如今，潘国霞的齐发栗业公司已经逐步发展成为安徽省板栗流通领域的著名企业，并被省农业银行评为AA级信用企业，潘国霞也荣幸地当选了省人大代表和省妇女代表。

作为一代新型农民，她从不满足于现状，她要不断地充实自己，完善自己，提高自己。她把眼光放在了更远处，并在金寨县经济开发区征了50亩地，她要开发高附加值的板栗深加工项目，还要建集产销、深加工、经营一体化的齐发工业园。

10年拼搏让潘国霞体会最深的是：信誉永远是第一，信誉是商家的生命线。要具备适应市场变化的能力，更要有足够的心理承受力。她说，人生是很短暂的，因而一定要把握好，把自己潜在的能力发掘出来，自立自信自强，活出一个精彩的人生。

佚名

很多人都有理想，或者说是野心。但是理想或者野心能否变成现实，这除了看社会环境和个人背景外，还必须具备超强的个人因素。

这个个人因素就包含了勇气，包含了毅力，在困难挫折面前，不畏惧，敢于默默坚持，这样的人才能取得最后的成功。

守得云开见月明

在中国，马云无疑是梦想创业最好的标本。马云不可思议的梦已经变成现实。马云的成功经验告诉我们：从小事做起，从基层做起，不贪大，不求多，十年如一日，必有所成。

马云在接受记者采访时说：“我觉得现在的创业者要有这样一种境界：痛苦

地坚持，快乐地去死。创业的过程是痛苦的，你要不断地克服一个又一个的困难，获得更大的成功。百年以后，当你死的时候，你会觉得很快乐：人的一生，我奋斗过了，我得到了快乐。”

马云说：“对所有创业者来说，永远要告诉自己一句话：从创业的第一天起，你每天要面对的是困难和失败，而不是成功！你最困难的时候还没有到，但有一天一定会到。不能躲避困难，也不能让别人替你去扛。10 年创业的经验告诉我，任何困难你都必须自己去面对，创业就是面对困难。”

马云10年取得的所有成功和失败的经历，就是他最大的财富。

成功的路很艰辛，并不是一帆风顺的，有很多的坎坷，有很多的无奈，有寂寞，有孤独……当你苦苦追求时，却还看不到成功的希望，这时候，成功与否就要看你是否耐得住寂寞。

守住成功也是不容易的，世事变化飞快，商海无常，又有多少人感慨“创业容易守业难”，同样，守业除了需要智慧、进取、执著之外，还需要耐得寂寞。

耐得寂寞是商人成功的前提条件，成功之前，只有你一个人独行，没有鲜花，没有掌声，没有人会把目光多留在你身上，你需要一天天在冷清中度日，而且得前行。

成功了，有了鲜花，有了掌声，但是你这时候，除了考虑自己，还要考虑更多，你的员工，你的发展，你的社会使命，这个时候，你觉得压力会更大，鲜花和掌声的后面，是更多的要求，所以，你在繁荣一片的时候，还得继续忍住寂寞。

成功者，善于调整自己的各种状态，这样，才会永远地成功，成功者，也必须耐得寂寞。

不要一开始就想赚大钱，先生存，后发展，积累经验，蓄势待发，终会有起色。即使成不了大英雄，也可以做一方豪杰。

人生的辉煌需要用成功去证明，经历了播撒种子时的期待，经历了风霜雪雨的洗礼，终于得到了收获果实时的喜悦。从一无所有到财富的顶峰，他们所走过的路与众不同。

成功在于努力，不在于智力，这世界充满了不得志的天才；也不在于教育，这世界充满了博学的穷书生；也不在于你先有多少金钱，这世界充满了无数的败家子。毅力是感到想要放弃的时候保持继续前进的决心和力量。

成功是思想和性格的成功。孙正义在被问及软件银行 (SOFTBANK) 公司成功的秘密时说：“所有的一切都开始于一种毫无根据的信念，接下来的事情就是坚持力了。”

坚持这还只是第一步，更艰苦的征途才刚刚开始。少数人迈出了第一步，少数人中的少数人，才能够历尽各种磨难坚持下来。

比如：一直存在的资金问题；一直存在的人才短缺问题；一直存在的竞争压力问题；规模大了一点儿后的管理问题；人员多了一点儿后的沟通问题；业务发展后的策略选择问题；有了一点儿成功之后的心态问题；公司规模大了以后企业政治问题等。

绝大多数人的失败不是失败于外部的条件，而失败于被自己打倒，自我放弃。

无数成功的创业者告诉我们，成功不是将来才有的，而是从决定去做的那一刻起持续积累而成的。

身无分文不可怕，没有经验不可怕，只要处处用心，事事留意，只要在合适的时候勇敢地跨出第一步，就能闯出一片属于自己的天空。

也许三五年，也许三五万，万事虽难终有起点，亿万家产虽多终有开端，只要坚定不移地走下去，定会有成功的一天。

今天，是一个创业的时代，是一个呼唤创业精神的时代。每个创业者都有实现梦想的冲动，这便是走向创业之路的初始力量。

然而，创业是艰苦的，是人生的历练，创业需要有一种创业精神。创业精神是一种境界，决定着人们的人生态度有了这种精神，才能激励人们奋发图强，获得财富与进步。

成功是不容易的，马云的成功更不容易，已为大家所知，但是，还有很多普普通通的人，还在成功的路上奋斗着，或许他会成功，或许他会倒下，这时候，就要看那个人的忍耐力，能否守得住那份痛彻心骨的寂寞。

创业是艰辛的，创业是艰难的，只要有恒心和毅力，定能守得云开见月明。

余胜海

每个时代都有每个时代的英雄，现在的时代的英雄便是那些在商场上开创一片天空得到成功的创业者。我们在敬仰这些英雄的同时，却不一定了解他们的艰辛。

创业是艰苦的，是人生的历练，它不仅考验创业者的才智，更考验创业者的毅力。那些经过层层考验而不倒的人，才能成为商界的王者。

一辈子只做一碗汤

我家门前有两家卖老豆腐的小店。一家叫“潘记”，另一家叫“张记”。

两家店是同时开张的。刚开始，潘记生意十分兴隆，吃老豆腐的人得排队等候，来得晚就吃不上了。潘记的特点是：豆腐做得很结实，口感好，给的量也特别大。

相比之下，张记老豆腐就不一样了。首先是豆腐做得软，软得淌汗，不成形状；其次是给的豆腐少，加的汤多，一碗老豆腐多半碗汤。因此有一段时间，张记的门前冷冷清清。

有一天早上，因为我起床晚了，只好来到张记的豆腐店。吃完了一碗老豆腐，老板走过来，笑着问我豆腐怎么样。我实话实说：“味道还行，就是豆腐有点软。”

老板笑了笑，竟然有几分满意的样子。

我说：“你怎么不学学潘记呢？”

老板看着我说：“学他什么呀！”

我说：“把豆腐做得结实一点呀。”

老板反问我：“我为什么要学他呢？”

沉思了一下，老板自我解释说：“我知道了，你是说，来我这边吃豆腐的人少，是吗？”

我点点头。老板建议我两个月以后再来，看看是不是会有变化。

大概一个多月以后，张记的门前居然真的也排起了长队。我很好奇，也排队买了一碗，看看碗里的豆腐，仍然是稀稀的汤汁，跟以前没什么两样，吃起来，也是以前的口感。

老板脸上仍然挂着憨厚的笑。

我笑着问他：“能告诉我这其中的秘诀吗？”

老板说：“其实，我和潘记的老板是师兄弟。”

我有些惊讶：“可你们做的豆腐不一样呀？”

老板说；“是不一样。我师兄潘记做的豆腐确实好，我真比不上，但我的豆腐汤是用肉、骨头配上调料，经过几个小时熬制而成，师兄在这方面就不如我了。”

见我还有些不解，老板继续解释：“这是我师傅传授给我们的。师傅说，生意要想长远，就要有自己的特色。师傅还告诉我们，‘吃’的生意最难做，因为众口难调，人的口味是不断变化的，即使是山珍海味，经常吃也会烦，因此，师傅传给我们不同的手艺。这样，人们吃腻了我师兄的豆腐，就会到我这里来喝汤。时间长了，人们还会回到我师兄那里。再过一段时间，人们又会来我这里。这样我们师兄弟的生意就能比较长远地做下去，并且互不影响。”

我试探地问：“你难道就不想跟师兄学做豆腐吗？”

老板却说:“师傅告诉我们，能做精一件事就不容易了。有时候，你想样样精，结果样样差。”

张记老板的这番话，引起了我关于做老豆腐之外的思考，这和一个人的择业、一个人这一辈子坚守的东西不是一样的道理吗？

董保纲

认准一个目标做下去，这并不是空洞的成功学说教，它包含了很多道理。认准一个目标，我们才可以集中精力把事情做精、做好。

如果样样想学，但是精力却不够，可能导致样样学不好，必将一事无成。这是“一辈子只做一碗汤”的张记豆腐店老板给我们的启示。

人类需要梦想者

居里夫人一生拥有过三克镭，她把第一克捐给她的科学，公众则把第二克和第三克回赠给了她。这三克镭展示了一个科学家伟大的人格，和由此唤起的公众对科学的理解。

1920年5月的一个早晨，美国记者麦隆内夫人，几经周折终于在巴黎实验室见到了镭的发现者。

端庄优雅的主人与异常简陋的实验室，给这位美国记者留下了深刻印象。让她更惊讶的是，居里夫人居然能够说出世界上每一零星镭的所在地。

麦隆内夫人问：“法国有多少呢？”

“我的实验室只有一克。”

“你只有一克镭吗？”

“我？啊，我一点也没有。这一克是属于我的实验室。”

此时，镭问世已经18年，它当初的身价曾高达过75万法郎。美国女记者由此推断，提纯镭的专利技术，应该早已使眼前这位夫人富甲天下。

但事实上，居里夫妇早在 18 年前就放弃了他们的权利，并毫无保留地公布了镭的提纯方法。他们当时经济拮据，生活贫困，却不肯用自己历尽艰辛获得的科学成果谋取丝毫个人利益。居里夫人后来的解释异常平淡：“没有人应该因镭致富，它是属于全人类的。”

麦隆内夫人困惑不解地问："难道这个世界上就没有你最想要的东西吗？"

“有，一克镭，以便我的研究。但是我买不起，它的价格太贵了。”

这出乎意料的回答，使麦隆内夫人既感惊叹又非常不平静。镭的提纯技术已使世界各地的商人腰缠万贯，而镭的发现者却困顿至此，以致无法进行研究。

她立即飞回美国，打听出一克镭在美国当时的市价是10万美元，便先找了10个女百万富翁，以为同是女人又有钱肯定会解囊相助，却碰了壁。这使麦隆内夫人意识到，这不仅仅是一次金钱的需求，而是一场呼唤公众理解科学、弘扬科学家品格的社会教育。她在全美妇女中奔走宣传，最终获得成功。

1921 年 5 月 20 日，美国总统决定将公众捐献的一克镭赠予居里夫人。居里夫人在仔细阅读完文件后说："美国赠给我的这一克镭，应该永远属于科学，希望你们立即请个律师，把它改赠给我的实验室。"

数年之后，当居里夫人为在祖国波兰创设一个镭研究院治疗癌症的时候，美国民众为她捐赠了第二克镭。一些人认为，居里夫人在对待镭的问题上固执得让人难以理解。既然是为了科学研究，在专利书上签个字，不是要省事得多吗？

居里夫人在后来的自传中回答了这个问题：我的许多朋友坚持说，若是比埃尔·居里和我保留了我的权利，我们就可以得到必需的资金，来建立一个满意的镭研究院，而以前阻碍我们两个人，现在仍在阻碍我的种种困难都可以避免。

他们所说的并非没有道理，但我仍然相信我们是对的。人类需要善于实践的人，他们能从工作中取得极大的收获，既不忘记大众的福利，又能保障自己的利益。但人类也需要梦想者，这种人醉心于一种事业的大公无私的发展，因而不能注意自身的物质利益……

即使是为了科学，也不能将科学的成果据为己有。这是居里夫人向人类贡献镭的同时，贡献的另一种价值。

邓琮琮

有梦想才有追求，有梦想才不怕眼前的艰难困苦，有梦想才能战胜贫穷和屈辱，有梦想生活才能有滋味。

科学家居里夫人为科学作出了巨大贡献，但她淡泊名利，淡泊钱财，大公无私。这位女性留给人们的不光是“镭”，还有一笔更为宝贵的精神财富。

成功就是不断超越自己

曾在一本关于弗洛伊德的书上读到过这样一则故事：约翰和汤姆是相邻两家的孩子，他俩从小就在一起玩耍。约翰是一个聪明的孩子，学什么都是一点就通，他知道自己的优势，自然也颇为骄傲。

汤姆的脑子没有约翰灵光，尽管他很用功，但成绩却总是难以进入前10名。与约翰相比，他心里时常流露出一种自卑。

然而，他的母亲却总是鼓励他：“如果你总是以他人的成绩来衡量自己，你终生也不过只是一个‘追逐者’。奔驰的骏马尽管在开始的时候总是呼啸在前，但最终抵达目的地的，却往往是充满耐心和毅力的骆驼。”

果然如她母亲所说的那样约翰自诩是个聪明人，但一生业绩平平，没能成就任何一件大事。而自觉很笨的汤姆却从各个方面充实自己，一点点地超越着自我，最终成就了非凡的业绩。

约翰愤愤不平，以致郁郁而终。他的灵魂飞到了天堂后，质问上帝：“我的聪明才智远远超过汤姆，我应该比他更伟大才是，可为什么你却让他成了人间的卓越者呢？”

上帝笑了笑说：“可怜的约翰啊，你至死都没能弄明白：我把每个人送到世上，在他生命的‘褡裢’里都放了同样的东西，只不过我把你的聪明放到了‘褡裢’的前面，你因为看到或是触摸到自己的聪明而沾沾自喜，以致误了自己的终生！而汤姆的聪明却放在了‘褡裢’的后面，他因为看不到自己的聪明，总是在仰头看着前方，所以，他一生都在不自觉地迈步向前！”

有些人的沮丧来自于“比较心”。我比别人出身差；我比别人天生长相差；我比别人运气差；我比……这样子比下去可能比不完。但是明知“比”的心态不好，但我们仍然要比一比。

如果是这样，我们不妨先把镜头朝向自己，想一想从小到大的自己，以及那些不如你的人，再想想自己此时的心情，你将能够体会一个失败者的心情。

不要左顾右盼别人路上的风光，增添自己的烦恼，扰乱自己前进的步伐，回首之际，你会发现你错过了途中向你微笑的花朵。

佚名

人生就是一个大舞台，我们就是舞台上的表演者。

要想使表演成功，就得不断地超越自己，不管是聪明，还是愚钝。走上了人生的舞台，就应全心全力地表演，忘掉曾经的辉煌或功绩，更要忘记自己的聪明。

因为“聪明”是无助于表演的，表演需要的是脚踏实地地投入与一次次对自我的超越和突破。忘掉周围的一切，便是超越的开始、成功的开始。

第五辑

在夜晚中看到黎明

所谓“静”，是指心界的空灵而不是物界的沉寂，物界是永远不会沉寂的。

这就如同爱情，如同幸福，我们追寻很久，回头才发现，它原来一直就在这里，就在那看似平淡的一鼎一镬之中。

享受忙中的静趣

有两位著名的画家，为了一较长短，一时兴起，相约用同一个题目一起作画，想要看看两人在认真的脑力激荡之下，各会有什么样的杰作产生。

他们抽中的题目只有一个字“静”。两位画家用心冥想了片刻，便开始提笔在画纸上着墨。

过了不久，两人的作品几乎同时完成。第一位画家自豪地将他的画作摊开来，只见长长的画卷上，一片碧绿动人的湖水无尽地延伸开来，湖面不见一丝波澜，岸边的垂柳婆娑摇曳倩影，倒映在清澈见底的湖水当中，又似乎留有无尽的低回之意，从整幅画面看来，当真只有一个“静”字能够形容。

第二位画家由衷地夸赞了几句后，缓缓地将自己的作品展示出来。

那是一道雨后山中的雄伟瀑布，湍急的水流猛烈地冲向陡峭的山石，颇有万马奔腾的架势，令观看者的耳中，依稀可以听到瀑布不断地传来轰然作响的隆隆声。

在气势壮阔的瀑布半腰处，有着一处突兀横生的枯枝，正随着水波的冲击，不断地晃动着。

而在摇曳不停的枯枝树梢，凌空悬着一个简陋的鸟巢，鸟巢当中正有一双幼小的雏鸟，安详地闭着双眼，沉沉地睡着。对于瀑布当中巨雷般的声响，雏鸟仿若不觉。

第一位画家呆呆地看着这幅画，不知经过了多少时间，方似大梦初醒一般，轻轻地摇着头，口中讷讷道：“我只能描绘情景，你却能诠释出情境，的确是你高明得多了。”

陈黎黎

所谓“静”，是指心界的空灵而不是物界的沉寂，物界是永远不会沉寂的。人生也是如此，静和闲也不同，许多闲人不一定能体会静中趣味，而能体会静中趣味的人，也不一定得闲。

在百忙之中，在尘世喧嚷中，你偶然间丢开了一切，悠然遥想，心中蓦然似有一道灵光闪烁，这就是忙中静趣。

熟悉的地方没有风景

多年未曾联系的大学同学，一日突然路过我的小城，跑来见我。

同学来自大都市，那里有直耸云霄的摩天大楼，有鲜亮明艳的佳人和轿车，有精致的咖啡厅音乐吧，时尚的风吹啊吹啊，吹开一城的芳华，更兼有若干的景点，每一处都是游人接踵，让人神往不已。

小城却是一片狭小的天空。

所以，得知同学要来，我手忙脚乱好是一顿准备，我甚至把家里的窗帘换了，碗盏换了，以便配得上大都市的优雅。

同学是在晚间到的，我精心准备了晚饭，她却提出要逛小街吃小吃。

我百般推托，我说那街实在没逛头，不及你们大城市的百分之一，那小吃也没什么特色，无非是些下岗工人，摆个小摊，下下馄饨面条什么的。

同学却兴趣盎然。无奈，只得陪她走一趟。

每一处我走熟的地方，在同学眼里，竟都入得景来。她挂在胸前的数码相机，不住地咔嚓着。

我在一旁笑她，是不是大鱼大肉吃多了，看到乡村的野菜，也觉得新鲜了？

同学含笑不语，一圈逛下来，竟是满足得很，然后在馄饨摊上要上一碗馄饨，吸溜吸溜地，她吃得精光。

回家，把她拍的照片输入我的电脑中，当一幅幅画面在我面前展开时，我突然惊诧地发现，这个我生活了好多年的城市，我对它，竟是陌生的：静静闪烁的霓虹灯下，一对情侣在散步，仿佛听见他们轻喃着幸福和甜蜜，整个画面美若轻岚；露天广场，裸露的台阶上，泊满月光，背景，是一幢一幢的住宅楼，每一个窗口，都亮着温暖的灯光，淡定从容……

我叹，呵，真没想到。

同学就笑了，说，这就叫熟悉的地方没有风景。其实不是没有啊！而是我们的眼睛麻木了。

只一句，就如醍醐灌顶。

我想起一位诗人写的一首诗来：你站在桥上看风景，看风景的人在楼上看你；明月装饰了你的窗子，你装饰了别人的梦。

别处的风景总是对我们造成无限的诱惑，我们像追风的猫似的，追着跑，因得不到而沮丧而感叹。却永远不知道，在别人眼里，我们也是他们追寻的风景。

这就如同爱情，如同幸福，我们追寻很久，回头才发现，它原来一直就在这里，就在那看似平淡的一鼎一镬之中。

有时，最好的风景，在身边或就是我们自己。

佚名

一生何求？人们总是看到别人的幸福，生活在小城市的人向往大城市的繁华，而生活在大城市的人又羡慕小城市的安逸。

其实，为什么不能静下心来，认真享受一下身边的美呢？因为自己拥有的才是最现实的，只有能够享受自己拥有的，那么我们就能获得心理的宁静。

淡泊的人生是一种享受

有一位中国的MBA留学生，在纽约华尔街附近的一间餐馆打工。一天，他雄心勃勃地对餐馆大厨说："你等着瞧吧，我总有一天会打进华尔街的。"

大厨好奇地问道："年轻人，你毕业后有什么打算呢？"

MBA很流利地回答："我希望学业一完成，最好马上进入一流的跨国企业工作，不但收入丰厚，而且前途无量。"

大厨摇摇头："我不是问你的前途，我是问你将来的工作兴趣和人生兴趣。"

MBA一时无语。显然他不懂大厨的意思。

大厨却长叹道："如果经济继续低迷下去，餐馆不景气，那我就只好去做银行家了。"

MBA惊得目瞪口呆，几乎疑心自己的耳朵出了毛病，眼前这个一身油烟味的厨子，怎么会跟银行家沾得上边呢？

大厨对MBA解释："我以前就在华尔街的一家银行上班，天天披星戴月，早出晚归，没有半点自己的业余生活。我一直都很喜欢烹饪，家人朋友也都很赞赏我的厨艺。每次看到他们津津有味地品尝我烧的菜，我就高兴得心花怒放。有一天，我在写字楼里忙到凌晨一点钟，才结束了例行公务。当我啃着令人生厌的汉堡包充饥时，我下定决心要辞职，摆脱这种工作机器般的刻板生活，选择我热爱的烹饪为职业。现在，我生活得比以前要愉快百倍。"

这样的事例，对于中国人来说是不可思议的。因为，中国人在选择职业时，第一看体面，第二看收入，两者兼得，就足以在人前人后风光炫耀了。成败荣辱，全都摆在面子上，而面子是要人捧的，无人喝彩，就如同锦衣夜行般无趣。

可对于西方人来说，无论从事什么职业，都没有高低贵贱之分。他们更注重的，是对事业的兴趣，而且，自我价值的实现，成功与否的体现，不必通过与别人的比较来证实，更不需要别人的肯定来满足。

真实的属于自己的人生，是一种享受。一个完美的人生，不见得要赚很多的钱，也不见得要有很了不起的成就。在一份简朴平淡的生活中，活得快乐而自我，也是一种上乘的人生境界。

佚名

荣誉、面子常常是中国人不能静下来做真实自己的最大障碍。我们为了面子常常去做一些看似很体面，其实自己并不喜欢的工作。

这样不仅让我们活得很累，也不会有很大的成就。与其如此，为什么不抛弃别人的看法，做真实的自己呢?

生活中要善于寻找快乐

维多利亚起床后，就阴沉着一张脸，她很是不开心，甚至不停地抱怨上苍不公平，因为她遇到的烦心事太多了。

先是，狗把猫当作了最有趣的抓咬玩物，猫愤怒的嚎叫在房子里炸开。

这还不说，便池堵塞的水溢到了新铺的地毯上。那只猫又跳进了泡菜坛子里，它一脸苦相地拾起爪子，用力甩掉满身的汤水，一边谴责似的望着维多利亚，好像是她故意把它的生活弄得如此痛苦。

维多利亚走进厨房想取一杯咖啡，忽然听到橱柜里传来“咔嚓咔嚓”的声响。她轻手轻脚地打开柜门，一只老鼠竟然正捧着一盒麦圈大嚼特嚼!

维多利亚叹了口气关上柜门，让它尽情享用这顿早餐吧，反正那盒麦圈也毁了，它用不着吃得那么急。

时间一晃就过去了。12个人要来吃晚饭，可维多利亚还没出去采购呢。她的神经立刻紧张起来，对自己大叫：“早告诉你别磨蹭！”

维多利亚把猫锁进卧室，把狗责骂了一通，狗可怜兮兮无辜地望着她，好像根本不明白自己错在哪里。维多利亚穿上外套，身心疲惫地开车向商店驶去。

维多利亚把车在超市的停车场停好，凛冽的寒风用力扯着她的外衣。维多利亚三步并作两步走进超市，顺手抓起一辆购物车，可是车轮子却拐来拐去拒绝前进，还吱嘎乱叫地尖声抗议。她怨气冲天，这真是倒霉极了！

维多利亚决意至少要赢得这场购物车之战。她猛地把车推到收银台旁边，换了一辆车子。还不错，这一辆比较合作，轮子顺滑，悄然无声。终于有一线光明照进了她如此晦暗的一天。

维多利亚站在水果摊前，手捏一只梨时，一阵熟悉的“吱嘎”声刺入耳鼓，显然有人正使用她换掉的那辆推车——不幸的人！

维多利亚转过身正要脱口而出：“您怎么选了这辆该死的车！”可是眼前的一幕却成为她终身难忘的画面：

两位头发花白的老人，满脸沧桑的皱纹，男人左手推着一辆医院运送病人的推车，右手拖着那辆“该死”的购物车。他毫不在意不听使唤的轮子和它发出的噪音，只顾忙着导引推车，好让他的妻子离货架近一些。

她是位鬓角灰白的虚弱的老妇人，有一双碧蓝的大眼睛。她的手脚扭曲畸形，头只能抬起一点点。他不时拿起一只水果，温和地微笑着递给她看，她则笑着点点头。他们用微笑和点头来互相回应，好像根本不在乎自己已经成为别人注视的对象。

有人厌恶地摇着头，竟然把医院的推车弄到商店里来；还有人不以为然地窃窃私语。

维多利亚望着他拿起一个面包，那么轻柔地碰碰她的手。两人的默契使空气里满是爱的气息。维多利亚意识到自己这样直盯着人家不免冒犯，就强迫自己把目光移开，便向奶制品区走去，一边想再瞅一眼这对老夫妻。他们竟像磁石一般吸引着她的心。

可他们已经转到别处去了。维多利亚一直没再看到他们，直至她买完东西回到车上。维多利亚发动马达时，突然发现了那对老夫妻。原来，他们的小货车就停在维多利亚的车旁边，他正把东西放到车子里面，他的妻子就在推车上耐心地等着。

他匆忙走向车后，一阵劲风掀起了妻子身上的毯子。他充满爱意地把毯子四周重新掖好，那神情像是在床前为一个小孩掖被子，然后他俯下身，在妻子额前吻了一下。她举起扭曲变形的手，摸了摸他的脸。然后，他们都回过头来望着维多利亚笑了。

维多利亚也对他们笑了笑，两行泪水不觉滑过了面颊。

佚名

不要老抱怨自己不快乐，其实只要我们能够静下心来，会发现快乐就是这样,它往往在你为着一个明确的目的忙得无暇顾及其他的时候突然来访。快乐也不会等我们去感受，不要说你没有过快乐，因为快乐就在你我身边。

只要你注意去发现,去寻找，快乐是无处不在的。一件小事,一个微笑,都可以是快乐的理由。

命运之上的风景

有一天读史铁生先生的《我与地坛》，文章中，他讲了朋友的一个故事。

他的朋友因出言不逊而遭遇人生的挫折，生活中样样待遇都不能与人平等，于是他便盼望能以他的长跑来获得人生的真正解放。

第一年他在春节环城赛上跑了第十五名，他看见前十名的照片挂在了长安街的新闻橱窗里，于是有了信心。

第二年他跑了第四名，可是新闻橱窗里只挂了前三名的照片，他没灰心。

第三年他跑了第七名，橱窗里挂了前六名的照片，他有点怨自己。

第四年他跑了第三名，橱窗里却只挂了第一名的照片。

第五年，他跑了第一名，可橱窗里只有一幅环城赛群众场面的照片，他几乎绝望了。

读到这里的时候，我去上课了，课堂上，我驰心旁骛，不断猜测着这个人的最后命运：是不是他最后真的悲苦地放弃了，而让自己沉沦了下去？或者他终于幸运地让自己上了一次橱窗，人生开始柳暗花明？或者，他放弃了长跑，选择了另一种让命运转折的方式？总之，一节课，我都揪心于他的命运，并做着种种离奇的猜测。

下课后，我迫不及待地读了故事的结尾。

结尾很简单，简单得超出了我所有的猜测 :“他以 38 岁的年龄最后一次参加环城赛，结果又得了第一名并破了纪录。有一位专业队的教练对他说，我要是10 年前发现你就好了。朋友苦笑一下什么也没说,只在傍晚的时候来园中（地坛）找到我，把这件事平静地向我叙说了一遍。”

“平静”，多么让人震撼的“平静”两个字啊。或许，这就是一个从命运的逆境中走过来的人，呈现给生活的最美的姿容。

马德

人生，就是这样无奈；人生，也必然会遭遇这些无奈。重要的是，我们以何种心态去对待它，文中的主人公在屡遇挫折后，表现出一副曾经沧海难为水的大彻大悟。

所以，他的“平静”才能让人震撼。

一碗幸福的白米粥

米是糯米，锅是沙锅，火是煤火。每天凌晨4时20分，男人准时点着火，锅中放水，米淘好了在水里浸泡着，待水开，放米，大火煮10分钟后，改文火慢熬。

米在锅里扑突突地跳着，男人在炉火旁弯着腰，用勺子一下一下缓缓搅动……

半小时后，男人一手端一碗热气腾腾的白粥，一手端一碟淋了香油的咸菜丝，进卧室，喊女人起床。

女人翻个身，嘟囔一句什么，又睡过去。男人听着女人香甜的鼾声，不忍再叫。

坐在床前，看看表，再看看女人，再看看表。女人却突然从床上弹起来，看表，慌忙穿衣起床，嘴里不住地埋怨，要迟到了，你怎么不叫醒我？他把白粥和咸菜递过去：不着急，还有时间，先把粥喝了。

粥是白粥，不加莲子不加红枣不加桂圆，这样的粥，女人喝了5年。男人和女人结婚的时候，家里没钱摆喜酒，两个人只是把铺盖放在一起，便成了一个家。

新婚之夜，男人端过来一碗白粥，白莹莹的米粥，在灯下泛着亮晶晶的光。

男人说，你胃不好，多喝白粥，养胃。女人便喝了，清香淡雅的粥。温暖的不仅是胃，还有心。

他们在同一个厂里上班，女人常年的早班，男人常年的夜班。男人凌晨4时下班，女人早上5时30分上班。他们在一起的时间，不过短短一个多小时。

男人下班后的第一件事，就是点火，添锅。男人只会熬白粥，他们的经济状况也只允许他煮一碗白粥。就是这一碗白粥，居然也把女人滋养得面色红润。娇美如花。

后来，厂子效益不好，男人下了岗，可是日子还得过下去。男人拿出微薄的积蓄，女人卖掉了母亲留给她的金戒指，凑了钱，开了一家杂货店。

一只碗，一把拖把，一个水壶，利润不过几毛钱，男人却做得很用心。

女人下班了，也来帮着打理店铺。没人的时候，男人和女人坐在一片锅碗瓢盆中间，幸福地憧憬。

男人说：等有钱了，咱把连锁店开得哪儿都是。

女人说：那时候我就不上班了，天天在家变着花样给你做好吃的。

男人说：哪儿还用你做啊，想吃什么，咱直接上饭店去吃。

女人撒娇：不，我就想吃你煮的白粥……

男人便挽了女人的肩，眼睛热热的。男人仍然每天早上4时20分准时起床，点火熬粥。

一边熬，一边盘算着店里缺的货。有时候会分神，粥便糊了锅底。有时候太困打个盹，粥便溢了锅。

有一天早上女人起了床，炉子上的粥正咕嘟嘟翻着浪花，男人的头伏在膝上，睡得正香。女人轻轻抱住男人的头，心，牵牵扯扯地疼。

那以后，女人坚决拒绝男人给她熬粥。她的男人，实在是太累了。

男人的生意越来越顺，到了第七个年头，他的连锁超市果然开得到处都是。

女人辞了工作，做了专职太太。他们买了错层的大房子，厨房装修得漂亮别致。

缺少的，只是烟火的味道，因为男人回家吃饭的时候越来越少。他总是忙，应酬繁多，有时候一个晚上要赶三四个饭局。

开始的时候，女人也埋怨。

可是男人说：还不都是为了这个家？还不是想让你生活得更好一些？后来女人也累了，渐渐地也就习以为常。

女人很久都没有再喝过白粥。

一天，男人突然被通知去参加一个朋友的葬礼。他纳闷：怎么前几天还好好的，今天人就没了？

在殡仪馆里，他看到朋友的遗孀，那个优雅漂亮的女人，一夜之间憔悴衰老。

她哭得死去活来，嘴里絮絮叨叨地说："以后谁送我上班接我下班？谁给我系鞋带紧围巾……"

他窒息，不由地就想到了她，想到那些为她熬白粥的早晨，想到每天她接过那一碗白粥时眼里的幸福和满足。

男人几乎是一路飞奔地往家赶，打开门，却看见女人蜷缩在沙发上睡着了，电视还开着，家庭影院也开着，茶几上扔满了各种时尚杂志……

男人跪在沙发前，手轻轻地拂过女人的头发。女人面色暗淡，细细的皱纹里写满了深深的落寞。

他拿了毛毯去给女人盖。女人却突然醒了，看见他，女人揉了揉眼睛，确定是他后脸上泛起可爱的红晕。

女人慌忙起身：你还没吃饭吧，我去做。

男人从背后拥住她：不，我去做，煮白粥。女人半天没有说话。有温热的泪，一滴一滴，落在男人的手上。

那天，男人一边煮着粥一边想：其实千变万化的粥，都离不了白米粥做底子。而所有的幸福，不过白粥做底、锦上添花。

宿命

什么是寂寞?寂寞是一大群朋友在一起，吃喝玩乐，一起笑，一起醉，但心头的语言，却只能向自己倾吐。

消除寂寞的方式是有知心的朋友，爱人。和知心的人在一起，平平淡淡的生活，其实是最幸福的生活，是沉迷于花天酒地的人无法体会到的生活。

一把开启幸福的钥匙

沙莲娜是美国加州大学最年轻的讲师，比尔是加州一位年轻有为的律师，他们是第一批报名在加州大酒店，举行新创意集体婚礼的。

那天晚上，主持婚礼的司仪给了他们每人一把钥匙，这让他们莫名其妙。

当比尔和沙莲娜赶到属于他们的新房时，发现那个用两颗心叠在一起的锁好别致，比尔掏出自己的钥匙插在左面的锁孔里，门锁不动，换到右面也不行。

比尔让沙莲娜试一下也不行，沙莲娜说两个人一起来，于是比尔把自己的钥匙也插了了进去，同时转动钥匙，门开了。在房间里等待着的有蜡烛、浪漫的音乐。

婚后的日子一直被这种快乐的浪漫包围着。然后，时间把一切有香味的东西都逐渐淡忘了，渐渐地他们在琐碎的日子里开始了争吵、冷战……直至有一天，比尔提出了分居。

沙莲娜在收拾自己的东西的时候，发现了他们新婚之夜酒店奉送他们的用玉石打制的两把钥匙的纪念品，酒店给它起的名字叫“幸福钥匙”，拥有它的人可以凭这一对钥匙免费消费一个晚上，沙莲娜忽然想到一个主意。

比尔不知道沙莲娜为什么非要去加州大酒店里住一晚上然后才同意分居。

他们又一次被分配到了新婚之房，不知怎的，当比尔把钥匙插进锁孔，看了一眼沙莲娜的时候，他一下子好像又回到了几年前，一、二、三，门开了，房间里依然和他们新婚时一样的设计——蜡烛和音乐。

时常，我们抱怨自己与幸福无缘，其实，幸福从未远离过我们每一个人，只是我们自己弄丢了那把开启幸福之门的“钥匙”——就是一颗细腻温柔、易感动且善于发现的心。

佚名

究竟什么是幸福？这是每一个人都试图来解答的问题。生活中有太多的干扰和诱惑，常常使我们看不到幸福的真谛在哪里。

其实，幸福从未远离过我们，只要我们能够静下心来，在淡淡的寂寞中去认真体会，我们会发现幸福就在我们身边。

看似平淡，却很幸福

我家楼后住着两位退休的教师。每天去厨房做饭的时候，我都忍不住朝那个方向多望几眼，看着他们忙碌的身影，感受着他们平淡的恩爱。

刚刚退休无事，他们把周围的几块荒地开垦了出来，种了很多农作物，花生、玉米、芋头等应有尽有。耕种、守护、收获，日子似乎简单而充实。

院子里除了花草飘香之外，正中间是一个乒乓球台，老两口经常切磋球技。

有时候，师娘竟然穿着围裙打球，那样子真是有点滑稽。因为离得近，能清楚地看到他们的表情，听到他们的笑语。他们有时会专心地接发球，有时又乐得前仰后合。

老先生经常很专业地教授师娘接发球的招式，有时师娘会奋力反驳，但每次在他们脸红脖子粗的辩论之后，都是师娘乖乖地点头表示接受。

老先生则总是一副“孺子可教”的架势，满足地回到自己的阵地，继续切磋球艺。

邻居们看着他们一招一式竟然如此讲究，不得不叹服他们的认真。

这个时候，我和丈夫就是他们最忠实的观众，在心里给他们加油的同时，也深深地感动于他们夫妻间的这种互敬互爱。

天有不测风云，师娘突然得了脑血栓，全身瘫痪，从此，家里家外都是老先生一个人在忙碌。

他独自一人把院落收拾得干净利索，种上各种时令蔬菜，独自一人浆洗衣服，独自一人骑车去市场买东西，独自一人承受着生活的悲悲喜喜。

为了让师娘多晒太阳，老先生花了整整一个星期编织了一件宝贝，就是那个到了春天就可以上任的藤椅。

晒太阳是有讲究的，上午8时以后，阳光充足而又不毒辣，老先生就把师娘抱出屋子，小心地放在藤椅上，然后，他拿来小凳子坐在一旁，或读报，或聊天。有时，师娘会微笑地看他侍弄院子里的蔬菜，还不忘唠叨一番，这里的茄子该施肥了，那里的黄瓜该搭架了，油菜该捉虫了……

老先生最惧怕听师娘唠叨，倒不是师娘说话听起来费力，关键是怕唠叨多了会累坏了师娘的身体。

这时候，老先生可是有策略的，他会笑意盈盈地走到老伴的跟前，俏皮地说，你再这样唠叨下去，我可要把你抱起来转圈了啊，你看，那楼上住着的邻居们可都看着呢。

别说，这一招可真灵，师娘必定会住了嘴，还会嗔怪地说一句，你这老鬼，又不正经了。

虽是埋怨，但我分明看到，阳光下，师娘的笑容就像热恋中的少女一样，浸透着无尽的甜蜜。

日出日落，时光每天机械地轮转，日子似乎单调而枯燥。可是每天看见的他们，总是忙碌的身影、平静的表情以及洋溢在脸上的幸福笑容。

总以为，花前月下、卿卿我我，才是幸福。总以为，儿孙绕膝、天伦之乐，才是幸福。看着这极美的风景，你能说他们不幸福吗?

真爱不必言说，爱的真谛就深藏在平平淡淡的生活中，等待着你去体味。

相濡以沫，不离不弃，原来更幸福!

佚名

人生的真爱有很多种，但不管是哪一种，真正的爱不必言说，爱的真谛就深藏在平平淡淡的生活中，等待着你去体味。

多年的坚持，相濡以沫，不离不弃，这看似平淡的爱情，才最幸福，也最浪漫的。

高雅地侍弄生命

有这样一户人家，在那个特殊的年代里，被迫从城里流落到乡下。朋友送他们走的时候，都落了泪。

从小在城里长大的夫妻俩，手无缚鸡之力，除了满脑子的学问，几乎什么农活都不会做。更要命的是，他们的一对儿女还不到5岁呀！一家人该怎么活啊，望着他们远去的背影，朋友们都很担心，而他们的脸上却非常平静，根本看不出痛苦和绝望。

若干年过去了，城里的朋友决定去遥远的乡下看看这一家人。在朋友们看来，这家人一定生活得很凄惨。于是，他们凑了一些钱，到商店里买了所有能够买到的东西，大大小小装了许多包，开始朝一个叫圪塄营的村庄出发。

汽车在坑坑洼洼的土路上颠簸了很长一段时间，才到了圪塄营。这是一个荒凉的小村庄，没有几户人家。

轻轻地走到屋里，朋友们都惊呆了，只见他们一家人围坐在一张破旧的八仙桌旁，桌上，是新沏好的茶水，一缕淡淡的清香飘散在空气中。丈夫、妻子、儿子、女儿，每人手里捧着一本书，在这样一个初夏的午后，正静静地埋头读着。

朋友们都知道，原先在城里的时候，男人就有这样一个习惯：每天午后，跟妻子一道沏一壶好茶，然后在茶香的氤氲中，品茗读书。

没想到这么多年过去了，在这么荒凉的乡下，他们竟然还保持着一个高贵的习惯，几年的艰苦生活，竟没有压垮他们。

据说，这一家人在小村庄里一直这样精神昂扬地生活了近20年。落实政策后，男人又回到了城里，成了一所著名大学的教授，而他们一双在贫穷中长大的儿女，大学毕业后，一个留学于德国，一个留学于意大利。

一个人出生的一刹那，坚强、勇敢、忍耐……人生这些优秀的品质，就像一颗颗种子，一同降落在了生命深处。那些屈服于命运的人，就是在自我的精神世界里放弃了这些种子的人。

而生活中的胜利者，常常是侍弄这些种子的高手。譬如，故事中的那个男人，在生活艰难中，依然饶有情致地组织全家午后品茗读书，就是他对一粒叫作“坚强”的种子最高雅的侍弄。

所以说，这个世界上，只有屈服于命运的人，没有败给命运的人。

高雅的侍弄生命并不是任何人都能做到的，因为这里常常包含了要忍耐常人无法忍耐的寂寞。

耐得住寂寞的考验，你就会对生活中的痛苦和快乐有所感悟，精神灵魂就会得到升华，自然也学会享受寂寞，在寂寞中创造出自己的一番成绩。

怎样培养意志力

有一个中学生总是觉得自己意志力薄弱，于是去向一位著名的心理学家咨询，这位心理学家所写的《怎样培养意志力？》一书至今畅销不衰。

经过诊断，心理学家告诉他一些切实可行的方法，并把这些方法和步骤写在一张纸上。

分手时，又送给他一本亲笔签名的《怎样培养意志力？》，告诉他，把书认真读三遍，并按所列步骤坚持训练，两个月之后必有奇效。

两个月后，这个中学生又来了。

“你训练得怎么样了？”心理学家问。

“没有任何效果。”中学生无精打采地说。

“这是为什么呢？”心理学家十分好奇。

“因为我不知从何下手。”中学生答道。

“怎么可能？我送你的那本书里讲得一清二楚，我还专门为你列出了详细的实施步骤呢！”心理学家说道。

“是的，然而您亲笔签名的书非常罕见，有位同学要出5倍的价钱买，我就把它卖掉了。”

心理学家大跌眼镜，他决定重新修订自己的那本书：把如何抵制金钱的诱惑作为培养意志力的核心内容写进书里。

李诚浩

诱惑是一剂毒药，它会破坏我们心理的平衡，也会扰乱我们的日常行为。

利益是诱惑的一种，世间熙熙攘攘的人们皆为利而来或皆为利而去，真正有意义的人生，就应该能够抵制住各种诱惑。

做你不喜欢做的事

我是一位长跑爱好者，每天早上我都会做5000米慢跑。不论严寒酷暑、刮风下雨，我的晨跑总是坚持着。其实开始时，情况并不如此。

我曾经十分厌恶早起，每天早晨我都赖在被窝里为早起作着激烈的思想斗争。我总是使出吃奶的劲头，才勉强把自己从被窝里拽出来。

真的，你也许会有同感，早上在床上的每一分钟都是如此让人珍惜，很多次我都又迷迷糊糊地打上几个盹儿。

我也同样不喜欢跑步，尤其是长跑，我觉得它又艰苦又乏味，还会让人腰酸背痛。因此，一大早起床跑步，对我来说无异于天方夜谭。那么，我，这个最坚持不下去的懒虫，究竟是如何转变成今天的长跑爱好者的呢？

答案需要追溯到我的祖父那番改变了我一生的教诲。祖父告诉我说，为了成为一位“行动者”，一定要做到自律。他解释道，不论我做什么，也不论我多么努力，如果我不能做到掌握自己，那么，将永远不能发挥出自己最大的潜力，这便是祖父的“梦想者”与“行动者”学说的核心思想，即：克己自制。

祖父引用他最喜欢的名人马克·吐温的一句话，来解释如何做到克己自制：“关键在于每天去做一点心里并不愿意做的事情，这样，你便不会为那些真正需要你完成的义务而感到痛苦，这就是养成自觉行为的黄金定律。”

祖父把这叫作“磨炼法则”，并鼓励我说，我只要能够坚持一个月，我一定能把自己改造成行动者。

我听从了祖父的建议，并选定了晨跑这件对身体有好处但对我来说是那么艰苦的差事，开始亲身实践祖父的“磨炼法则”。

这可真是名副其实的苦差事呀。虽然我知道长跑益处多多，但我仍然讨厌它。我的身体状况很差劲，从家门口到40米开外的信箱，往返一趟就让我气喘吁吁了。

我确实是需要某种有助于提高心肺功能的运动，可我一定也不愿意选择长跑。于是，长跑便成了一件不折不扣的，每天都必须做的不感兴趣的事情。

我的转变非常缓慢。每天早起，却只能得到腰酸背痛的奖励，我有时会感到无比的畏惧。我也总是跑不了几步就气喘吁吁，上气不接下气。

这样子下去，估计“磨炼法则”对我很难生效了，我的克己自制的目标也渺茫了起来，但唯一让我牢记心中的是，我必须强迫自己坚持一个月！我做到了，一些意想不到的事情也就开始发生了。

随着身体状况的慢慢变好，跑步逐渐变得轻松起来，起床也变得不再那么艰难了，月底的时候，跑步这份苦差事似乎不再那么恐怖了，尽管早起仍然有点儿困难、有点儿费劲，但似乎可以克服。

一切都变得越来越容易，越来越自然，直至我竟然不自觉地渴望晨跑！这时，我才开始真正感觉到，原来清晨长跑是一种享受。

让我们看看究竟发生了什么：我只不过是每天早上都爬起来去跑步罢了。然而，清晨长跑竟成了我的一个习惯，成了我的日常行为的一个部分。

“磨炼法则”对于培养克己自制的品质至关重要，克己自制则是充分发挥潜能的关键所在。

杰可·霍吉

自律是进步的阶梯，自律是成功的基石。自制力对人的作用是无处不在的。那些总是在课堂上交头接耳的学生，那些在单位不安心工作的职员，那些在官场上锒铛入狱的官员……这主要不是他们的思想有毛病，而是他们太缺少自律意识。

自己控制不了自己，自己也就成不了自己的主人。这不仅会导致一事无成，而且使得良好品德难以养成，还可能使自己遭到惩罚。

一条道路走到底

她说她只是卖茶的，也永远是个卖茶的。

1987年，她14岁，在湖南益阳一个名叫衡龙桥的小镇卖茶，一毛钱一杯。

茶水盛放在一个个透明的杯子里，上面盖着方方正正的小玻璃片遮挡灰尘。镇上的农贸市场人来人往，她的茶水小摊就设在市场旁边。

因为她的茶杯比别人大一号，所以卖得最欢。没人清楚一毛钱一杯的茶水一天下来她究竟能有多少收成，大家看到的，只是她总在欢欢喜喜地忙碌着。

1990年，她17岁，原来的同行要么嫌卖茶收入太低而早早鸣金收兵，要么转行另谋出路。唯有她，还在卖茶。

只是，她不再在小镇上卖了，而把摊搬到了益阳市里；不再卖最简单地从大茶壶里倒出的茶水了，改卖当地特有的“擂茶”。

擂茶制作起来很麻烦，但也卖得上价，小杯三元，大杯五元。而不管大杯小杯，她的杯子又比旁人的都必须要“胖”一圈。所以，她的小生意又是忙忙碌碌。

1993年，她20岁，仍在卖茶。不过卖的地点变了，在省城长沙，摊点也变成了小店面。

屋子中央摆一个雕茶儿，客人进门，必泡上热乎乎的茶请你品尝。客人尽情享受后出门时，或多或少会掏钱再拎上一两袋茶叶。

不知我们中间有几人能把一杯茶水坚持卖十年之久？何况在如今风起云涌的商界，总是不时冒出各种各样快速致富的神话。

但她做到了，长达10年的光阴中，她始终在茶叶与茶水间打滚。只是，她已经拥有37家茶庄，遍布于长沙、西安、深圳、上海等地。福建安溪、浙江杭州的茶商们一提起她的名字，无不竖起大拇指。

这是1997年，她24岁，正是一个妇人最美丽而成熟的年龄。事业有成又天生丽质的她，甜美的笑容在一本知名财经刊物的封面上格外灿烂地绽放，在照片下有行文字：我的成功没有秘诀，只不过是一条道走到底。

翻开那本杂志的第一页，就能读到有关她的详细报道。在文中的最末一段，她说了本文开头那一句："我只是卖茶的，也永远是个卖茶的。"接着她又说："我一定会一条道走到底。若干年以后，你会发现本来习惯于喝咖啡的国度里，也会有洋溢着茶叶清香的茶庄出现，那也许就是我开的……"

她的名字叫孟乔波，我认识她是在2003年10月16日。仔细看了她递给我的名片，我发现那上面印有香港和新加坡的茶庄地址。

她果真已经把茶庄开到大陆以外去了！面对我采访时的一连串发问，她旧话重提：成功没什么秘诀，只不过是一条道走到底。

蔡成

社会上常有一些人，在年轻时怀有远大的理想，但并不能坚持为理想而长久地奋斗，随着年华的逝去，一事无成。

世界上并不缺少有理想的人，缺少的只是能将理想实现的人。成功属于少数人，那是因为这些少数人能够坚持"一条道路走到底"。

第六辑
成功需要慢慢等待

寂寞使我的内心更充盈，使我的心灵更纯洁，使我生命历程更加鲜艳。寂寞还会让我充满自信，变得更加坚强！

人生路途中的暴风雨是一个筛子。胆小的，思前想后的，都被它筛了下去，留下了最有胆量和最不怕吃苦的人，他们将会见到最美丽的彩虹。

有信念才能成功

鹅毛大雪下得正紧，漫山遍野都裹上了一层厚厚的雪。

有一位樵夫挑着两担柴吃力地往山上爬，他要翻过眼前的大山才能到家。樵夫一脚深一脚浅地走在山地雪路上，寂静的山头只听见脚踩着雪发出“吱吱’的响声。

肩挑沉重的柴，头顶凛冽的北风，樵夫每一步都走得十分费力。好不容易爬了一段路，满以为离山顶近了，可是他抬头仰望，看见前方仍是没个尽头。

樵夫沮丧极了，跪拜在雪地上，双手合十乞求佛祖现身帮忙。

佛祖现身问：“你有何困难？”

“我请求您帮我想个办法，让我尽快离开这鬼地方，我实在累得不行了。”樵夫疲惫地坐在地上。

“好吧，我教你一个办法。”说完，佛祖把手向农夫身后一指说，“你往身后瞧去，看见什么？”

“身后是一片茫茫白雪，只有我上山时留下的脚印。”樵夫不解地说。

“你是站在脚印的前方还是后方？”

“当然是站在脚印的前方，因为每一个脚印都是我踩下去后才留下的。”樵夫理所当然地回答。

“孺子可教！如此即是说你永远站在自己走过路途的顶端。只是这个顶端会随着你脚步的移动而变化。你只需要记住一点，无论路途多么遥远,多么坎坷，你永远是走在自己路途的最顶端，至于其他的问题，你不必理会。”说完，佛祖便消失了。

樵夫照着佛祖的指示，果然轻松愉快地翻过山头回到家。

朵朵

在这个世界上，只要你有坚定的信心，就没有不可抵达的巅峰。对于那些成功者而言，他们之所以成功，不是他们有什么特别的地方，而是他们永不言败，从不肯轻易放弃。你有丝毫的懒惰，丝毫的懈怠，成功都会离你越来越远。

寂寞让我更加坚强

喜欢这种被淡淡的孤独萦绕在心头的感觉；喜欢独自在暗处享受惦记和思念在眼前慢慢地滑过；喜欢香烟的味道在身体周围像晨雾一样飘散；喜欢在清新的早晨，惬意的午后，美丽的黄昏，静谧的夜晚，远离繁华城市的喧嚣，泡上一杯淡淡的清茶，独自静坐在窗前的书桌上，看着时光从格子上渐渐溜走。

于是，寂寞伴着淡淡的忧愁便会在不经意间抚摸着我的心灵，缓缓地爬上我的肩头。

此刻，我会乘着回忆之舟在人生的长河里做一次远距离的航行，重温往日甜蜜的笑、苦涩的泪。我深知，不断地总结得失，在失落中享受获得，在获得中感悟失落，才会让我在都市红尘中永远不会迷失自己。

一直喜欢把生活比作浩瀚无际的大海，而自己就像在大海中航行的一叶孤独的小舟。在寂寞一刻，我常问自己：我的人生目标是什么？我将驶向何方？

记得刚参加工作时我是多么的意气风发、志高远大，“乱石穿空，惊涛拍岸……谈笑间樯橹灰飞烟灭。”就是我当时的雄心胆略。

由于我的长相和气质征服了领导的心，我在单位担任了宣传工作，常常和报社的记者打交道，我最羡慕的是记者的工作，当一名记者成了我当时的愿望。

从那以后，寂寞就开始成了我的伙伴，为了搞好工作，写好文章，我就像一只不停旋转的陀螺，信念和理想时刻鞭策着我永不停歇，我把我的所有时间都安排的满满的，努力学习，勤奋工作。

我每天都重复着跟孤独说话，与寂寞一起思考。在寂寞的培养下一天天长大。

功夫不负有心人，不久我就成了各大报社的特约通信员，我的文章和拍摄的照片都在各大报纸上得以发表。寂寞则带着依恋和忧伤，向快乐而兴奋的我道别……

从此我在公司出了名，人们在茶余饭后都有可能在看我的文章，单位的领导对我也表扬有加。

同事们看见我都是笑口常开，和我亲切的打招呼，“记者”这个名字就成了我的外号。

我也兴高采烈，因为当一名记者就是我的愿望，而我即将实现我的愿望！

可是好景不长，不幸的是我的一篇批评报道引起了一家单位的不满，他们捏造事实，颠倒黑白，把事情告到报社，说我报道失实，要我在报纸上给赔礼道歉。

为了证明我的清白，我付出了沉重的代价，在单位请假一个月去调查，去取证，经历艰辛，最后找到了证据并证明了我的报道与事实完全相符。

但是，没有想到的是我的这一举动引起了公司上层领导的不满：说我一个月没有上班，不发工资，不发奖金。单位的同事也对我指指点点，在我背后窃窃私语。

我一气之下，离开了这家公司，从此放弃了报社的特约通信员，放弃了我心爱的工作。

我发誓：从此以后再也不写作了。

久别的寂寞用热泪盈眶拥抱了我，开始了对我长久的缠绵。为了生活我做起了小生意，整天奔波在火车北站荷花池食品批发市场，用孤独的背影在风里雨里，甚至在汗臭的夹击下穿梭，50千克一袋的白糖被我一只手就可以扛起走，每天都用推车来回送几十趟的货物，中午吃简简单单的面条，深深体味到了生活的艰辛和苦辣！

生意一天天好起来，我在生意场上也认识了不少朋友，寂寞又不知什么时候悄悄地从我身旁离开……

1996年我结了婚，我有了一个漂亮的妻子和一个可爱的女儿，这些让我的生活充满了温馨和甜蜜。

每个星期天我都会开着车带她们出游在郊外，享受着和妻子、女儿一起手牵着手的天伦之乐。

我们养的一只小型的宠物犬，也天天跟着我们的后面，无论是在郊外的草地，还是在城市里的花园、人行道上，它对我们都是形影不离……

这段时间我的生活过的相当充实、潇洒、自在，而且无限的快乐。这段时间是我生命中最美好的日子。

可是我们所做的生意逐渐开始滑坡，市场经济的浪潮，冲击了我们这艘小小的航船，我不得不卖掉了我心爱的轿车，开始了我们简单而节俭的生活。

就在这个时候我的妻子跟着我在生意中认识的一个最好的朋友离开了我，还带走了我的女儿，和那只可爱的小狗……苦涩的往事不堪回首。也让我在很多人面前难以启齿，难以抬头。

我的精神开始崩溃，觉得生活已经没有意义。可是，寂寞又像老情人似的回到了我的身边，伴着我像是离不开的永久的缠绵，安慰着我要我一定要顽强度过今生的余年。是电脑里的网易博客点燃了我写作的欲望，并教会我怎么通过智慧获取财物，我又开始了我的爬格子的嗜好。市场经济的浪潮又推波助澜的让我不断的向前向前……是我的博友依依草熏衣、扬帆、水中浮云、0℃的浪漫等的鼓励让我看见了前进的光明；是石天方、爱拼、一片红等博友老师让我觉得生活得以延续是多么充满意义。

思绪回到了郊外这空荡荡的小屋，抿一口清雅芬芳的清茶，在淡淡寂寞的陪伴中，心灵聆听着我凄凄惨惨的倾诉。我终于彻悟：生活应当重新开始，只要努力，还是可以闯下一片天地！

也许我这辈子都是一个寂寞的男人，但是我却感悟：寂寞的男人更勤奋，寂寞的男人更成熟。在漫漫人生路上，我会永远刻意地保留这份刚毅的寂寞。

寂寞使我的内心更充盈，使我的心灵更纯洁，使我生命历程更加鲜艳。寂寞还会让我充满自信，变得更加坚强！

佚名

爱因斯坦说过："我总是生活在寂寞之中，这种寂寞在青年时使我感到痛苦，但在成年时却让我觉得其乐无穷。"

这里的其乐无穷很好理解，对于一个以探索宇宙的奥秘为己任，希望潜心从事科学研究的人来说，寂寞无疑能够使他静下心来工作。而文中作者多次在寂寞中崛起，也是一个很好的证明。

暴风雨是一个筛子

广州的一朋友给我讲过这样一个故事：

我35岁的时候，考上了一所夜大。每天下班后，要穿越五条街去读书。一天傍晚，台风突然来了，暴雨像牛仔的皮带一样宽，翻卷着抽打大地。

老师还会不会上课呢？我拿不准。那时，电话还不普及，打探不到确切的消息。考虑了片刻，我穿上雨衣，又撑开一把伞，冲出屋门。

风雨中，伞立刻被劈开，成了几块碎布。雨衣阴险地背叛了我，涨鼓如帆，拼命要裹挟我去云中。

我只有扔了雨衣，连滚带爬的前行。渺无人迹的城市中，我惊惶地想到，是不是只有我一个人这样傻？也许今天根本就不上课。

迟疑了片刻后，我仍然咬紧牙，继续向前。好不容易到了学校，贴身的衣服已像海带一般冷硬，牙齿像上了发条似的打战。没想到看门的老人说："从老师到学生，除了你，没有一个人来！"

那一瞬间，我非常绝望，不单极端的辛苦化为泡沫，更有无穷的委屈和沮丧。

老人看我失魂落魄的样子，让我进他的小屋歇口气。喝着他沏的热茶，我心灰意冷。

伴着窗外瀑布般的水龙，老人缓缓地说：“你以后会有大出息。”

我说：“我是一个大傻瓜。”

他说：“所有的学生里，只有你一个人来上学了。看，暴雨是一个筛子。胆小的，思前想后的，都被它筛了下去，留下了最有胆量和最不怕吃苦的人。”

那一刹那，好似空中打了一个闪电，我的心被照得雪亮。也许我不是3000名学生当中最聪明的，但今晚的暴雨，让我知道了，我是3000名学生中最有胆量和毅力的。

从那以后，我就多了份自信。你晓得，天地万物都会齐来帮助一个有自信的人。所以，我就一步步地有了今天的成功。

我说：“那位老人，你是我人生中最重要的导师啊！”

俞杰

作家列宾说过：“灵感不过是顽强的劳动而获得的奖赏”。

关于毅力的名人故事可谓不胜枚举，几乎每一个成功的名人，无不具有坚强的毅力。这种坚强的毅力可以表现在一些对大事的坚持上，也可以表现在一些不起眼的小事上。

扎根山乡三十载

燕山深处，长城脚下，他从事农技推广工作一干就是30年。无论是作为普通技术员，还是作为科技副乡长，他痴心钻研板栗生产技术，先后有“板栗幼树开心、拉枝、磕芽早丰技术”、“板栗盛果期的‘三促两控管理法”、“水浸板栗编织袋保鲜技术”、“板栗初盛果树移植技术”等四项技术获得了国家级发明专利。

他主持攻关完成的“有机板栗生产技术”、“轮替更新、回缩修剪、替码结果”等新技术不仅获得了省市科技进步奖，更重要的是正在全县、全市乃至全省、全国的板栗产区推广。

他先后在全县最主要的三个板栗产地滦阳镇、洒河桥镇和汉儿庄乡任职，每到一处他都把自己的技艺手把手地向当地的农民们毫无保留地传授。

30年的耕耘，他用科技改变了成千上万户栗农的命运，他用为民、干事的精神带富了一个又一个乡镇。

他，就是被乡亲们称为“板栗财神”的河北省迁西县汉儿庄乡科技副乡长安立春。

今年51岁的安立春是个地地道道的山里人，从小他就听说家乡的京东板栗很有名。

1975年，安立春成为滦阳镇的一名农业技术员，然而在走村串户，上山下岭的摸爬滚打中，他发现乡亲们称为“铁杆庄稼”的板栗树带给他的不仅仅是儿时那种自豪感还有一丝莫名的担忧。

迁西北部是京东板栗的故乡，百姓们守着“大自然的恩赐”日出而作，日落而归，板栗的收入占到农民收入的一半以上。但是板栗树生长缓慢，结果周期长，一棵栗树从种到见果至少得15年以上，至盛果期得20年以上，且亩产只有几十斤，由于得不到近期效益，栗农治山植果的积极性受到严重影响，靠板栗致富更是干部、群众遥不可及的梦想。

“京东板栗是老祖宗留下的家产，我有责任、有义务把它发扬光大！”带着这种沉甸甸的责任，带着改变山乡命运的理想，安立春开始了漫长的求索。

他拜名师，钻研书籍，几乎到了痴迷的程度，无数次为了向在杨家峪村蹲点的板栗专家王福堂求教，他骑着自行车翻山越岭走了几十公里山路，有一次回来时由于天黑路窄一头掉到道边的小河沟里。

最严重的是2002年4月在研究山地板栗盆栽效应时，他自己开着扩穴机，放炮震穴，不料机器侧翻，滚烫的水箱水洒了他一身，经诊断为三度烫伤，植皮面积占至他身体的10%。

年迈的老母亲心疼地说：“别再搞板栗研究了，看你冒了多少次险，小命都快搭上了！”

安立春一边安慰母亲及亲戚朋友，一边更加坚定了研究板栗的决心。

半年休养后，他又一次钻进熟悉的板栗林里，为摸索栗树郁闭徒长问题，他拿自家的板栗树做实验，由于螺旋环剥手法不熟练，造成3棵大树枯死，损失上万元。可安立春毫不气馁，直至实验成功。

回首往事，安立春这样解释说：“如果我放弃了就会留下终身遗憾，当时我心里总想，连日本人都在研究咱迁西的京东板栗，我这个栗乡人更要争口气，靠科学技术让我们的板栗数量多起来，品质好起来，让乡亲们的日子富起来！”

功夫不负有心人，安立春很快成了板栗栽培管理方面的行家里手。1986年开始，他联合4户承包了本村的200亩荒山，先上水利工程，栽植板栗5000株，由于采取了嫁接、连年修剪、放炮扩穴等新技术，5年后板栗产量就达5000千克，轰动了全县。

从1991年开始，安立春因科技工作突出被提拔为科技副乡长。

为把自己掌握的板栗管理新技术宣传到栗农手中，发挥最好效益。他每年都要主持举办学习班十几场，开现场会三次以上，还把新技术编成板栗管理“三字经”，编印成小册子无偿发放到栗农手中。

对于贫困的栗农，安立春不仅帮技术，有时还自己掏腰包，提供树苗，跑前跑后帮着筹措资金。对此有些人不理解：当师傅的都得留一手，你太实在了，啥都毫无保留地传授给大伙，人家可都发大财喽！

为更好地向乡亲们传授技艺，他还把妻子、儿子、女儿全都“拉下水”，她们全都成了“土专家”、“田秀才”。滦阳镇黄石哨村是安立春的老家，村民李印海一家七口人，他自己、父亲、母亲和弟弟都是残疾人，还要供两个孩子上学，生活十分困难，为此夫妻俩三天两头吵架。

安立春了解到这一情况之后，主动帮技术、帮资金，帮助老李一家承包了 5 亩山地板栗树，又在 5 亩耕地里建起了高标准矮化密植板栗园，现在李印海一家年收板栗 3000 千克以上，仅此一项可收入 2.5 万多元，靠科学种植板栗实现了脱贫致富，收入多了，生活好了，一家人和睦了，他们逢人便夸：“这都是立春一家子给咱带来的福气啊！”

一分耕耘，一分收获。在安立春的带领下，他所工作过的三个乡镇板栗产量已达到全县总产量的一半。以汉儿庄乡为例，他到汉儿庄乡工作4年，推广他研究的板栗第三代管理技术,使全乡板栗产量连年攀升，已由2002年的1500吨增至4000吨，今年预计将突破5000吨大关，增产200%,全乡人均板栗产量达到250千克，仅此人均实现收入2500元以上。

伴随着全县板栗产业的蓬勃发展，安立春也成为远近闻名的“板栗专家”。此时，一些优厚的待遇，发展的机会也频频向他招手，可他都一一拒绝了。有位板栗营销大户想请他去“单干”，承诺年薪10万，被他婉言谢绝。

安立春说：“我的事业就扎根在这群山、这栗林里，我的人生价值就体现在乡亲们的致富中。”

源于对事业的投入和热爱，安立春一刻没有停止过在板栗产业上的开拓、创新。为解决板栗栽植成活难的问题，他研究实验成功了板栗幼树“开心、拉枝、磕芽、早丰技术”，获得了国家发明专利，实现了板栗“一年栽、二年壮、三年嫁接、四年丰产”的目标。在汉儿庄乡汉儿庄村、小龙湾村联片搞了1000亩示范园,此1000亩是栽植后第四年，2005年亩产达100千克，高产地块达到300千克，河北省林业厅专家几次考察后，将此确定为全省唯一的“板栗新技术示范园”。

近年来，外商对板栗质量要求越来越高，安立春在全乡大力推广有机板栗生产技术，目前全乡已有10个村得到了日本农林省的有机认证，年创外汇1000多万美元。

另一方面，他研究出了板栗结果树的“三促两控管理法”，满足了外商“一级果由500克90粒降至500克60粒”这一近乎苛刻的要求。

汉儿庄乡大韦庄村栗农韦俊来在12亩围山转果园使用“三促两控管理法”后，板栗产量从原来的不稳定的500千克增至1000千克，2004年达到2800千克，2005年达到3000千克，且全部是一级果，今年板栗还未下树，日本客商就与他签订了收购合同。

为解决板栗难储藏，栗农损失严重的问题，他精心研究出了“水浸板栗编织袋储藏法”，据估算每年可为栗农增加效益上百万元。

此外，安立春还注重板栗树下的研究开发，把板栗枝梢做成食用菌棒，树间作食用菌，变废为宝，今年在四楼沟、漆棵岭两个村形成了区域化生产，可创效益200多万元。

扎根山乡三十载，科技富民终无悔。安立春就像一株淳朴而有智慧的板栗树在大山深处不知疲倦地奉献着。

他钻研的板栗管理新技术，在为本地几万栗农年创收益上亿万的同时，正迅速飞出大山，在周边的遵化、迁安、宽城、兴隆、青龙等地，远到邢台、山东、湖北、陕西等板栗产区，他的先进技术正得到推广。

每年，安立春接待各省、市、县及各大院校来他示范园参观考察的人3000多人次。他本人也被授予河北省板栗产业开发先进个人、唐山市科技带头人、唐山市农业科技服务标兵等荣誉称号。

佚名

对于那些享誉全国、甚至全球的著名科学家来说，安立春也许并不是那么耀眼。然而，作为一名普通的农业技术员来说，靠着多年的坚持，他的成绩无疑是令人刮目的。

他发明了很多专利，他造福了一方人，他也因此受到了人们的爱戴。

百折不挠的诺贝尔

诺贝尔出生于瑞典一个贫穷的家庭里。他父亲不得不带领全家到国外去谋生，最后流落到美国。

漂泊的生活，使诺贝尔没有机会受到正规的学校教育，只在学校读过一年书，受过几年家庭教育。

诺贝尔童年时，在父亲劳作的工厂里打杂，多少接触到一点化学知识。从16岁起，父亲送他到美国一家工厂当学徒，在那里他艰苦学习了5年。

诺贝尔目睹了劳工开山凿矿、修筑公路和铁路，都是用手工进行的，体力劳动强度大，效率低。年轻的带贝尔想：要是有一种威力很大的东西，一下子能劈开山岭，减轻工人们繁重的体力劳动那该多好啊！

于是他开始研究炸药了。

起先，一切研究较顺利，他和父亲、弟弟一起发明了“诺贝尔爆发油”。带着这种样品，打算到欧洲继续研究。可人们都认为这很“危险”，没有人愿意出资合作。

后来，法国皇帝—拿破仑三世路易·波拿巴出钱办了一个实验所，他们父子才得到新的实验机会。

不料在一次实验中，不幸的事件发生了，实验室和工厂全部被炸毁，还炸死了5个人，诺贝尔的弟弟当场被炸死，父亲被炸成重伤，从此半身不遂，再也不能陪伴诺贝尔参加实验。

在沉重的打击下，他并未灰心丧气，决心制服“爆发油”的易爆性，造福人类。为了避免伤害实验周围的人，他把个人的生死置之度外，在朋友的资助下，租了一只大船在梅拉伦湖上，经过4年几百次的艰苦而危险的实验,就在硅藻甘炸药试爆的最后一次，他亲自点燃导火剂，仔细观察各种变化，当炸药爆炸声巨响之后，人们惊吼：诺贝尔完了！

可他顽强地从弥漫的烟雾中爬起来，满身鲜血淋淋，他忘掉了疼痛，振臂高呼：“我成功了！我成功了！”

终于在1876年的秋天，他成功地研制了硅藻甘油炸药。之后。诺贝尔又经过13年的研究，终于在1880年又发明了无烟炸药－三硝基甲苯（又名TNT）！对工业、交通运输作出了巨大的贡献！

诺贝尔的一生是光荣而伟大的一生，是不疲倦、勇于奉献、努力学习和工作的一生。

他终身未娶，把毕生的精力都献给了科学事业。他不仅在化学方面研究发明了硝化甘油引爆剂、雷管、硝化甘油固体炸药和胶水炸药而被世人誉为“炸药大王”，而且他对光学、电学、枪炮学、机械学、生物学和生理学等方面也都很有研究。

他一生共获得200多项技术发明专利。他在欧洲、北美洲和南美洲等五大洲的20多个国家建立了100多个公司和工厂，积累了3500万瑞典克朗的资金，是个赫赫有名的大发明家。

佚名

成功从来都是来之不易的，这需要全身心的投入，需要长久的坚持，有时甚至还需要搭上自己的生命。

诺贝尔父子的成功无疑就是这样的，他从年轻时就矢志研究炸药，为此，他终生未婚，他弟弟被炸死，他自己的一生也都投入到炸药的研究当中。于是，他也成为享誉全球的“炸药大王”。

成功需要漫长的坚持

古时候有个叫作乐羊子的人，他娶了一位知书达理，勤劳贤惠的好妻子，她总是帮助和辅佐丈夫力求上进，做个有抱负的人。

妻子常常跟乐羊子说："你是一个七尺男子汉，要多学些有用的知识，将来好做大事，天天待在家里或者只在乡里四邻转悠一下，开阔不了眼界，长不了见识，不会有什么出息的。不如带些盘缠，到远方去找名师学习本领来充实自己，也不白活一世啊！"

日子一长，乐羊子被说动了，就按照妻子的话收拾好行李出远门去了。

自从那天和乐羊子依依惜别后，妻子一天比一天思念自己的丈夫，挂念他在异乡求学的情况，但她把这份惦念埋在心底，只是每天不停地织布干活来排遣这份思念之情，好让乐羊子安心学习，不牵挂自己和家里。

一天，妻子正织着布，忽然听见有人敲门。

她过去开了门一看，简直不敢相信自己的眼睛，站在面前的竟然是自己日夜想念的丈夫。

她高兴极了，忙将丈夫迎进屋里坐下。可是惊喜了没多久，妻子似乎想起了什么，疑惑地问："才刚刚过了一年，你怎么就回来了，是出了什么事吗？"

乐羊子望着妻子笑答："没什么事，只是离别的日子太久了，我对你朝思暮想，实在忍受不了，就回来了。"

妻子听了这话，半晌无语，表情很是难过。她抓起剪刀，快步走到织布机前"咔嚓咔嚓"地把织了一大半的布都剪断了。

乐羊子吃了一惊，问道："你这是干什么？"

妻子回答说："这匹布是我日日夜夜不停地织呀织呀，它才一丝一缕地积累起来，一分一毫地变长起来，终于织成了一整匹布。现在我把它剪断了，白白浪费了宝贵的光阴，它也永远不能恢复为整匹布了。学习也是一样的道理，要一点点地积累知识才能成功。你现在半途而废，不愿坚持到底，不是和我剪断布一样可惜吗？”

乐羊子听了这话恍然大悟，意识到自己错了，不由得羞愧不已。他再次离开家去求学，整整过了七年才终于学成而返。

佚名

乐羊子妻以她的远见和勇气帮助丈夫坚定了求学的意志，而他也终于以惊人的毅力克服困难，坚持学习。

这一切都告诉我们学习需要持之以恒的精神，不是一蹴而就的事，我们应该磨炼自己的意志，不懈地努力。

刻苦铸就成功

相传，晋代王羲之在木板上写了一篇祭文，后来人们为了换写一篇新的祭文，要把木板上的祭文削去，足足刨了三分厚才把王羲之写的祭文墨迹刨光。从此，人们便以“入木三分”来形容王羲之写字的功力深厚。

这故事虽然有点夸张，但王羲之的书法，史称“飘若浮云，矫若惊龙”，“为古今之冠”，却是名不虚传，至今仍为不少书法家称赞和仿效。他的一手好字，是由刻苦练写得来的。

王羲之，字逸少，晋司徒王导的侄儿，父亲王旷曾为淮南太守。王羲之在青少年时期就不慕荣利，很少与官场人交谈，而是一心一意学习，特别是练习写字。

当时，太尉郗鉴派门生前往司徒王导家求亲，想把自己的女儿嫁给王导的儿子。

王导说 ：“我的几个儿子都在东厢，你看看哪一个合适 ？”

郗鉴的门生跟着王导来到东厢，只见王导的儿子们个个整装端坐，装模作样，希望被选中，只有王羲之却毫不在乎，披着衣服，露着肚皮，坐在床上，一边吃东西，一边练写字，根本不为郗家来选女婿所动。

门生回到太尉府，将所看到的情况向郗鉴报告，并说 ：“王司徒的儿子个个英俊漂亮，只有那个王羲之……”

门生话未说完，郗鉴哈哈大笑说 ：“王羲之这样的人，正是我要寻找的佳婿呀！”就这样，王羲之作了太尉郗鉴的女婿。

王羲之从小就喜欢练字。他父亲王旷也很爱写字，常拿出一本名叫《笔说》的字书去学习写字，写后又像宝贝一样把它藏在枕中。这个秘密被王羲之发现了，等父亲外出，他就从枕中拿出那本《笔说》来，像父亲那样照着书中的要求偷偷练写。

这天，他正在看《笔说》，不想父亲突然回来了，生气地说 ：“你何敢私偷我的藏书 ？”

王羲之不好意思地笑了笑。母亲在一旁帮忙说 ：“儿啊，你不是想拿来练写字的吗 ？”

父亲转怒为喜，说 ：“你想练字，这是好事，我支持你。可你年纪太小。这本书是很难得到的，我怕丢失，所以藏起来。等你长大了，我把它送给你。”

“我现在就想用这本书来练字。”王羲之歪着小脑袋看着父亲，请求说，“你现在就给我吧！不然，等我长大了，我小时的聪明就被埋没了！”

“好，好！现在就送给你。”父亲见王羲之说得有理，就把《笔说》送给他。

从此，王羲之就根据《笔说》中的要求，天天练写字。《笔说》是前代书法家写字的经验总结，它对王羲之写字有很大帮助。

王羲之刻苦练写，不到一个月，字已经写得很像样了。当时曾名噪一时的书法家卫夫人，看到王羲之写的字，大吃一惊，感叹说 ：“这孩子真了不起，小小年纪写的字便能符合笔诀的要求，老练有力，不久就会超过我了！唉，后生可畏啊！”说罢，流下了两行热泪。

然而，王羲之并不满足于已有的成绩。他得到父母的允许，躲在山谷的幽静处，专心致志，全力以赴地练字。既模仿三国魏钟繇下笔如神的隶书、楷书，又模仿东汉书法家“草圣”张芝的草字法。

纸张用完了，就写在竹叶、树皮、木板、山石、纱布等上面，凡是能写字的东西都给他写遍了。

写完了，擦掉再写，反复练习，长达20年之久。功夫不负苦心人，王羲之终于成为冠绝古今的书法家。

王羲之由于练得一手好字出了名，朝里的大官都想找他写字留念，推荐他为侍中、吏部尚书、护军将军等高官，都被他谢绝了，最后推辞不掉，才接受了一个右军将军的头衔，因此人们也称他为“王右军”。

佚名

王羲之的书法是中国书法领域一个无人可以超越的高峰，其《兰亭序》更是名垂千古，享誉中外。王羲之这些成就的取得，自然和他的勤奋，和他在显赫之家，竟能排除各种干扰，静下心来的苦练有很重要的关系。有了这种精神，他取得如此大的成就已不足为奇了。

除了奋斗，我别无选择

辞去铁饭碗，自荐搞推销

1988年夏，我从复旦大学经济系毕业，先是分在老家黑龙江的机关单位里工作，不久，便辞了职，重又回到上海。

促使我辞职的原因是：我想重塑自己，干一番属于我自己的事业，即使失败了，也绝不会因虚度年华而后悔——至少，我做过自己想做的事情。

然而，今后工作的方向在哪儿？我没有底，只能孤身一人来到了川沙，漫无目的地走在乡间小路上，突然看到了上海霞飞日用化工厂的大门，我下意识地走了进去，却从此开始了我打工的篇章。

厂里安排我在办公室工作，我感到这还是不能实现自己的理想。我在书上看到国外许多大企业家是从推销员开始做起的。

于是，我决定以销售作为我创业的开始。我甚至梦想有朝一日，自己会成为松下幸之助那样的销售高手。

可是到了销售科，我看到的情况却不容乐观：人人都在忙自己的事情，谁也没理会我这个还有点儿自以为是的大学生，没有人告诉我应该怎么做，也没有人告诉我不该怎么做，没有人给我提供任何一点儿经验。对我来说，一切都是陌生的，所有的一切都要重新开始。

我先是四处发信，请求家里人和朋友们对我进行经济援助，陆陆续续凑了8500元，这对出校门不久的我来讲，已是一笔巨款了。

销售科唯一提供的支持是一大摞空白合同、一只合同章和几箱样品，科长告诉我将来回款的3.5%归我个人，从货发的当天开始算，3个月后每过一天扣货款总额的0.5‰。

临出门，科长还嘱咐我一句："你这几箱样品的钱将来在你提成中扣除，看你初来乍到，挺可怜的，就先不收你钱了。"

1989年4月11日，我踏上了南去的列车，开始了我的推销旅程。

首次出征，身穿西装，睡在大客车底下

动身的那天，我心里充溢着一股"壮士一去不复返"的悲壮之情。

在火车站的书摊上我买了两本书，一本叫《如何做一个谈判赢家》，另一本叫《如何使你的对手折服》，希望从中学到些招数，热蒸现卖。

我带了块塑料布，把它铺在座位底下，尽管被很多各式各样的脚在脑袋上踢来踢去，还要忍受各种脚丫子的臭味，我总算是头脑清醒地到了厦门。

火车是午夜2时到达厦门的。由于后半夜仍开业的旅馆都是很贵的，住一宿至少要花七八十元，我经济上承受不了，因此，我选中了一个根本不用花钱的地方，铺上塑料布，钻了进去。

那是一辆大客车的底下，我先是把货物一箱箱折腾进去，又四脚着地爬了进去，还在身边点了一圈蚊香，以防厦门蚊子拿我做美餐。

早上6时，我被一阵引擎的巨大噪音惊醒。我杀猪般嚎叫起来："别开！压死人啦！"

司机跳下车来朝我笑着说："我看见你了，逗你玩呢！"

我恼羞成怒地从车底下钻出来，脸被排气管喷得黑鬼儿似的，过往行人都瞅着我笑。人家不明白这位拎着密码箱、西装革履的绅士为什么会钻到车轱辘底下去。

许多年以后，我以一个旁观者的目光回首昔日："一个瘦小的黝黑的北方青年拖着行李车，慢慢地走在人流熙攘的道路上，目光迷茫，像一个迷失了方向的流浪汉。"

下午，我找到了厦门百货公司。其实我该找的是厦门百货站，可我当时分不清百货站和百货公司，以为是一回事。

一位姓吴的经理接待了我。我以一种学生请教老师的谦逊进入了谈判。吴经理一言未发，看了我许久说："我现在太忙，晚上如果有时间我去你住的地方谈，你现在住什么地方？"

我稍稍犹豫了一下，猛地想起刚才路过的一个星级宾馆叫"鹭江大厦"。我总不能告诉人家我是住在大客车轱辘底下吧！我知道如果自己看起来很穷酸，会失去对方对我的信任。我一阵心跳，开口就答："我住鹭江大厦。"

吴经理又问："几号房间？"

我反应还算快，"207号房，不过我刚才跟服务员说过要调房间，等会儿回去再将新的房间号打电话告诉您……"

后来我才知道鹭江大厦的二楼是餐厅，根本没有207号房。也不知道吴经理有没有注意这一点。

我飞也似的跑到楼下，拉起寄存在卖冰棍老太太那儿的行李车奋不顾身地奔向鹭江大厦。大厦的服务小姐对我说："120元的房间都订满了，只剩下170元的，您订吗？"

我点了点头，声音颤抖地说："订！"

小姐领着我打开房间，一进屋我差点儿掉下眼泪来：人间居然有如此豪华亮丽的地方？这样的地方也是我能住得起的？170元，比我老父亲一个月的退休金还多。

我拎起电话把房间号告诉吴经理。

还好，他总算跟我签了3万多元的合同。夜里，我拿着合同欢喜得不得了。

那一夜，我根本没有睡着觉，还不如住3块钱一宿的小旅店踏实。折腾到后半夜，我又想起万里之外的家乡，想起了操劳一生的父母，他们永远不知道人间还有这么好的住处。

今夜，他们的儿子躺在那么柔软的席梦思床上，而我那半痴半瘫的母亲却躺在脏兮兮的、炕席卷起边的小土炕上……

遭冷遇，跟踪上门

泉州是我的福建之行的第二站。当时的泉州百货站是福建省内较大的一家百货站，是经营化妆品的商家的必争之地。我跃跃欲试，打算花些力气拿下这块宝地。

我找到郑科长的办公室，热情洋溢地大踏步走了进去，还伸出一只可怜巴巴、一厢情愿的手。

郑科长正同很多人谈生意，白了我一眼，冷冰冰地问：“有事吗？”

我尴尬地缩回手来，自我介绍说：“我是上海霞飞厂的推销员……”

郑科长打断了我的话：“你们的蜜类化妆品不太好卖。”

我说：“生意做不做都不重要，关键是认识一下，建立些联系，以后……”

看样子郑科长对“以后”不感兴趣，连我递过去的烟都不接，脸上的表情极不耐烦，说了几句他干脆不再理我，继续和别人谈话。

我见没人搭理，就自己在门口找了张椅子坐下 心想，你只要不揪我脖领子把我从办公室里扔出去，我就坐在这儿不走，不达目的誓不罢休。

大约有半个小时，我一个人傻乎乎地坐在那儿，脸红一阵白一阵，走也不是，留也不是。大家对我的存在置若罔闻。我狼狈不堪，汗流浃背。

屋里又来了几位客人，郑科长挥手把我从椅子上赶了起来。我晕头转向地走到门口，脚下还被什么东西绊了一下，真是太狼狈了。

一瞬间，我真想抄起板凳或是花盆什么的对这位郑科长狠下毒手。我想我毕竟还是受过高等教育的大学生，而这个一脸俗相的家伙竟把我当叫花子打发。可我脸上却依然是一副笑嘻嘻的、无羞无耻的表情。

快到下班时间了，郑科长忙完了业务，大概注意到了我可怜巴巴的、羔羊般的眼神，终于觉得有些于心不忍。他走过来缓和了口气说："小伙子，我不是不跟你做，你们厂的膏霜类产品在这儿实在不好卖，而且我们此类产品库存也太大。"

我抓住机会，连珠炮式地说："南方膏霜类没北方需求量大，但竞争对手也少呀！没有名气可以创出名气，我们正准备大量投放广告；库存大，我们可以帮你调整；我可不是那种丢下货就不管的推销员……"

几句话后，他大概觉得我这人还有点灵性，有些头脑和层次。再一聊，发现我原来是个大学生，他的态度渐渐温和起来，还叫人给我倒了杯水。

我决定对他发起"人情攻势"。

这实在是没有办法的办法。我清楚自己借了那么多钱出来，如不背水一战，没有后路。我不能失败，必须成功。

我把行李寄存到招待所后，又来到百货站门口，等着郑科长下班。我像电影中的小特务一样躲在一旁探头探脑。好在泉州不大，郑科长的家离单位也不太远。

侦察好郑科长的家后，我转身去菜市场买了两大兜高档蔬菜、海鲜和水果，外加两瓶四特白酒，加起来大约有个200元钱吧。"金利来"一类的名牌物品我送不起，他也可能司空见惯了，还不如来点儿实惠的。

我心脏怦怦打鼓，哆哆嗦嗦地敲门。郑科长打开门后，见我站在门口，吓了一跳，"你干吗？"他吃惊地瞪大眼睛，上上下下地打量我这个不速之客。他做梦也没想到，我竟然神不知鬼不觉地突然从天而降，杀到他家门口来了。

"我……我……"一时间，一种莫名其妙的情绪涌上心头，我木呆呆地站在那儿一句话也说不出来，原先想好的话，准备好的台词和表情全都飞到九霄云外。一下子，我眼圈红了，眼泪差点儿掉下来。

我支支吾吾地说："郑科长，小何刚跑销售，刚到你这边，别的不说什么，真的，太难了……"

郑科长也愣了，说："你看你，这是干什么？赶紧进屋。"

一进屋，事就好办多了。郑科长被我的诚意所打动，感情距离马上拉近了。吃了顿饭，喝了瓶酒，说一说我的身世和经历，郑科长二话没说，抬手就签了8万元钱的化妆品和13万元的一车皮洗衣粉。他说："小何，你也真不容易，看你这个小孩挺好，算是大哥帮你的忙。"

后来，我和郑科长真的成了好朋友亲兄弟。几年后我离开了化妆品界，他还逢人就打听我的情况。

发自内心的忠告

经过我的努力，我的销售额逐渐在上升。

可不知为什么，我在心情一直郁郁寡欢，总有一种莫名其妙的失落感。也许是大学生走上社会之后那种巨大的心理落差在起作用。销售科里"小三子"的处境与我当初豪情万丈、胸怀大志的理想相去太远。

我想每一个走上社会的大学生都有同样的经历和感受吧。这也许就是人们常说的大学生走上社会后的"不适应症"。

不过我想我还是属于心理摆得平的那种人，也能很快地调整自己，并努力去适应社会。

我常在心里告诫自己：夹起你的尾巴，你不过是个穷人家的孩子，如果不是赶上读大学的机遇，你不过是个靠捡破烂和出卖苦力过生活的小人物。事实上，你身上没有任何值得骄傲和炫耀的东西……

有时候我见到那些"初生牛犊不怕虎"的大学生，他们的那种自信和优越感是写在脸上的。我就想，当初我是不是也和他们一样?

经常听到一些眼高手低的大学生牢骚满腹，总觉得自己怀才不遇。我真想诚恳地告诉他们："放下架子，学吧，练吧，人人身上都有值得你学习的东西。"

几乎所有大学生对"棱角"一词的理解都是褒义的，认为没有"棱角"的人就是没有个性，没有个性的人就不是一个完整的人。其实，我本人也是一个"棱角"分明，个性突出的人。只是面对自己无力改变的世界，我只能收起自己的个性，藏起自己的"棱角"，使自己能够尽快融入社会的大群体当中去，否则，我将失去生存的机会。

先承认受约束，然后才有自由；先适应，然后才能创造。两者的顺序是不能颠倒的。

我就是这样一步一步走过来的。

何 慕

刚刚走出大学的年轻人既有风华正茂，挥斥方遒的书生意气，但是由于缺乏实际工作经验，所以他们特别容易遭遇挫折。

要想顺利从学生过渡到一个成熟的人，就必须要静下心来，耐住性子，放下架子，多学、多练。

坚持是一种赢的姿态

一位资深的广告公司文案人员在接受记者采访时，当记者问她成功的感悟时，她只说了两个字："坚持。"

6年前，她是一家棉纱厂的下岗人员，除了爱好文学之外，她一无所长。

那年夏天，她深爱着的那个乖男孩也向她提出了分手，男孩说，他的妈妈觉得女孩子不能没有工作。

她笑笑，看着男孩远去。

为了爱情，她来到了这家只要有创意不必有文凭的广告公司。

应聘的有上百人，大都是美院和艺术学校的大学生，他们朝气蓬勃，青春焕发，他们才华横溢，且有得奖作品。在招聘过程中，她一遍遍地问自己：是不是应该放弃？直至轮到她时，她的心中还在问自己：是不是应该放弃？

她看到了和蔼可亲的经理。就在他善意的一笑中，她突然有了勇气。

她想搏一搏。幸运的是，经理爱好文字，文人之间总有别人无法言传的默契，更重要的是，经理读过她的诗。

很传奇的，她被录用了。

但是她很快发现了自己与别的创意人员的差距，她的点子经常不能想到刀刃上，等到别人设计出来，她才有一种如梦方醒的感觉。

广告公司的收入按照业绩取酬，整整六个月，她的工资都是最低的，除了勤杂工，就数她了。

她觉得自己并不适合这份工作，所以她想过要放弃，当有人因为承受不住工作压力而转行时，她随时都想把口袋中的那张辞职报告拿出来。

但是，她不愿就这样输了。

其实她有那个天分，只是在文学和文案之间，还有一段过渡的时期。6个月后，她的第一个创意被公司采纳。再一个月后，她为一家实力雄厚的公司作的广告词，那家公司竟然没有改动一个字。

那两则成功的创意驱散了她内心世界的黑暗，希望的曙光已经降临。

从此她的创意点子如火山一样喷发，有时候甚至连她自己也不明白自己居然如此适合干广告策划这一行。

成功也许真的只是一种“坚持”，当成功与失败的比例是三比七时，坚持的时间越长，成功的机会就越大。凡事坚持，不屈不挠，才能拥有赢的姿态。

佚名

天无绝人之路，路就在自己脚下，决定权永远属于你自己，只要你选对了方向并且坚持不懈地走下去，那么你一定会走到胜利的彼岸。

也许途中充满荆棘与艰险，但你要始终坚信：坚持到底，就一定会赢！

成功可以从细节中看出来

现在日本有1万多家麦当劳分店，一年的营业总额突破40亿美元大关，创造这一辉煌业绩的藤田田，年轻时就有一段不平凡的经历。

1965年，藤田田毕业于日本早稻田大学经济学系，毕业之后随即在一家大型电器公司工作。

1971年，他开始创立自己的事业，经营麦当劳生意。麦当劳是闻名全球的连锁速食公司，采用的是特许连锁经营机制，而要取得特许经营资格是要具备相当的财力和特殊资格的。

而藤田田只是一名才出校门几年，毫无任何资金支持的上班族，根本无法具备麦当劳总部所要求的75万美元存款和一家中等规模以上银行的信用支持的苛刻条件。

只有不到5万美元存款的藤田田，看准了美国连锁速食文化在日本的巨大发展潜力，决意要不惜一切代价在日本创立麦当劳事业，于是绞尽脑汁东凑西借起来。

事与愿违，5 个月下来只借到 4 万美元。面对巨大的资金落差，换作一般人也许早就心灰意冷了。然而藤田田却偏有对困难不低头的勇气和锐气，偏要迎难而上遂其所愿。

于是在一个风和日丽的早晨，他西装革履满怀信心地跨进住友银行总裁办公室的大门。藤田田以极其诚恳的态度，向对方表明其创业计划和求助心愿。在耐心地听完他的陈述之后，银行总裁回答："你先回去吧，让我再考虑考虑。"

藤田田听后，心里即刻掠过一丝失望，但马上镇定下来，恳切地对总裁说了一句："先生，可否让我告诉您，我那 5 万美元存款是怎么来的？"

"那是我 6 年来按月存款的收获，"藤田田说道，"6 年里，我每月坚持存下薪资奖金，分文不动，从未间断。6 年里，无数次手头拮据的时候，我都咬紧牙关，硬撑了过来。有时候，碰到意外事故需要额外用钱，我也照存不误，甚至不惜厚着脸皮四处借贷，保持固定存款。这是没有办法的事，我必需这样做，因为跨出大学门栏的那一天我就立下宏愿，要以10年为期，存够10万美元，然后自创事业，出人头地。我坚信，在小事上熬得过的人才能做成大事。现在机会来了，我一定要提前开创自己的事业……”

藤田田一口气讲了20分钟，总裁越听神情越严肃，并向藤田田问明了他存钱的那家银行的地址，然后对藤田田说：“好吧，年轻人，我下午就会给你答复的。”

送走藤田田后，总裁立即驱车前往那家银行，亲自了解藤田田的存钱情况。柜台行员了解总裁的来意后，说了这样几句话：“哦，是问藤田田先生啊！他可是我接触过的最有毅力、最有礼貌的年轻人。6年来，他真正做到了风雨无阻地准时来我们银行存钱，老实说，这么严谨的人我真是佩服得五体投地！”

听完行员说明后，总裁大为动容，立即打通了藤田田家里的电话，告诉他住友银行可以毫无条件地支持他创立麦当劳事业。藤田田追问了一句：“请问，您为什么要决定支持我呢？”

总裁在电话那头感慨万千地说道：“我今年已经58岁了，再过两年就要退休，论年龄我是你的两倍，论收入我是你的40倍，可是，直至今天我的存款却还没有你多……我可是奢侈惯了。光说这一句，我就自愧不如，对你敬佩有加了。我敢保证，你会很有出息的，年轻人，好好努力吧！”

佚名

做事情要有毅力和恒心,每个人都知道，但不一定能做到。成功可以从一个人日常生活中的一个小细节中看出来。

藤田田能够在6年的时间里，厉行节约，坚持储蓄，仅从一件事中就可以看出他是一个有毅力的人。因此，他也能够成为一个干大事的人。

十年磨“一山”

“我不想懵里懵懂地活着，作为一个男人，我必须去挑战生命中的极限。”老潘熟练地从口袋里掏出一个打火机，眯起眼，点燃一支烟，深吸一口，在烟雾缭绕中，他那张瘦削的脸显得分外刚毅。

10年前，老潘承包了浙江省富阳市胥口镇金慈村深山处近300亩的荒山野岭，日升日落，斗转星移，经过10年孤独而艰难的开荒，山上绿了，老潘老了。

如今顺着48岁的老潘的手指远远望去，竟是满眼的青山碧水：100多亩葱郁的板栗林，100多亩碧水鱼塘，山坡平地上明亮的楼房。可一旦想起10年间的开荒历程，坚强的老潘还是会热泪盈眶。

开荒种板栗成“山人”

如果没有动开荒种板栗的心思，老潘的生活还是挺滋润的。老潘是退伍军人，1978年在山西当铁道兵，1984年退伍来新登酿造厂工作，妻子在富阳经营一家酒楼，膝下有一个漂亮聪慧的女儿，三口之家其乐融融。

其间酒楼生意非常红火，几年后老潘手头有了积蓄，于是他开始寻找新的项目。

1996年，板栗在市场上还是稀有之物，当时板栗市场价是7元钱一斤，而且需到淳安、桐庐分水等处批发才能确保货源，老潘觉得这是个商机。

“板栗的培育期至少得8年时间，8年后即使价格降至两元钱一斤，只要大批量种植，利润也应该十分可观。”老潘抱这样的想法，离职到家乡金慈村包下了近300亩的荒山开垦，成了板栗种植专业户。

这一干就是10年。为了加快开荒的进度，一年也就回富阳的家一两天，20平方米的简陋小瓦房就是老潘长年的栖息之地。一张床、一张桌子、一张椅子、一个灶头，再加一片荒山，构成了老潘的整个世界。

“因为这里离村子太远，6 年后我这小瓦房才接了电灯。每天凌晨 5 时出门开山，晚上 22 时回屋休息，屋里没有灯，就点起蜡烛抽闷烟。”老潘说，前几年真有点与世隔绝，那种孤独和寂寞是常人无法想象的，有时深夜无法入睡，就跑到山上去呐喊或唱唱军歌。

开荒不仅是身体上的劳累，还有资金上的困境。开荒后两年，由于缺乏资金雇不起小工，开荒中途停滞。

此时，妻子提出两个选择：要么开酒店，要么开山。老潘毅然选择后者，1999年他转让了富阳的酒楼，更加努力地开垦起荒山。

板栗绿了妻子走了

“我如果决定要干的事情，无论遇到多大的困难一定会干到底，绝不后悔。”老潘的这句话正是他性格的真实写照。

做农业开发本来就是投入大、效益慢的事业，这点老潘早有准备。直至2000年山上的板栗成了林，100亩的水田被老潘挖掘成鱼塘，那一年板栗虽没结果，可是鱼却收获了2500千克；2001年3600棵板栗初次结果，收成有250千克，老潘心里乐了。

而正值老潘心里有了点阳光时，不幸也跟着降临。2001年年底老潘由于劳累过度，爬山时脚跌断了，去医院动了手术，进了钢板固定。

“山上的板栗需要喷农药、除草、施肥。”治疗的两年中，不管脚有多痛，老潘依旧上山干活，还要给小工煮饭。有次深夜痛得厉害，卧在小屋床上无人知晓的老潘，听着窗外的风雨声不禁失声痛哭。“路是我自己选择的，无论多苦我都要一个人承担，不愿家人为我分担什么。”

由于老潘一年四季上山开荒，长年与妻子两地分居，这样的状况让老潘的婚姻生活亮起了红灯。2003年下半年，相伴了13年的妻子和他离了婚。

“即使散了家，我的事业也不能丢。”老潘说，对这片荒山他投入了太多的心血，他不能无疾而终。拿到绿本本的老潘第二天又开始忙碌起来。

板栗丰收又想建休闲农庄

2004年9月初，老潘终于迎来了板栗丰收的喜悦季节，而却苦于找不到板栗销售渠道，每天看树上板栗一颗一颗往地下掉，心里万分着急，无奈之下只有带着一筐大板栗去求助，想为10000多斤的优质板栗找经销商。

经过推销，老潘共接到270多个求购板栗的电话，板栗一时供不应求，乐坏了老潘。由于老潘的板栗园依山傍水，空气清新，经推销后，前后光顾板栗园的游客多达2000多人，游客们吃农家饭、钓鱼，回去时顺便打几斤板栗回去，游劲很足。本只想卖板栗的老潘，于是萌生了建休闲生态农庄的想法。

"现在板栗园形势很不错，每年收成都能很快脱手。自从两年前外出推销之后，这里的名气就大了，来这里观光板栗园的人一拨又一拨，算起来有好几千人呐。"老潘指着新造的房子对面两座山头绿绿的板栗树，眯着眼憨厚地笑着说，只是当时他这儿太简陋，连个休息的地方都腾不出来，有点怠慢了客人。当时他就梦想着在这山坡上建个休闲生态农庄。

农庄有了雏形理想变得更高远

老潘是个敢想敢做的人，2004年10月份，他就把黄土山路拓宽，铺成了石子路，这样轿车就可开进来了。去年6月，又开始造新楼房，现在楼房已在装修阶段，内有厨房、卫生间、客房等，站在二层楼的阳台上放眼望去满满的青山碧水，很是惬意。

如今有人称老潘为"庄主"时，老潘会不好意思的挠挠头。他认为现在离他心目中的农庄还很远，"心目中的农庄应该是设施齐全，除了种植园还有宾馆、餐厅、垂钓场所等，呵呵，可是我没那么多资金，还是实际点。接下来我要在种板栗的两座山头上修建两个小凉亭，山坡上再造几个小木屋，到时板栗熟了城里人可来这里搞个'板栗游'，游客摘完板栗可在凉亭里先休息或在我的鱼塘里钓鱼、摸田螺，用餐时间吃农家菜和土鸡炖板栗，鸡是我自个养的土鸡，蔬菜自个种的，什么辣椒、茄子、番茄、南瓜等想吃啥就有啥，客人会在这里住得舒服吃得开心玩得尽兴。"老潘比划着和记者说起他的"农庄蓝图"，一脸的兴奋。

佚名

退伍军人老潘承包300亩的荒山，10年来，以惊人的毅力将荒山变农庄，显示出军人的坚强和刚毅。

这种看似简单的坚持，实际上是付出了常人无法付出的代价—健康、家庭幸福。但是老潘坚持下来了，所以他取得了成功。

将梦想付诸实施的毅力

他今年26岁，很年轻，学法律出身，却对历史充满了兴趣。他是湖北人，5岁时跟爸爸到书店里逛，一本《上下五千年》的书吸引了他，爸爸问他是不是喜欢历史？

他茫然地回答：什么是历史啊？

那本书定价5.6元，而当时爸爸的月薪是30元，但爸爸还是给他买了书。在随后的7年里，他把这本书看了11遍，熟稔中国的历代皇帝。

由此发端，看历史书竟成了他的业余爱好，让当时痴迷电子游戏和香港录像片的同龄人惊奇不已。上中学的时候他就读完了《二十四史》和《资治通鉴》，这些用文言写的史书连大学里的历史系的学生都感到挠头，但他觉得，要想写出生动的文章，必须读那些枯燥的书。因为陈独秀和鲁迅这些名教授深厚的国学根底，就是与他们早年的私塾教育不无关系。

但令人啼笑皆非的是，痴迷历史的他历史成绩并不好，原因很简单，他的看法和教科书上的不一样。

而且他觉得，历史应该是有趣的，不是教科书式的简单的年代、人物、事件、意义的罗列，更不是各种各样不平等条约的累积。因此，写出让人们喜欢阅读的真正的历史，是他的一个梦想，只不过，这个梦想在强大的高考面前，只能仅仅是个梦想而已！

他是家中的独子，所以，为了父母殷切的目光，他痛苦地准备高考，最后，考上了一所不知名的大学，他觉得在那所大学里，老师没有教会他什么。

直至现在，他连那所学校的校名都不愿意提起。他在大学四年，完全是自学，他不谈女朋友，不去网吧玩通宵，自己一个人呆在教室里看书，看自己喜欢看的历史书！

有时候到深夜了，他抬头一看，空荡荡的教室里只有他一个人，再看外面，寂静的校园里早已是人迹全无。

毕业后，他参加了公务员考试，并且顺利通过。他成了广州市的一名公务员，参加工作六年后，他仍然保持了大学时的习惯：不抽烟，不喝酒，不交际，下班后就回到家看书。终于，他有了把梦想付诸实施的念头——重写明史！

写史书历来是历史学家的事情，而他，一个小小的公务员居然有了这个念头。他不管别人怎么看，开始动手写自己心中的历史。每天晚上，他要写4小时至6个小时，为了保持清醒的头脑，他一天要洗几次凉水澡，洗得皮肤都过敏了，但他仍然坚持着。

为了梦想而坚持！

很快，他发在天涯上的帖子受到了追捧。他的帖子吸引了众多网友，并且拥护者和反对者发生了激烈对抗。他转而在新浪和搜狐上开了博客，在没有任何宣传的情况下，他的博客点击率居然很快达到了300万。

他那通俗易懂、生动有趣的文章，吸引了小至7岁的儿童、大至70岁的大学教授在内的众多人的追捧。

他就是《明朝那些事儿》的作者明月，这个到现在仍不愿意透露真实姓名的小公务员，依然淡泊名利，他去凤凰卫视录节目时，穿的是洗得领子都卷了的衬衫，普通的一个人，却因为对梦想的执著追求，成为中国最不普通的公务员。

梦想给了他腾飞的翅膀，在庄子的《逍遥游》中，那个有着三千里长翅膀的大鹏之所以能飞上九万里的高空，所借的是海上的飓风，而托起当年明月翅膀的风，则是他不甘于平凡生活，对理想执著追求的坚强意志。每个人都有梦想，所缺的，只是将梦想付诸现实的勇气和毅力。

佚名

耐得住寂寞是人们成功的前提条件。

在成功之前，通往梦想的路上也许只有形单影只的自己，寂寞可能会如洪水一般吞噬你的热情和意志。然而，当你在寂寞中一路走来时，你会蓦然发现，道路已在你眼前铺展，梦想已在闪闪发光，触手可及。

坚持与命运对弈下去

人若以命运来划分，大致可以分为两种：一种生来就走运；一种生来就倒霉。台湾残疾画家谢坤山就属于后一种，似乎生来就和好运无缘，而与倒霉结伴，倒霉了一次又一次，也倒霉得一塌糊涂，简直成了“倒霉家”。

由于家境贫寒，没钱供他读书，所以谢坤山很早就辍了学。不过，生活贫困也使他早熟，他很小就懂得父母的劳苦与艰辛。因而从12岁起，他就到工地上打工，用他那稚嫩的肩膀支撑着这个家。

然而，命运偏不垂青这个懂事的孩子，总将灾难一次次降临到他的头上。16岁那年，他因误触高压电，失去了双臂和一条腿；23岁，一场意外事故，又使他失去了一只眼睛。随后，心爱的女友也悄然离他而去……

面对接踵而来的打击，谢坤山并不抱怨，也没有因此沉沦。但为了不拖累可怜的父母，也为了不拖垮这个特困的家，他毅然选择了流浪。带着一身残疾上路，独自一人，与命运展开了搏斗。

在流浪的日子里，谢坤山一边忙于打工，挣钱糊口；一边忙于公益，救助社会。后来，他渐渐地迷上了绘画，他想重新给自己的人生着色。

起初，谢坤山对绘画一无所知，他就去艺术学校旁听，学习绘画技巧。没有手，他就用嘴作画，先用牙齿咬住画笔，再用舌头搅动，嘴角时常渗出鲜血。

少条腿，他就“金鸡独立”作画，通常一站就是几个小时。他尤其爱在风雨中作画，捕捉那乌云密布、寒风吹袭的感觉……然而就在他最困顿的时候，一个名叫也真的漂亮女孩，不顾父母的强烈反对，依然走进了他的生活。

有了一个支点，从此谢坤山更加勤奋作画，到处举办画展，作品也不断地在绘画大赛中获奖。苦心人，天不负。后来，他终于赢得了人生的残局。

他不仅赢得了，还拥有了一个美满的家；而且赢得了事业，成为很有名的画家；同时也赢得了社会的尊重。他的传奇故事，在台湾早已家喻户晓，成为无数青年的楷模。

曾有人问他：“假如你有一双健全的手，你最想用它做什么？”他笑着说：“我会左手牵着太太，右手牵着两个女儿，一起走好路。”

其实就是一盘棋，而与你对弈的是命运。即便命运在棋盘上占尽了优势，即使你剩下一炮的残局，你也不要推盘认输，而要笑着面对，坚持与命运对弈下去，因为起死回生往往就在坚持中！

佚名

大凡成功者都是孤独而执著的，身体健全者如此，身体残障者亦如此。

因为耐得住寂寞，是人思想灵魂修养的体现，是难能可贵的一种风范，更是一个人排除干扰，关注目标，积聚能量所必不可少的条件。

天下没有免费的午餐

大多数人都想快速发达，但是却不明白做一切事都必须老老实实地努力才能有所成就。只要还存有一点取巧、碰运气的心态，你就很难全力以赴。不要梦想中彩票，或把时间花在赌桌上。这些一夜之间发达的梦想，都是人们努力的绊脚石。

自从传言有人在萨文河畔散步时无意间发现金子后，这里便常有来自四面八方的淘金者。他们都想成为富翁，于是寻遍了整个河床，还在河床上挖出很多大坑，希望借助它找到更多的金子。的确，有一些人找到了，但更多的人却一无所得，只好扫兴而归。

也有不甘心落空的，便驻扎在这里，继续寻找。彼得·弗雷特就是其中的一员。他在河床附近买了一块没人要的土地，一个人默默地工作。

为了找金子，他把所有的钱都押在这块土地上。他埋头苦干了几个月，直至土地全变成坑坑洼洼，他失望了——他翻遍了整块土地，但连一丁点金子都没发现。

6个月以后，他连买面包的钱都没有了。于是他准备离开这儿到别处去谋生。就在他即将离开的前一个晚上，天下起了倾盆大雨，并且一下就是三天三夜。

雨终于停了，彼得走出小木屋，发现眼前的土地看上去好像和以前不一样：坑坑洼洼已被大水冲刷平整，松软的土地上长出一层绿茸茸的小草。

“这里没找到金子，”彼得忽有所悟地说，“但这土地很肥沃，我可以用来种花，并且拿到镇上去卖给那些富人。他们一定会买些花装扮他们的家园。如果真是这样的话，那么我一定会赚许多钱，有朝一日我也会成为富人……”

彼得仿佛看到了将来，美美地说：“对，不走了，我就种花！”于是，他留了下来。彼得花了不少精力培育花苗，不久田地里长满了美丽娇艳的各色鲜花。他拿到镇上去卖，那些富人一个劲儿地称赞：“瞧，多美的花，我们从没见过这么美丽的花！”他们很乐意付少量的钱来买彼得的花，以便使他们的家变得更富丽堂皇。

5年后，彼得终于实现了他的梦想，成了一个富翁。

佚名

天下没有免费的午餐，同时，要想收获常常也不是短暂的劳动就能够有所收获的。彼得用几月的时间，才培育出第一棵花；用5年的时间，才成为一个富翁。

人生中的奋斗常常要比彼得的奋斗时间要长。这要求我们要能够耐得住寂寞，只有这样成功才会来敲门。

成功要承受挫折

她第四次登上了自己熟悉的奥运冠军领奖台。这一刻，所有围绕着她的喧嚣都停止了，也只有在这样的时刻，她才回归到了她作为一个运动员的本质，她就是“跳水皇后”郭晶晶。

成功就是耐得住寂寞

5岁练跳水，12岁进国家队，当时伏明霞是女子跳水的一座高峰，一座郭晶晶用了7年才跨越的高峰。

事实上，真正“打败”伏明霞的是时间，但是这个艰难攀登的过程，却成了郭晶晶一生中最重要的沉淀期，即使这期间伴随着无尽的伤痛。

1996年亚特兰大奥运会，年仅15岁的郭晶晶第一次登上了奥运舞台。在此之前的奥运选拔赛上，郭晶晶其实战胜过伏明霞。但是初出茅庐的小丫头和久经大赛锤炼的国家队“一姐”，同场竞技，结果在比赛没有开始前就已经注定。

比赛中，郭晶晶紧张得连转体动作都未能完成，最终，伏明霞夺冠，郭晶晶第五名。那时候的郭晶晶觉得自己轻飘并且渺小。

“当初的记忆已经模糊了，只记得能获得奥运会参赛资格就非常兴奋了。”很多年后，郭晶晶觉得亚特兰大奥运会是一次重要的磨炼，而不是失败。

此后，伏明霞宣布退役，郭晶晶凭着艰苦的训练，成长为国家跳水队新“一姐”，她先后收获世锦赛和世界杯冠军，唯独没有奥运会金牌。

成功就是能承受挫折

在郭晶晶的跳水生涯中，两次摔断过腿，脚踝也长时间受伤病困扰，她都一路坚持下来了。对于郭晶晶，这些都不算挫折，唯一让她有严重挫败感的是2000年悉尼奥运会。

1999年，伏明霞复出并顺利获得参赛资格。2000年悉尼奥运会成了中国跳水队两任“一姐”的较量。

郭晶晶在预赛、半决赛领先的情况下最终功亏一篑。“赛前的备战特别艰苦，我们提前100多天就到济南，整天宿舍、跳水馆两点一线，最后几乎到了崩溃的边缘。”虽然，拿银牌不能说是失败，但是，四年的拼搏就这样付诸东流，郭晶晶彻底被击溃了。那天她想过放弃。

但是，郭晶晶最终选择用训练忘记伤痛。从那以后，她更加发奋，几乎每次训练都把自己练得筋疲力尽，像跟自己较劲一般，跟命运较劲。“失败的滋味很苦，但那是生动的一课，之后我更加努力。现在看来，悉尼奥运会是促成我上了一个台阶的重大因素。”

成功就是要登上顶峰

之后四年，郭晶晶在国内外赛场大包大揽。2004年雅典奥运会，郭晶晶终于实现了奥运夺冠的梦想。

“比赛中我几乎感觉不到外界的任何东西，只想着我的动作，其他什么都不能影响我。一个一个动作跳完了，金牌也就到手了。之前无数次想象夺金牌后会怎样怎样，会兴奋得不行。得到了之后的感觉和想象的还是不一样，确实高兴，内心里也有些激动，只是到不了想象中的程度。”

之前强大的心理压力，漫长的等待与奋斗，风雨之后终于迎来彩虹，这一刻，反倒内心如清水般宁静而安详。

坚持，是郭晶晶运动生涯的鲜明印记，四年之后又一个四年，郭晶晶没有止步。

从2007年墨尔本世锦赛到世界系列赛再到奥运选拔赛，以及国内年度第一的各项赛事，从单人至双人，除了美国大奖赛的金牌之外，她包揽了所有金牌。

在她的博客上，有这么一句话：成功就是强迫自己不断干下去。

佚名

和高手同台竞争既是不幸，也是有幸。

说不幸，想当初伏明霞如日中天的时候，郭晶晶虽然很努力，但一直是配角。

说有幸，是因为有高手在的时候，郭晶晶体会到了寂寞无人知的滋味，她忍住了寂寞的考验，在寂寞中默默提高自己的水平，这才奠定了她在后来成为中国新一代的“跳水皇后”的稳固基础。

坚持才能成功

也许还有很多人不知道原一平是谁，但在日本寿险业，他却是一个声名显赫的人物。日本有近百万的寿险从业人员，其中很多人不知道全日本20家寿险公司总经理的姓名，却没有一个人不认识原一平。

他的一生充满传奇，从被乡里公认为是无可救药的小太保，最后成为日本保险业连续15年全国业绩第一的“推销之神”，最穷的时候，他连坐公车的钱都没有，可是最后，他终于凭借自己的毅力，成就了自己的事业。

1904年，原一平出生于日本长野县。他的家境富裕，父亲德高望重又热心公务，因此在村里担任若干要职，为村民排忧解难，深受敬重。

原一平是家中的老幺，从小长得矮矮胖胖的，深得父母亲的宠爱。可能是被宠坏的缘故，原一平从小就很顽皮，不爱读书，喜爱调皮捣蛋，捉弄别人，甚至常常与村里的小孩吵架、斗殴。

甚至于老师教育他，他竟然拿小刀刺伤了老师，父母对他实在无可奈何了。

23岁那年，原一平离开家乡，到东京闯天下。他的第一份工作就是做推销，但是碰上了一个骗子，卷走保证金和会费就跑了。为此，原一平陷入了困境之中。

1930年 3 月27日，对于还一事无成的原一平是个不平凡的日子。27岁的原一平揣着自己的简历，走进了明治保险公司的招聘现场。

一位刚从美国研习推销归来的资深专家担任主考官。他瞟了一眼面前这个身高只有 145 厘米，体重 50 千克的“家伙”，抛出一句硬邦邦的话:“你不能胜任。”

原一平惊呆了，好半天回过神来，结结巴巴地问 :“何……以见得？”

主考官轻蔑地说 :“老实对你说吧，推销保险非常困难，你根本不是干这个的料。”

原一平被激怒了，他头一抬:“请问进入贵公司，究竟要达到什么样的标准？”

“每人每月1万元。”

“每个人都能完成这个数字？”

“当然。”

原一平不服输的劲儿上来了，他一赌气：“既然这样，我也能做到 1 万元。”

主考官轻蔑地瞪了原一平一眼，发出一阵冷笑。

原一平“斗胆”许下了每月推销1万元的诺言，但并未得到主考官的青睐，勉强当了一名“见习推销员”。

没有办公桌，没有薪水，还常被老推销员当“听差”使唤。在最初成为推销员的七个月里，他连一分钱的保险也没拉到，当然也就拿不到分文的薪水。为了省钱，他只好上班不坐电车，中午不吃饭，晚上睡在公园的长凳上。

然而，这一切都没有使原一平退却。他把应聘那天的屈辱，看作一条鞭子，不断“抽打”自己，整日奔波，拼命工作，为了不使自己有丝毫的松懈，他经常对着镜子，大声对自己喊：“全世界独一无二的原一平，有超人的毅力和旺盛的斗志，所有的落魄都是暂时的，我一定要成功，我一定会成功。”他明白，此时的他已不再是单纯地推销保险，他是在推销自己。他要向世人证明：“我是干推销的料。”

他依旧精神抖擞，每天清晨 5 时起床从“家”徒步上班。一路上，他不断微笑着和擦肩而过的行人打招呼。

有一位绅士经常看到他这副快乐的样子，很受感染，便邀请他共进早餐。尽管他饿得要死，但还是委婉地拒绝了。

当得知他是保险公司的推销员时，绅士便说：“既然你不赏脸和我吃顿饭，我就投你的保好啦！”他终于签下了生命中的第一张保单。

更令他惊喜的是，那位绅士是一家大酒店的老板，帮他介绍了不少业务。

从这一天开始，原一平的工作业绩开始直线上升。到年底统计，他在 9 个月内共实现了16.8万日元的业绩，远远超过了当时的许诺。

公司同仁顿时对他刮目相看，这时的成功让原一平泪流满面，他对自己说：“原一平，你干得好，你这个不吃中午饭，不坐公车，住公园的穷小子，干得好！”

1936年，原一平的推销业绩已经名列公司第一，但他仍然狂热工作，并不因此满足，他构想了一个大胆而又破格的推销计划，于是找保险公司的董事长串田万藏，要了一份介绍日本大企业高层次人员的“推荐函”，大幅度、高层次地推销保险业务。

因为串田先生不仅是明治保险公司的董事长，还是三菱银行的总裁、三菱总公司的理事长，是整个三菱财团名副其实的最高首脑。通过他，原一平经手的保险业务不仅可以打入三菱的所有组织，而且还能打入与三菱相关的最具代表性的所有大企业。

但原一平不知道保险公司早就有被严格遵守的约定：凡从三菱来明治工作的高级人员，绝对不介绍保险客户，这理所当然地包括董事长串田。

原一平为突破性的构想而坐立不安，他咬紧牙关，发誓要实现自己的推销计划。他信心十足地推开了公司主管推销业务的常务董事阿部先生的门，请求他代向串田董事长要一份“推荐函”。

阿部听完了原一平的计划，默默地瞪着原一平不说话，过了很久，阿部才缓缓地说出了公司的约定，回绝了原一平的请求。

原一平却不肯打退堂鼓，问道：“常务董事，能不能自己去找董事长，当面提出请求？”

阿部的眼睛瞪得更大了，更长时间的沉默之后，说了5个字：“姑且一试吧。”说罢，挤出一个难以言状的笑容，打发了原一平出门。

等了几天，终于接到了约见通知，原一平兴奋不已地来到三菱财团总部，层层关卡，漫长的等待，把原一平的兴奋劲耗去大半。

他疲乏地倒在沙发里，迷迷糊糊地睡着了。不知过了多长时间，原一平的肩头被戳了几下，他愕然醒来，狼狈不堪地面对着董事长。串田大喝一声：“找我什么事？”

还未清醒过来的原一平当即被吓得差点说不出话来，想了一会儿才结结巴巴地讲了自己的推销计划，刚说：“我想请您介绍……”

就被串田截断：“什么？你以为我会介绍保险这玩意？”

原一平来前曾想到过请求被拒绝，还准备了一套辩驳的话，但万万没有料到串田会轻蔑地把保险业务说成“这玩意”。他被激怒了，大声吼道：“你这混账的家伙。”

接着又向前跨了一步，串田连忙后退一步。“你刚才说保险这玩意，对不对？公司不是一向教育我们说：‘保险是正当事’吗？你还是公司的董事长吗？我这就回公司去，向全体同事传播你说的话。”

原一平说完转身就走了。

一个无名的小职员竟敢顶撞、痛斥高高在上的董事长，这使串田非常气愤，但对小职员话中“等着瞧”的潜台词又不能不认真思索。

原一平走出三菱大厦，心里很不平静，他为自己的计划被拒绝又是气恼又是失望，他无可奈何地回到保险公司，向阿部说了事情的经过。

刚要提出辞职，电话铃响了，是串田打来的，他告诉阿部刚才原一平对自己恶语相加，他非常生气，但原一平走后他再三深思。串田接着说：“保险公司以前的约定确实有偏差，原一平的计划是对的，我们也是保险公司的高级职员，理应为公司贡献一份力量帮助扩展业务。我们还是参加保险吧。”

放下电话，串田立即召开临时董事会。会上决定，凡三菱的有关企业必须把全部退休金投入明治公司，作为保险金。

原一平的顶撞痛斥，不仅赢得了董事长的敬佩，还获得了董事长日后充满善意的全面支援，他逐步实现了自己的宏伟计划：3年内创下了全日本第一的推销纪录，到43岁后连续保持15年全国推销冠军，连续17年推销额达百万美元。

1962年，他被日本政府特别授予“四等旭日小绶勋章”。获得这种荣誉在日本是少有的，连当时的日本总理大臣福田赳夫也羡慕不已，当众慨叹道：“身为总理大臣的我，只得过五等旭日小绶勋章。”

1964年，世界权威机构美国国际协会为表彰他在推销业作出的成就，颁发了全球推销员最高荣誉——学院奖，他也升为明治保险的终身理事，业内的最高顾问。真正是功成名就了！

尽管原一平功成名就，但他根本不愿意停下来，还要继续工作，他的太太埋怨说：“以我们现在的储蓄已够终生享用，不愁吃穿，何必每日再这样劳累地工作呢？”

原一平却不以为然地回答：“这不是有没有饭吃的问题，而是我心中有一团火在燃烧着，这一团永不服输的火在身体内作怪的缘故。”

原一平用自己一生的实践书写了作为一个伟大的推销员、一个优秀的推销员应该具有的技巧。他要把这些技巧告诉每一个普通人、每一个即将走向成功的人。

佚名

在当今社会中，保险推销员无疑是最难做的一种。因为，推销是一条孤独而寂寞的路，遭到的白眼和冷遇都远远超过其他行业，然而，独一无二的原一平用自己的汗水和勤奋、韧力和耐心走过了这条荆棘路，创造了世界奇迹。

坚守铸就世界最著名的“农民”

在当代中国，许多学生课本上都曾出现过这样一句让国人无比自豪的话：“我们用仅占世界7%的耕地养活了占世界22%的人口。”

这是一个创举，更是一个奇迹，这一奇迹的产生是与一个人的努力密不可分的，这个人的名字叫袁隆平。

少年时代的袁隆平兴趣广泛，喜欢音乐，爱好体育，尤其酷爱游泳。1949年夏天，当父亲问即将高中毕业的袁隆平未来的选择时，他毫不犹豫地回答：“做一个农业科学家。”这一刻的选择注定了袁隆平的一生与水稻结下了不解之缘。

1960年春天，一个偶然的机会，袁隆平在他的水稻试验田中发现了一株与众不同的水稻，它比一般水稻高出许多，稻穗足有手掌那么大。

早在重庆读书期间，袁隆平便接触到了当时欧美著名的遗传学家孟德尔和摩尔根创立的染色体、基因遗传学说，知道它对良种繁殖发挥着重大作用。

那一刻，袁隆平决定对这株鹤立鸡群的水稻的基因进行研究。这株水稻共结出170粒稻种，袁隆平精心地把它们收集起来。

第二年，他把这些种子撒在瓦罐的培养土里，然后等小苗长大后再栽插到试验田里。然而结果却令袁隆平大失所望，那株原本优势很明显的种苗，其后代的性状发生了分离，居然没有一株赶上其前代。

袁隆平凝视着变异的稻株，突然眼前一亮，灵感顿时涌上心头：那“鹤立鸡群”的稻株，是品种间的杂交优势现象，很可能是一株天然杂交稻的第一代！

水稻杂交有优势，这是袁隆平从实践中得到的一个突破性的结论，这一发现让他从此踏上了一条通往成功的路。

这一发现让袁隆平萌生了利用这种杂交优势提高水稻产量的设想。

1970年11月3日的上午，袁隆平的两位助手冯克珊与李必湖一同来到一座铁路大桥旁的一块沼泽地，李必湖在寻找中发现了一株长得很异常的野生稻。

当李必湖断定这是一株野生的雄性不育稻株后，二人怀着欣喜的心情，小心翼翼地将这株比金子更贵重的野生雄性不育稻株连根带泥挖出来，用衣服包住，带到试验田里。

同时，李必湖给正在北京作理论探讨的袁隆平发去了一封报喜电报。袁隆平当即为这棵野生不育稻株命名为“野败”，其含义就是野生的雄性败育稻。

“野败”的发现，为袁隆平的杂交水稻事业打开了突破口，这株“野败”为杂交水稻科研事业的发展带来了契机，也使袁隆平和他的助手们在杂交水稻的探索中出现了一个重要的转机。

为了尽快开拓一条杂交水稻的高产之路，1973年初春季节，袁隆平亲自在海南岛南红基地培植了10千克杂交水稻种。

回长沙后，他把这些杂交水稻种分给他的助手们试种。以后的20年，杂交制种技术从科研成果迅速转化为生产力。

自1976年至1988年，全国累计种植杂交水稻12.56亿亩，累计增产稻谷1000亿千克以上，增加总产值280亿元，取得了巨大的经济效益和社会效益。

1979年，受世界各国同仁之约，袁隆平开始出访世界各国，帮助不同肤色的民族培育水稻。他多次赴菲律宾、印度、越南、马来西亚、缅甸等国家，指导当地科学技术人员培育杂交水稻；赴美国、英国、法国、意大利、日本等发达国家登台讲学，传授技术，培训农业技术专家，用自己的努力，为解决世界粮食短缺问题作出了杰出的贡献。

1981年，国家将第一个特等发明奖授予袁隆平及他的研究小组，袁隆平也因此获得联合国教科文组织“科学奖”等8项国际大奖，并被国际同行誉为“杂交水稻之父”。

1982年的初秋季节，马尼拉洛斯巴洛斯国际水稻研究所，国际水稻界的又一次盛会在这里举行。

会议开始后，国际水稻研究所所长斯瓦米纳森博士庄重地将袁隆平引向主席台。

随即，投影机在屏幕上打出袁隆平的巨幅头像，头像下方，显示出一行特大号的黑体英文字：杂交水稻之父袁隆平。报告大厅里立刻掌声震动，经久不息。

国际上甚至把杂交稻当作中国继四大发明之后的第五大发明，誉为“第二次绿色革命”。袁隆平，成为人类绿色革命的使者。

在湖南有一个名叫曹宏球的普通农民，袁隆平发明的杂交水稻使他和乡亲们过上了好日子。

于是，他拿出自己多年辛勤劳动所得的近50000元钱，请人雕刻了一尊几乎和真人一样大小的袁隆平汉白玉雕像，按当地风俗，在雕像胸前披红戴花。在雕像竣工时乡亲们放鞭炮，载歌载舞，让“袁隆平”与自己一起分享丰收的喜悦。

1996年首届湖南省公祭炎帝陵活动在罗霄山脉中段的炎陵县举行，他们请来了袁隆平当主祭人，让他点燃公祭圣火。在圣火燃烧的瞬间，人们仿佛看到了当代神农氏在点燃希望与丰收的火种。

袁隆平有两个心愿：一是把“超级杂交水稻”合成；二是让杂交水稻走向世界。为了实现这两个心愿，他从成绩与荣誉中解脱出来，淡泊名利，对于众多的头衔和兼职，能辞去的坚决辞去，能不参加的会议绝对不参加，心中只有杂交水稻。

他希望杂交水稻的研究成果不但能增强我们国家自己解决吃饭问题的能力，同时也为解决人类仍然面临的饥饿问题作出更大的贡献。

世界杰出的农业经济学家唐·帕尔伯格写了一部名著，叫《走向丰衣足食的世界》。书中写到“袁隆平为中国赢得了宝贵的时间，他增产的粮食实质上降低了人口增长率。他在农业科学的成就击败了饥饿的威胁。他正引导我们走向一个丰衣足食的世界”。

国际水稻所所长斯瓦米纳森博士评价袁隆平说：“我们把袁隆平先生称为杂交水稻之父，因为他的成就不仅是中国的骄傲，也是世界的骄傲。他的成就给人类带来了福音！”他认为，袁隆平的杂交水稻有希望解决整个世界的饥饿问题。

1999年6月，由湖南省农业科学院牵头，联合国杂交水稻工程技术研究中心等5家法人股东，共同出资筹建“袁隆平农业高科技股份有限公司”，袁隆平领导的国家水稻工程技术研究中心占有25%的股份。

2000年12月11日，我国第一家以农业科学家的名字冠名的上市公司“袁隆平农业高科技股份有限公司”（简称“隆平高科”）在深圳证券交易所挂牌上市。“隆平高科”股票发行价为12.98元，当日开盘价为27.89元，收盘价为40.37元。袁隆平院士作为该公司的股东，拥有250万股，一跃而成为中国历史上第一位靠农业科学技术成为亿万富豪的知识分子。

2004年10月，中国超级杂交稻第三期目标现场实测在深圳市龙岗区进行。有关专家对48亩实验田的超级杂交水稻晚稻的实测结果表明：水稻稻谷结实率达95%以上，每亩高产847千克。

以上结果表明，“杂交水稻之父”袁隆平的“超级稻”取得四大突破：超级杂交水稻晚稻亩产量高，稻谷结实率高，稻谷千粒重高，筛选出适合华南地区种植的两个我国新型香米新品种。这一结果标志着中国超级杂交稻育种研究继续领跑世界。

2004年10月14日，世界粮食组织在美国艾奥瓦州得梅因市开会，将代表了这一领域最高奖励的“世界粮食奖”颁发给了中国农业科学家袁隆平，以表彰他“为人类提供营养丰富、数量充足的粮食所作出的突出贡献”。

有人估算，时至今日，仅“袁隆平”这三个字的品牌价值就高达1008.9亿元，这一数字让那些曾经对农业研究的商业价值不屑一顾的人不得不对这一领域刮目相看，同时更让和袁隆平一样苦苦奋斗在农业战线上的科技工作者们认识到了自己所从事的行业的广阔前景。

载誉归来的袁隆平院士，2004年10月25日在中南海得到了中央领导的亲切接见，对他为中国农业发展乃至世界粮食生产作出的杰出贡献表示诚挚的感谢。

这个让我们骄傲的“杂交水稻之父”，用自己数十年的努力回答了美国经济学家布朗博士提出的尖锐命题：“21 世纪谁来养活中国人？”一个铿锵有力的回答是：中国人自己！

朱砂

袁隆平得到的荣誉是巨大的，无论是在中国，还是在外国，人们都称呼他为“杂交水稻之父”。这巨大荣誉的取得来之不易。

20世纪六七十年代，多少个日日夜夜，他在试验田、在实验室、在书桌前，辛苦工作，终于培育出了高产的杂交水稻。

成功源自寂寞中的坚守

西北，给人印象很深的一点是干旱、寒冷以及风沙很多的恶劣气候条件。这些因素严重阻碍着当地农业发展和生态环境的改善。面对贫瘠的黄土地和严酷的自然条件，有些人可能会望而却步，而他却在这里辛勤耕耘三十载，播撒绿色的希望，追逐心中的梦想。

从外表看，他是一位典型的西北人，朴素，内向，低调，普普通通。可他却做着优化中国北方农耕结构、改变国家油菜种植格局的重要工作。

他叫孙万仓，甘肃农业大学农学院教授、博士生导师，甘肃省领军人才第一层次人选。

“冬油菜北移是一件具有战略意义的大事”

孙万仓教授与油菜结缘始于 28 年前。28 年来，他先后主持、参与国家科技支撑计划项目、公益性行业（农业）科研专项经费项目、国家自然科学基金项目、科技部农业科技成果转化资金项目、甘肃省科技攻关项目、国家“863”重点专项等研究项目 10 余项，主持培育出“陇油 1 号”、“陇油 2 号”、“陇油 3 号”、“陇油 4 号”、“陇油 5 号”等 5 个春油菜新品种和“陇油 6 号”、“陇油 7 号”、“陇油 8 号”等 3 个冬油菜新品种，获省科技进步二等奖 3 项、三等奖 2 项。

2002年，孙教授出人意料地停止了已经积累丰富经验并取得巨大成功的春油菜育种工作，几乎是从零开始，转向北方旱寒区冬油菜育种研究领域。

众所周知，我国油菜生产分为冬油菜和北方春油菜两大产区。北方地区通常极端最低气温为零下22.7度至零下35.0，年降雨量100毫米至300毫米，年平均蒸发量高达1657.1毫米至3000毫米。由于气候严寒、干旱，冬油菜不能越冬，只能种植春油菜。

同时，这一地区又是一个迫切需要发展冬油菜生产的地区：一是由于冬油菜本身的产量、含油率及品质高于春油菜与其他春播油料作物；二是由于冬油菜是很好的冬春季覆盖作物，对环境脆弱、沙尘暴常发的北方地区尤其具有重要意义；三是我国食用植物油严重短缺，60%食用植物油依赖进口，由于人口增加和耕地的减少，这种趋势很难在短期内逆转。而我国北方旱寒区有耕地5.5亿亩左右，冬闲地约有3.5亿亩。这些冬闲地如果发展冬油菜生产，对于北方种植结构的改善、国家食用植物油生产以及生态建设，将具有极不平凡的意义。

但是，由于自然条件的制约，特别是北方旱寒气候和巨大的蒸发量，要发展冬油菜生产，解决冬油菜的西移、北移问题，选育抗寒、抗旱品种是面临的最大挑战。

面对这一挑战，一向喜欢想事、做事的孙教授没有迟疑，开始了这在很多人看来不大可能完成的任务。早在1995年，他就默默地开始了冬油菜育种材料的收集和抗旱、抗寒材料的培育。

2002年起开始在省内外的旱区、寒区进行冬油菜的试验示范；2007年他根据自己多年对北方地区农业生产发展存在的问题、自然环境状况和对油菜的认识、理解以及多年来大量试验研究依据，在国内首次提出在北方旱寒区发展冬油菜生产、建设我国北方冬油菜生产新区的新思路和观点，并得到科研和生产实践的证实。

“我是个比较执著的人。认准的事情，我喜欢去尝试，即使失败，也想弄清楚失败的原因”，“农业科学研究的目的就是解决农业生产中的实际问题，作为农业科技工作者，我们的职责和任务就是通过创新解决生产中的实际问题，促进生产发展、农民增收。”他告诉记者。

随着研究初见眉目，他很快得到了同行权威专家的高度关注和大力支持。油菜遗传育种和栽培专家、中国工程院院士官春云教授多次鼓励他说：“冬油菜北移是一件具有战略意义的大事。不仅要踏踏实实做，也要多方呼吁和宣传。”在各方面的支持下，孙教授加速推进他的各项研究工作。

4个超强抗寒冬油菜品种

北方旱寒区，一般冬油菜品种是难以越冬的，即使国内认为最为抗寒的陕西关中油菜、上党油菜也难以在河西走廊的严冬里存活。要实现冬油菜北移，在河西走廊以至整个北方旱寒区发展冬油菜生产，首先要解决冬油菜品种越冬问题。

为此，孙教授投入到十分艰苦、旷日持久的超强抗寒冬油菜品种的育种研究工作中。

作为育种专家，他非常清楚一个新品种选育的完整周期，往往是十多年之久。为此，在科学的道路上，需要耐住寂寞，坚持坚持再坚持，才有可能获得成功。

早在系统的冬油菜新品种选育研究前好几年，他就将自己筛选、改良的冬油菜种子，托人在老家会宁试种并一代代筛选，不断积累育种材料。

在育种方法上，他以自己多年积累的丰富育种知识为基础，采用了最传统的“轮回选择法”，在适宜的育种环境下，把散落在群体中的优良抗寒、抗旱基因，通过实地种植选择出来，聚集优良基因。一遍一遍筛选，沙里淘金，一代一代聚集、改进。

很多人对这种育种方法不屑一顾，认为科技含量不高，周期太长。而孙教授却坚持认为最能解决问题的方法才是最先进的方法，后来的研究进展表明，他的做法没有错。

为了实现自己的目标，他心无旁骛，全身心地投入到工作中。在他眼里，种子就像是自己的孩子，对生产各个环节的不放心便油然而生。

播种要亲自操作，与工人一起干；收获与脱粒也要从头看到尾，自己动手参与干。

最忙的是在冬前春后，孙教授要不断地奔赴各地实验区查看苗情，指导培育壮苗，测定返青期、越冬率等抗寒指标。因为每一个细节都是评价育种材料、生产技术的最可靠的依据，小小的失误都会使研究功亏一篑。

有些珍贵材料他还搬回家中管理，阳台变成了他的试验田，冬季，阳台上摆满了各种育种的“小材料”。

随着研究的顺利推进，为了更好地了解品种抗寒性，孙教授将实验点布置到省内的武威、张掖、酒泉、金塔、民勤、景泰、临夏、永登、环县等地；省外布置到新疆的阿勒泰、塔城、伊犁、乌鲁木齐、拜城、和田、喀什、宁夏的平罗、银川、隆德、青海的西宁、内蒙古的临河、陕北的靖边以及北京、辽宁锦州等地。

随之而来的便是四处奔波，长时间的工作，没有双休日，没有节假日。

为了了解、掌握冬油菜的生长发育情况，有时在野外田间极端严寒的条件下连续工作大半天，手脚麻木。

“天上不会掉馅儿饼，对待科学只有认真才可能成事”，在他看来，科研上不存在幸运，“关键是要用心，功夫要到家，时间有保证”。在多个育种实验地奔波12个寒暑后，终于在2008年，超强抗寒冬油菜新品种“陇油6号”培育成功，通过品种管理部门的审定。“‘陇油6号’抗零下32度极端低温，抗寒性达到世界领先水平。是我国唯一能在甘肃河西走廊，新疆阿勒泰、塔城、伊犁、乌鲁木齐，青海西宁，陕北、辽宁锦州、北京等地越冬的冬油菜品种，为我国北方旱寒区发展冬油菜生产提供了品种保证。”

当孙教授2009年在武汉“863”项目启动会上报告这一研究成果时，得到专家们的首肯并引起巨大关注。

在连续几年的多地试验中发现，“陇油6号”在零下32度的极端低温下越冬率高达80%至95%，其优异的抗寒性、突出的丰产性、广泛的适应性，赢得了各界的好评。

特别是2008年初，我国南方遭遇罕见的低温雨雪冰冻天气，在北方也发生冰冻灾害的情况下，在张掖地区持续零下30度的气温条件下，“陇油6号”越冬率达到90%以上。

去年 12 月至今年 2 月我国华北遇到 50 年不遇的冻灾，今年 3 月又遇到反复无常的倒春寒灾害天气，“陇油 6 号”仍然保持 80% 以上的越冬率，经受住了严寒的考验。“三月底，看见各地的田间变绿了，我才放了心。”孙教授自豪地说。

紧接着，“陇油 7 号”、“陇油 8 号”也相继育成并通过品种审定;“陇油 9 号”也已基本完成育种工作。

抗寒性、适应性和丰产性方面，一代更比一代强。有了这些优良抗寒、抗旱质品种作保证，我国冬油菜种植区域实现由北纬35度北移至北纬40度至48度，北移9个至13个纬度的目标完全可能实现。

据测算，这片为冬油菜新开辟的广袤土地有4亿多亩耕地，宜种冬油菜的耕地达9000万亩。

这对于我国北方地区应对气候变暖对农业生产的影响、协调农业生产与生态环境的矛盾、提高农业生产对光热水土资源的利用率具有十分重要的意义。

经济效益、生态效益和社会效益一举三得

与育种工作同步，孙万仓教授开展了大量的冬油菜北移栽培技术研究和试验示范，主持完成了“西北旱寒区冬油菜北移研究及示范推广”等项目。

首先，通过集成配套高产、机械化等综合栽培技术，形成适合不同地区，不同耕作制度与品种相配套的栽培技术规程。这些研究在理论上、技术上为指导北方旱寒区冬油菜生产发挥了重要作用。

从2002年起，在甘肃中部的靖远、兰州、临夏、临洮、榆中、永登，景泰、河西走廊地区的民勤、武威、张掖、酒泉，新疆阿勒泰、塔城、伊犁、乌鲁木齐、拜城、和田、喀什、宁夏的平罗、银川、隆德、青海的西宁、内蒙古的临河、陕北的靖边以及北京、辽宁锦州等地，以他培育的冬油菜新品种为基础，进行了冬油菜种植试验示范，获得巨大成功。

试验示范结果表明，在这些地区，冬油菜亩产量较胡麻和春油菜增产30%以上，大大提高了油料作物产量，对落实国家食用油安全战略具有重要意义。

其次，冬油菜既可以避免秋、春季的土地耕作，在土壤表层形成稳定的固定层，又可以在土壤表层形成较厚的植被层，增加冬、春季的植被覆盖，可有效改

变冬春季土壤表层裸露问题，减少沙尘源，改善生态环境。

其三，冬油菜收获后可复种马铃薯、玉米与其它秋粮和蔬菜作物，通过复种每亩新增纯收入500元以上。在初步预计推广1610万亩的情况下，由于复种，相当于为国家增加同等面积的耕地，一定意义上缓解了我国耕地匮乏的问题。

孙万仓教授的研究受到同行的高度评价和相关部门的高度重视。2009年6月，根据农业部危朝安副部长的批示精神，中国工程院傅廷栋院士、官春云院士和农业部油料专家组成员到甘肃省河西走廊考察冬油菜的示范情况，给予了高度评价。

2009年10月，农业部将冬油菜北移列为行业专项项目予以资助，全国农技中心将冬油菜北移列为全国油料发展三大行业专项之一。

孙教授还同时获得了科技部的大力支持，主持国家科技支撑计划项目“西北旱寒区主要作物抗逆新品种筛选及栽培技术集成示范”、科技部农业科技成果转化资金项目“甘肃中北部及河西走廊超强抗寒冬油菜陇油6号中试与示范”等重大项目。

目前,“陇油 6 号”、“陇油 7 号”、“陇油 8 号”已推广至新疆、陕西、山西、宁夏、北京等省的广大地区。其中，新疆创造了单产 395.69kg 的油菜产量纪录。

近几年，计划在北方旱寒区推广冬油菜300万亩，新疆、沿长城一线的冬油菜生产带有望逐步形成，并有效改变我国植物食用油大量依赖进口的局面。

这一系列研究成果为孙教授赢得了赞誉,然而他对荣誉更多的是以平淡看待，“不羡慕荣誉，不嫉妒荣誉”，“我们进行科学研究不是为了荣誉，而是履行自己的责任，解决生产中遇到的问题”，他平静地说。

他的同事们认为，他是一个能耐得住寂寞的人，没什么娱乐活动，一心搞研究，每做一件事都非常投入。这印证了国内诸多同行对他的评价：他是一个实干的人，执著的人，是一个很不错的专家。

如今，孙教授又投入到新的研究工作中，开展冬油菜北移西迁所涉及的配套技术研究。

特别是冬油菜与其他作物的轮作技术的试验研究，因地制宜地科学调整种植结构，示范推广以冬油菜集成种植技术，以及冬油菜抗寒机理、优质抗病品种选育、病害防治等研究。

为了让北方广袤无垠的旱寒大地上开满金色的油菜花，他在争分夺秒地努力。

甘博源、陈志强

中国人常常说："做学问的人要耐下心来坐十年板凳。"其实，不仅是做学问，各行各业的人要想有所成就，都要具有坐十年板凳的精神才行。

面对安逸的生活，面对巨大的荣誉，面对别人的说三道四，如果不能安下心来，不能忍受寂寞就不能沉浸于自己的事业之中，也就不可能取得大的成就。

赢自己比赢别人重要

先忍受寂寞再当高手

性格决定命运。我就是个内向、安静、骨子里要强的人，有人称我为"寂寞高手"。

我小时候的理想是当个画家。我3岁开始学画，那时候，父母去上班，因怕我一人在家不安全，就把我反锁在家里，一锁就是一整天，而我就安安静静地待在家里画画，一画也是一整天。

从那时起，我就养成了独处和静思的习惯。这为我后来练球积淀了很好的心理条件。至今，我的朋友也不多。朋友多的话难免要应酬，应酬就要进入嘈杂的公共场所和方方面面的人接触，这样既占用我练球的时间，也不符合我的个性。

我一个人待在家里看书，看搞笑碟片，吃点零食，偶尔陪妈妈逛街。压力特别大的时候练练瑜伽，一个人静静地打坐，听听轻松的音乐减压，就是我很享受的业余生活状态。

现在想想，安静的人真的很适合做职业台球手，因为打台球需要很专注，凝神思考，耐得住性子，不急不躁，心理素质要特别稳定，而这些我都具备。

如今，能耐得住寂寞的人不多，我偏是其中之一。所以说，先忍受寂寞，再当高手吧。好的心态是成功的必备条件。

赢自己比赢别人更重要

前不久，我在美国打公开赛期间，和爱里森·费舍尔打的那场球，令我终生难忘。

我曾经和这个世界排名第一的选手交过两次手，过往一胜一负的战绩，让我在比赛中得以轻装上阵。比赛进行到决胜盘8比8平时，局势对我来说是有利的，可我没把握好机会。

再者，比赛主场在美国，美国人当然希望自己的选手能赢，所以在我击关键一杆时，主办方突然广播通知，说观众可以换票离场了，结果有些观众就开始在场上走动，这种混乱的局面影响了我的情绪，我最终输掉了本来可以胜利的比赛。

赛后，我沮丧极了！我跟爱里森这个世界排名第一的顶尖选手已较量到最后，但由于我的失误，没能战胜自己的偶像，这是我无法原谅自己的。

当晚，我彻底失眠。和父亲通话时我说：“这场球，我会记一辈子！”

睡不着的时候，我就重温一个故事：一个女孩在一望无际的沼泽里行走，但她却迷路了。聪明的女孩没有慌乱，而是沿着自己一路留下的脚印回到出发的地方，开始试走新的路线，最终，她离开了茫茫无际的大沼泽。

这个故事再一次鞭策我，即使输了一场比赛，只要能从中找到失误和欠缺之处，总能回到起点重新开始。

人不可能事事顺利，一路走来，留下脚印，能找到来时的路就好。这件事之后，我思考过，也许，人能赢自己比赢别人要重要许多。

吃苦是为了做金字塔尖上的人

我的同行说过这样的话："潘晓婷能有今天的成绩，在意料之中。"可能，他们知道我的付出是常人无法比拟的。

我15岁开始在父亲的球馆里练球，一呆就是4年。球馆里有个小屋子，里面的一张单人床、一个衣柜就是我全部的财产。

那4年里，父亲给我做了硬性规定，每天练球8小时至12小时，没有周末，一个礼拜只能休息半天。即使我病了，上午在医院打点滴，下午回到球馆还是要补足当天的练球时间。

以前，家里经济拮据，父亲陪我到北京参加比赛，我们就从山东济宁乘火车一路站到北京。

在北京，因为没钱，我和父亲只能住18元钱一晚的地下室。地下室阴暗潮湿，推门就能闻到刺鼻的霉味儿。第一次拿了全国冠军，奖金只有4千元，为了能细水长流，我和父亲在全聚德只点了半份烤鸭。看着那半份香气扑鼻的烤鸭，我却痛哭不止。

所有这一切，我都忍受了。因为，从我15岁开始摸球杆的那一刻起，父亲就说过，要想做到最好，就要比别人付出更多、牺牲更多。

父亲当过国家级的足球运动员、篮球裁判，后来改行当厨师，又被评为鲁菜特一级厨师。父亲希望我像他一样，做事要么不做，要做就要做金字塔尖上的人。为实现这样的目标，人家练3个小时的球，我要多练好几个小时，这样才可能赶超别人。

所以，吃不了这份苦，受不了这份罪，趁早放弃，另谋出路；但是，一旦选择了这条道，想要成功，吃苦就成了最基本的准备。就看人有没有对苦难的耐受力，耐受力强的人最终都能品尝到成功的喜悦。

潘晓婷

对寂寞，有人畏惧，避之；有人喜爱，求之。在中国职业台球领域，潘晓婷获得的冠军非常多。

这些荣誉的取得，自然和她默默的努力有关。正是因为她多年能够安于寂寞，艰苦奋斗，才取得了如此巨大的成就。

耐力是成功的第一要素

聪明人能够专注于干一件事，直至成功，勒韦就是这样一个聪明人。勒韦是美国的著名医师及药理学家，1936年荣获诺贝尔生理学及医学奖。

勒韦1873年出生于德国法兰克福的一个犹太人家庭。从小喜欢艺术，在绘画和音乐方面都有一定的水平。

但他的父母是犹太人，他们对犹太人深受各种歧视和迫害心有余悸，不断敦促儿子不要学习和从事那些涉及意识形态的行业，要他专攻一门科学技术。他们认为，学好数理化，可以走遍天下都不怕。

在父母的教育下，勒韦进入大学学习时，放弃了自己原来的爱好和专长，进入斯特拉斯堡大学医学院学习。

勒韦是一位勤奋志坚的学生，他不怕从头学起，他相信专著于一，必定会成功。他带着这一心态，很快进入了角色，他专心致志于医学课程的学习。

心态是行动的推进器，他在医学院攻读时，被导师的学识和专心钻研精神所吸引。这位导师叫淄宁教授，是著名的内科医生。勒韦在这位教授的指导下，学业进展很快，并深深体会到医学也大有施展才华的天地。

勒韦从医学院毕业后，他先后在欧洲及美国一些大学从事医学专业研究，在药理学方面取得了较大进展。

由于他在学术上的成就，奥地利的格拉茨大学于1921年聘请他为药理教授，专门从事教学和研究。

在那里他开始了神经学的研究，通过青蛙迷走神经的试验，第一次证明了某些神经合成的化学物质可将刺激从一个神经细胞传至另一个细胞，又可将刺激从神经元传到应答器官。他把这种化学物质称为乙醚胆碱。

1929年他又从动物组织分离出该物质。勒韦对化学传递的研究成果是一个前所未有的突破，对药理及医学上作出了重大贡献，因此，1936年他与戴尔获得了诺贝尔生理学及医学奖。

勒韦是犹太人，尽管他是杰出的教授和医学家，但也如其他犹太人一样，在德国遭受了纳粹的迫害，当局逮捕他，并没收了他的全部财产，被取消了德国籍。

后来，他逃脱了纳粹的监视，辗转到了美国，并加入了美国籍，受聘于纽约大学医学院，开始了对糖尿病、肾上腺素的专门研究。

勒韦对每一项新的科研，都能专注于一，不久，他这几个项目都获得新的突破，特别是设计出检测胰脏疾病的勒韦氏检验法，对人类医学又作出了重大贡献。

祥举

决定成功的因素有很多，如一个人的心理素质，他的人生态度，他的才能资质，他的机遇等。

当然，这些因素虽然都很重要，但仅靠这些还不够，因为没有专心致志的毅力，是不可能取得大的成功的。

坚持，铸就伟业

他是一个渔民的儿子，19岁那年，带着多年的积蓄来到波士顿谋生。用500美元和一个叫荷顿的贩布小商人合伙开了个布店，可不久，两人便分道扬镳，合作以失败而告终。

不久，他另找了了间小房子，和妻子一块开了间小店，经营针线、纽扣等小商品。但这些小东西消耗量不大，一包针卖出去可用上几年，回购率相当低。没多久，他只好关门，把货物盘给了别人。结果，本钱丢了一大半。

再不久，他又办了自己的布店。本以为自己经验老到，能够驾轻就熟，可操作起来，他发现布匹、服装虽是热门货，但顾客却习惯同老布店打交道，并不相信他这个外乡人。因此，生意显得冷冷清清。

就在他徘徊观望的时候，美国西部掀起了淘金热，他也动心了，于是，把存货又盘给了老伙计荷顿，带着妻子踏上了西去的旅程。

一到加利福尼亚平原，他发现这儿的金矿挤满了淘金者，为了争夺财富，他们尔虞我诈，你抢我夺。自己若真加入他们的行列，能抢到的利益其实也不多。于是，他打定主意，不去淘金，而是携带仅有的资本来到旧金山，在旧金山开了一个小店，坚持经营热门货。

最初，他看到种淘金用的平底锅非常好，就购进大批平底锅，然后以低于其他商店一成的价格出售，不久竟销售一空，由此赚了一大笔钱。

用这笔钱，他购进了淘金者要用的各种各样的必需品， 一律以低廉的价格出售。

很快，他的店便因货美价廉、品种齐全在淘金者中享有了声誉，光顾的人越来越多，他也因此积累了不少资金。尽管这样，他还是感到自己要想在商业上取得长足进步，就应该到东部去，只有在那些商业中心，才能开办一流的商店。

一年之后，他和妻子把商店转让了出去，一块回到马萨诸塞州，在哈佛山定居下来，开了一家布店。当时，店面很小，但他采用所有商品明码标价出售的经营方式，很快便顾客盈门。

但由于利润低，顾客有限，店面开销很大，时间久了，便让他感到入不敷出，紧接着，连老本也赔进去了，再度陷入困境。

就在此时，老伙伴荷顿找上门来，想和他再次联手经商，到波士顿开一家商店。他也深深被荷顿的想法打动，但这次失败使他认识到，要想在商业取得更大成功，仅把店扩大是不够的，还应找最繁华的地区经营。于是他打算把店开到纽约去。

荷顿听完，也只好黯然伤神地返回。

他在纽约14号街租了一个店面，开始了他商业辉煌的第一步，他首先把重点放在服务措施上，对店员的服务态度要求非常严格，不允许店员和顾客发生争执。

还经常对店员进行不同形式的考验，请人到店里帮忙给店员出难题，对不合格的店员，毫不客气把他解雇。他不断地改进经营方式满足顾客。在他这儿，每个顾客都会感到自己是上帝，都会得到最好的服务。

除了坚持“薄利多销”的一贯原则，他还在美国首次实行记账买货的方法，这样一来既方便了顾客，又稳定了客源，促进了销售。

由于他经营有方，又重视研究市场情况，10年之后，他的公司便占了纽约14号街的半条街，成为美国当时最大的百货公司老祖宗之一，直至100多年以后的今天，它仍是世界上最大的百货公司之一——美国麦西公司。而麦西公司的创始人，就是当年卷着500美元打天下的那位年轻人——麦西。

佚名

做任何事都要有坚持的精神，在各种挫折考验的打击下，仍能够默默坚持的人，才能获得成功。

商场如拳场，每个拳手都有挨拳头被人击倒的时候，问题是，一次次摔倒后，你还能不能顽强地爬起来，总结经验重整旗鼓，继续把比赛坚持下去，直至成功为止。

坚守使爱情变得更醇

那年，君和芸在北京一所重点大学里读书，他们是一对让人羡慕的情侣，他写得一首好诗，她画得一手好画，人们都说他们是“金童玉女”。

君来自江南小镇，芸是地道的北京女孩，他们初见，就如宝玉初见黛玉：“这个妹妹，我见过的。”

相恋四年，毕业的时候，芸把君带回家。母亲问他的家世，君一五一十说了。芸惊觉自己的母亲变了脸色，然后拂袖而去，下了逐客令。

“怎么了？”芸忐忑地问母亲。

母亲说：“君的父亲和你的父亲是仇人，那时，你还小。”母亲说：“你能嫁给他吗？你嫁给他我宁可撞死。”

君不相信，回到南方小城，疯了似的去问父亲。父亲沉默很久才说：“那阵太乱了，有些事，说不清……”之后是长久的沉默。

刹那间江河逆转，一对相恋的人，因为上一辈人的恩怨就要画上句号。

怎肯甘心？芸跪在母亲面前，求母亲放爱一条生路。母亲说：除非我死，否则永远不可能。母亲为她守了20年寡，她如何舍得这如血亲情？

芸绝望了，哭着对君说分手：“除了你，我一辈子不嫁。我等你，哪怕，从青丝至白头。”君泪流满面地抱着她：“除了你，我谁也不娶，哪怕等到来世”。那是在上世纪80年代，那是爱情誓言。他们相约，一辈子不分开，永远为对方坚守爱情。

毕业五年后，他们依然我行我素，根本不理父母相逼。有人提亲，他们都一一拒绝，他们心中的恋人只是对方。后来，他们偷偷约会，背着双方父母，因为，空间怎么会隔断彼此间的爱情啊！

这五年，芸在北方，君在南方。每隔两个月，她就会坐火车去找他，从北京坐到那个小城，有时只买一张硬座，只为省下点钱为他买些补品。他太瘦了，她看着心疼。

这一奔波，就是五年。

五年，从北京到小城，有着芸一路的爱和欢喜，她背着母亲做这一切，只说是出差，其实，不过是看一眼远方的恋人。

28岁那年，君来找她了：“我们私奔，或者一起殉情吧！”原来，他家里出了事，母亲去世了，他是独子，父亲给他跪下说：“儿子，你结婚吧，我求求你，咱家的香火不能断了呀！”为了让他结婚，父亲长跪不起！君坐了十几小时的火车来找她，想和她一起私奔。

芸沉默了，这份爱情，代价太大了，她不能因为自己的爱情伤了他父亲的心，这样的固执虽然忠贞，但多么自私呀！

“不！”方芸说，“我不和你私奔，你没那个自由！我也不和你殉情，你必须照顾风烛残年的老父亲。去吧，找个好姑娘结婚吧！我不怪你。因为，你的幸福，就是我的幸福。”

君抱住她，放声痛哭，似杜鹃的啼血呜咽。他没有想到，自己心爱的姑娘是这样的大度，为了他一家人的幸福，居然对爱放了手。他劝她：“你也结婚吧，别等我，来生吧，来生，我一定娶你。”

芸摇摇头：“此一生，再难与人相逢相知。我就当棵守望的木棉，站在风中等你！”

最后一面，君送给芸一枚双玉蝉，是他家的传世珍宝。两只蝉，并肩而立，那样痴情地看着对方，君说：“虽然不是价值连城，等你老了，不能动了，就把它卖掉，它，可以养着你！看到它，就是看到我了。”

芸扑入他的怀中恸哭，这个男人，连她的老年都想到了，怕她一个人过不下去，把传世珍宝给了她。这一生，爱一场值了!

芸送给君的礼物是一幅画，那是她画得最好的一幅画——两棵木棉树，开满了花萼，一朵又一朵。她深情地说："那是我的盼望，盼望来生，我是其中一朵，而你把我摘下。"

她要君在结婚那天把画挂在新房里，那一刻，他泪流满面。那两棵木棉树，一棵是他，一棵是她呀！她没有离开，在他的心里，在他的灵魂里。

两个相爱的人相约永不再见，永不再联系。是因为，善良的芸想让他把一颗心扑到家里。

之后20年，他们再无任何联系，一个在南方，一个在北方，真正的天各一方。这20年，芸做生意，成了北京著名的画商，她在北京开了一家特别大的画廊，而且长期去国外买画卖画。不过，她还是一个人，虽然有很多追求她的男子，可她总是微笑着摇头。

此时，芸的母亲早已经过世，弥留时拉着她的手说："孩子，妈对不起你，耽误了你的一生，你去找他吧！"方芸哭了，说，晚了，20年，他已有妻有子，她还能去找他吗?

20年后，芸已经是快50岁的人了，头发里有了银丝，额头上有了皱纹，她不再年轻，可是，她的心还是20多岁的样子，她的心里，还是他，全是他。

那天，接到电话时，芸正在去俄罗斯谈生意的火车上，是一个陌生女人的电话。"我是君的妻子。"女人说，"他不行了，一直呼喊你的名字。我知道你，因为，他常在梦中喊你的名字。"

刹那间，芸崩溃了，浑身哆嗦着中途下车，然后赶往飞机场，她必须去见他，不管别人说什么，她都要去见他。春闺梦里相识又相思的人，你要等我啊!

在医院白被子里的君骨瘦如柴，面目全非，他得的是肝癌，晚期，如果不是等待她来，早就魂去他乡了。

"你怎么可以这样？谁让你变成这样的？"芸扑过去，满是委屈，"你说过要活到80岁，你说过你必须是我近旁的那棵树！"

君已经说不出话，只微微伸手，想模一下她。她把脸埋在他的手心里，那手心里，有了一捧一捧的泪。

他的妻子，女儿站在旁边，泪如雨下。几小时后，君离世。方芸心痛如死，去布置他的葬礼。他的寿衣，是她给他亲自穿上的。为他穿那件贴身衬衣时，她呆住了。他的胸口上有刺青，是一朵莲花。她泪如雨下，她名字原本是青莲。

青莲，那是一朵刺青的莲花呀！

而她的刺青在心里，他的人，他的名字，他的容貌，全在她的心里，也是一道道刺青，一生无法抹掉。

葬礼之后，去君的家，芸才知道，他过得那样清贫，做了一辈子中学教师，仍家徒四壁，妻子下了岗，女儿上大学没钱，而他如果有钱，也不至于把病拖到这时候。他明明知道她有钱啊！她的消息在网上有多少啊，好多拍卖会都有她的身影，她一出手就是几千万啊，可是他，居然没有张过口。这才是他呀！只是一棵朴素的树，远远地望着她，绝不纠缠她。

芸做了让所有人都想不到的事情，给他妻子买了一栋当地最好的别墅，送他女儿出国留学，然后留下一大笔钱，悄然离去。

芸明白，如果爱这个人，会爱他的所有——他的妻他的孩子，她都会爱。原来，爱到最后，全是心疼，全是怜悯，全是那一丝丝一缕缕剪不断理还乱的真情！

君走了，这世界显得多么空旷而冷清。他走了，芸的心也空了。两棵树，根本就是连在一起，盘根错节多少年！但现在，他走了，一个人去了另一个世界。从此，芸再也没有出现在各种拍卖会上，再也没有锦衣玉貌地出现过。不久，她的葬礼在北京举行。她和他死在一年，相隔不到6个月。

芸是忧郁而死的，她无儿无女。亲戚说，死时，她手里握着一枚玉，那枚玉叫双玉蝉。

是君的妻安葬了芸，把她葬在他的身边，葬在了江南的那个小镇上。那是她向往了多少年的地方吧！

“让他们永远在一起吧！”君的妻说“坟前种上相思树，坟后种上同心花，让他们在天堂里相爱吧！”

那两棵相思树，是两棵木棉树。根，相握在地下；叶，相触在云里。

佚名

这个故事是凄美的，这份爱情是感人的。支撑这份伟大爱情的是等待，长久的等待。

虽然社会主流价值可能不赞同芸的这种等待，虽然这个故事没有上演有情人终成眷属这个完美结局。但芸孤寂的等待，无疑使这份爱情得到升华，使每一个懂爱的人为之动容。

苦心人，天不负

那年，我落榜了。

一个人躲在家里谁都不愿见，也不敢见，总感觉自己是天下最最不幸的人，想来想去总觉得命运对自己不公平：为什么那么多平时成绩不如自己好，学习没有自己努力的人都考上了大学，而自己却偏偏落榜了呢?

时间一天天地过去了，父母每天都在农田里奔忙着，只有我一个人呆呆地躺在自己的小屋里，在一遍遍地向天、向地不断地发问。

终于，有一天我呆不下去了，扛起锄头走出了家门，我家就三块地，很快便找到了母亲，她正在锄草，烈日下她脸上满是汗水，我走过去。

那是一块黄豆地，长满杂草，几乎看不到豆苗了，当时，别人家的豆子都已经老高了，“娘，这豆还能长起来吗？”我刚锄几下，就有点泄劲了，因为仅有的几棵苗也都被虫子吃得不成样子了。

“能，地不亏人！”母亲十分坚定地说，“累了，你就到树下歇一会儿。”

也许是肚里憋了高考的怨气，我一气干到了天黑，第二天接着锄，到第三天天黑终于把草锄完了，整块地剩下的只有稀稀疏疏的豆苗，黄黄的叶子被虫子吃得惨不忍睹，看着它们我又落下了泪，这些豆苗真像是高考后的自己一样的可怜。

当天夜里，天下了一夜的雨，我的脑子里满是被雨水击打的豆苗的身影，第二天我没有忍心再去看它们。

半个月后，当我再次走进那块黄豆地时，看到的却是一块整齐碧绿的黄豆地，我十分惊奇。

两个月后，颗粒饱满的黄豆堆满了院子，在街坊邻居中，我家的豆子产量最高，母亲笑了，指着豆子问我："娃，咋样，'地不亏人'吧？念书也一样，只要用心，就能有出息。"

当夜想着母亲的话，我一夜未睡。

第二天，我便找出了那束之高阁的高考资料……我比过去更加刻苦了，通过一年的发奋苦读，第二年，我终于如愿以偿地走入了大学的课堂。

后来我才知道，母亲在那块豆地里比别人多用了一倍的肥，整整忙了一个多月。

我在吃惊之余便更加懂得了母亲的良苦用心和"地不亏人"的深刻含义，其实不只是种地和读书，干什么都一样，"苦心人，天不负"。

只要你付出了就一定会有收获，只要你不懈地努力就一定能成功。

十多年过去了，那块豆地和母亲的话一直印在我的脑海里，直到今天，每当我在工作中遇到失败时、当我的投稿泥牛入海般地被编辑枪毙时，我总是这样勉励自己：地不亏人！

王保中

风雨之后见彩虹，付出之后必然会有收获。一个人，无论做什么事，碰到什么挫折与困难，绝不能怨天尤人，或自暴自弃，失去恒心与毅力，应持之以恒，再接再厉，必会有成功与幸福来到身边，因为"地不亏人"。

成功来自专注

国际物理学大师，诺贝尔奖获得者杨振宁教授在回答自己何以取得成功的问题时说："我不是特别聪明的孩子，上小学的时候跟班都困难，用墨水写字，常常把墨水弄得满纸都是，老师和父母为此经常批评我粗心．到了中学的时候，全班 30 人，我的成绩也只第五第六的样子。

但是那时我就发现物理对于我来说很容易，所以上大学我就选择了物理系，没有犹豫，而且一辈子都没有离开物理。没有像别人那样学了三年物理觉得不好改学化学，过了两年又改学工程。从头至尾我一直朝这一个方向走。有很多孩子非常聪明，我的一个熟人就是这样，各科的成绩都很好，兴趣非常广泛，进了大学以后，先读数学，后读音乐，再后来又改读生物，结果一生一事无成。"

有一个人本来是一位医务工作者，但是他喜欢文学，他没有像有些人那样，写几天诗歌，又改写散文，写了几天散文又感觉不如小说有分量，在朝秦暮楚中，结果一事无成。

他选择了很容易做得来的日记本方式，有读书学习的学习日记，有记录当时文坛大事和自己文学创作的文学日记，有记录自己买书交友的交友日记。

自20世纪70年代起，他坚持不断，至今已有十几大部，100多卷，200多万字，成为中国文坛上独一无二的日记体作家。

他成功的诀窍是几十年如一日地朝着一个方向走。一个人如果每天拿出一个小时做一件事情，坚持不懈，不论他选择了哪一种事业，他都会成为大家巨子。

俊逸

成功的人生经验就是确定目标之后的一直往前，就是一生的坚持不懈。所有失败的人，都是浅尝辄止、半途而废的人。只要坚持，就一定能够成功。当失败不期而至时，惊慌失措，乱中添乱，其结果只能走向更大的失败。要有失败的心理准备，沉着，冷静地应付一切，这才是人生的高明谋略。

只要坚持下去总会有成功

这是美国北纽约州小镇上一个女人的故事。她从小就梦想成为最著名的演员。

15岁时，在一家舞蹈学校学习三个月后，她母亲收到了学校的来信："众所周知，我校曾经培养出许多在美国甚至在全世界著名的演员，但是我们从没见过哪个学生的天赋和才能比你的女儿还差，她不再是我校的学生了。"

在退学后的两年里，她靠干零活谋生。工作之余她申请参加排练，排练没有报酬，只有节目公演了才能得到报酬。

两年以后，她得了肺炎。住院三周以后，医生告诉她，她以后可能再也不能行走了，她的双腿已经开始萎缩了。已是青年的她，带着演员的梦和病残的腿，回家休养。

她相信自己有一天能够重新走路，经过两年的痛苦磨炼，无数次的摔倒，她终于能够走路了。又过了18年！整整18年！她还是没有成为她梦想的演员。

在她已经40岁的时候，她终于获得了一次扮演一个电视角色的机会，这个角色非常合适她，她成功了。

在艾森豪威尔就任美国总统的就职典礼上，有2900万人从电视上看到了她的表演，英国女王伊丽莎白二世加冕时，有3300万人欣赏了她的表演……到了1953

年，看到她表演的人超过4000万。

这就是露茜丽·鲍尔的电视专辑。观众看到的不是她早年因病致残的腿和一脸的沧桑，而是一位杰出的女演员的天才和能力，看到的是一个不言放弃的人，一位战胜了一切苦难而终于取得成就的大人物。

牛菁

一个人追求一件事容易，在各种打击面前，仍然默默地、多年如一日地坚持追求就不是那么容易了。

露茜丽·鲍尔在别人的嘲讽下，在疾病的打击下，她依然没有放弃她的追求，坚持了20多年，直至40岁才等来她登台的机会，并在其后的岁月中取得了巨大的辉煌。她用她的行动向我们诠释了"只要坚持就能成功"这个真理。

巨著的背后是寂寞

海明威每天早晨6时30分便聚精会神地站着写作，一直写到中午12时30分，通常一次写作不少于6小时，偶尔延长两小时。

他喜欢用铅笔写作，便于修改。有人说他写作时一天用了20支铅笔。他说没这么多，写得最顺手时一天只用了7支铅笔。

海明威在埋头创作的同时，每年都要读点莎士比亚的剧作，以及其他著名作家的巨著；此外还精心研究奥地利作曲家莫扎特、西班牙油画家戈雅、法国现代派画家谢赞勒的作品。

他说，他向画家学到的东西跟向文学家学到的东西一样多。他特别注意学习音乐作品基调的和谐和旋律的配合。难怪他的小说情景交融，浓淡适宜，语言简洁清新、独具一格。

海明威写作态度极其严肃，十分重视作品的修改。他每天开始写作时，都会先把前一天写的读一遍，写到哪里就改到哪里。

全书写完后又从头到尾改一遍，草稿请人家打字誊清后又改一遍，最后清样出来再改一遍。他认为这样三次大修改是写好一本书的必要条件。

他的长篇小说《永别了，武器》初稿写了6个月，修改又花了5个月，清样出来后还在改，最后一页一共改了39次才满意。

《丧钟为谁而鸣》的创作花了17个月，脱稿后天天都在修改，清样出来后，他连续修改了96个小时，没有离开房间。他主张“去掉废话”，把一切华而不实的词句删去。

海明威是一个耐得住寂寞的人，他的每一部巨著背后都是寂寞为伴。

张少华

当我们看到那些优秀的作品时，可能想象不到，这些都是作家，耐得住寂寞，付出了几倍甚至几十倍的精力和心血去完成的！

文中用海明威对工作认真的态度来启迪我们：做任何事都要静下心来，专心致志，一丝不苟，全身心投入，这样才能把事情做好，达到预期效果！

也难也苦奋斗路

我和丈夫原来都是牡丹江市民族服装厂的工人。1991年，企业宣布停产，我们夫妻两个同时成了下岗职工。那一年我27岁。

屋漏偏遭连夜雨，正在那时孩子生病了，可我哪有钱给孩子治病呢？一次，给儿子打针，还差1块5毛钱交不上，取不出药。看着儿子烧得发红的小脸，我急得失声痛哭。当一位好心人为我交上这仅仅够买一支雪糕的救命钱时，我给她跪下了。从那一刻起，我就发誓：一定要用自己的双手拼一番。

为了生活，我在我12平方米的屋前用板条架了一个9平方米的偏厦子，由于没钱办执照，我就偷偷地开了一个“黑店”，利用自己过去学的技术，给人做服装。

由于不敢挂牌子，活都是靠亲戚朋友给揽。人家收活5元钱，我就只收3元钱。

我印象最深的一件事，是一位熟人求我给做一套蓝毛涤西装。由于他工作忙，就给我30元钱，让我帮着买布裁剪。

那天，我领着5岁的儿子到牡丹江最大的商业大厦买布料。当我领着儿子走到二楼时，正好经过玩具柜台，那时正是变形金刚风靡一时的时候，看着天天在电视中做广告的玩具赫然于眼前时，儿子睁着企盼的大眼问我：“妈妈，我想要个变形金刚，你能给我买一个吗？”想想自己浑身上下除了这30元钱外，再无半分。

这一刻，看着孩子，我眼圈湿润了，我多想满足儿子这不算过分的要求，但我只能狠下心，对儿子说：“孩子，妈妈没钱，等妈妈将来有钱时再给你买。”

不知咋地，平时听话的儿子那次却说什么也要买，我强行把他拽到楼梯口，但倔强的儿子这时却用一双小手紧紧地抱住楼梯上的栏杆死也不撒手，看着儿子可怜的小样，我的泪几乎要流下来了。

这时旁边一位大嫂看不下去了，埋怨我说：“买个便宜的就20块钱，干嘛让儿子哭成这样，小心哭坏了身体。”说完大嫂走了，但我分明听到大嫂转身时的一句：“真没见过这样的母亲！”

听到这句话，我的眼泪终于流了出来。我用手轻轻地擦掉泪水，弯下腰对儿子说：“方军，你真的喜欢吗？”儿子挂满两腮的泪还没擦掉就用力地点头。“好，儿子，你别哭，妈给你买一个。”

30块钱花了29块3角，给顾客买布的钱就这样全让我花了。儿子高兴地跑回家，向爸爸显示自己的变形金刚。

当丈夫弄明白我把给顾客买布料的钱都给儿子买了变形金刚时，他火了，这或许是丈夫和我结婚以来第一次对我发火。

但发完火以后，丈夫看见我低头啜泣的样子，又心疼起我来，过来安慰我，但不论丈夫如何劝，那天我就是哭个不停。仿佛有千种委屈、万种不顺，都想用最无助的哭声倾诉干净。

丈夫不知什么时候走了，后来，看见丈夫手里拿着蓝毛涤布料……直至几年后，我才知道那天丈夫买布料的钱是他卖血挣来的。

为了摆脱贫穷，我和丈夫在自己家开起了服装店。但几块木板条怎能抵挡住北方冬天的寒冷，当一天我弯曲的五指怎么也伸不直时，正好赶上丈夫进屋，看到此情此景，丈夫落泪了："这还是人干的活吗？春艳，挣再多的钱咱也不干了。"

活实在难揽，再加上丈夫心疼我，怕我在这样的环境中冻坏了身子，我下岗后第一次的努力，就这样流产了。

有一天，我带着家里仅有的5元钱，到市场上转悠。卖塑料方便袋的生意吸引了我的目光。

我痴痴地看了两个多小时后，拿出了早已被手中的汗水浸湿的5元钱，内心复杂地买了100个方便袋。因为这是我和丈夫下岗后剩下的最后5元钱了，我不能再失败。

穷则思变，这话一点不假。为了卖得好，我竟想出一个看似是雕虫小技的办法。就是把两块砖头装进一个方便袋，放在显眼处，这样果然效果不错。

第一天我就卖出60多个方便袋，看看不到半天的工夫，5元钱变成了8块5角钱，我高兴得不得了。晚上回家当我把这一喜讯告诉丈夫时，他竟激动地把我抱了起来……

也许一天挣3块5角钱，还不够有钱人家的孩子一天的零花，但对于被生活所困的我们却是那么弥足珍贵。

丈夫高兴得一夜没睡，他做起发财的美梦：一天5元，挣3元5角；那么10元，就挣7元；20元，就挣14元；30元，就挣21元；那么40元、50元呢？听着淳朴老实的丈夫不算复杂的四则运算，我也不觉激动地流下了眼泪……

许多年以后，每当有人问我"杜春燕，你的再就业之路是怎么走出来的"

时，我都会想起那5元钱起家的日子。

从卖塑料袋开始，我和丈夫先后卖过水果、卖过小百货、卖过低档服装。渐渐地积累了一些经验，尝过甜头，更增添了我的信心。

我和丈夫当了两三年街头小贩后，不仅还清了3000多元的债务，还有了5000多元的积蓄。

有了钱，我不舍得吃不舍得穿，一心想能有一天我有一个自己的公司或自己的买卖，干一番自己想干的事业。这一愿望在1994年春风送暖的季节实现了。

那一年，牡丹江市最大的农贸市场东安区农贸市场成立了。东安区个协了解到我家的实际情况后，主动帮助我在市场内租到了一个柜台，还给我赊了货，解了我的燃眉之急。

开张那天，我站在柜台内一个劲地傻笑。我想，党的富民政策和扶贫措施这么好，我一定要好好干。不懂经营，我主动向老业户请教。还给自己定了一条原则：不坑人，不骗人，不做违法买卖，以诚待客，以德取财。

为了多挣点钱，我开始去沈阳进货，多少年了，我上货从不舍得坐卧铺。每次出门时，都带着一个小泡沫褥子。晚上往车座底下一铺，那就是我的“卧铺”。冬天还好说，忍着臭味就行了。最难受的是夏天，我个子大又胖，钻到座底下，不能翻身，不敢喘气，弄得全身都是热痱子。

下了车，我边啃着自带的干粮边上货，从来不去饭店吃喝。为了省点钱，我总是挑体积大分量轻的发货，而体积小分量重的货都是自己背。一次，我背着沉沉的货物艰难地走下火车，一出站台就晕了过去。

刚开始做服装买卖时，我由于资金有限，就采取少进多跑的办法。虽然自己辛苦点，但总不至于积压资金，因为我捉襟见肘的资金压不得，一压资金，生意就面临危险。

记得有一次，我刚从沈阳回来，就听说我上次进的一种款式新颖的衬衣卖光了。一听说生意好，我也顾不上旅途的劳累，就坐当晚的火车再上沈阳。

由于我尽量节省开支，上回来的货比别人成本低，加上我坚持薄利多销的原则，见利就走，渐渐地生意红火起来。

一年下来，我收入1万多元。我就又增加了一个柜台，并确定了销售品种。

在经营上，我处处为顾客着想，给他们看包，为他们选货，帮他们送货，有时，外县市的客户打个电话，我就给发货，所以外县市的商户都愿上我这上货，因此我的生意格外兴隆。

1996年，由于我的热心肠和对人的真诚实在，我被业主们推选为服装部经理。就这样，我这个下岗女工在个体经营的道路上，不仅闯出了一番自己的事业，家里的经济条件也随着我的买卖越做越大逐渐地好转。

现在，我家已住上了自己买的暖气楼，并且通过自己辛勤的双手，我已有了几十万元的积蓄，这时的我再也不会为钱去求人、去磕头了。

我的成功是汗水和泪水凝成的，更是毅力、志气铸就的。自己的经历，证明了一个道理，下岗并不可怕，只要肯于奋斗，路就在脚下。

杜春燕

生活中会有许多挫折，许多失败，面对这些磨难，我们的态度不应是抱怨、灰心丧气，而应该鼓足勇气、坚定自强自立的信心，努力地开拓自己的事业。因为只要肯于奋斗，路就在脚下。

小锤锤动大铁球

一位著名的推销大师，在一生中取得了许多辉煌的成就，因为年龄大了，他即将告别自己的职业生涯，应人们的邀请，他将作一场演说。

这天，会场上座无虚席，人们在热切地、焦急地等待着。大幕徐徐拉开，舞台的正中央吊着一个巨大的铁球。为了这个铁球，台上搭起了高大的铁架。

一位老者在热烈的掌声中，走了出来，站在铁架的一边。他穿着一件红色的运动服，脚下是一双白色胶鞋。

人们惊奇地望着他，不知道他要做出什么举动。两位工作人员抬着一个大铁锤，放在老者的面前。主持人邀请两位身体强壮的听众到台上来，推销大师请他们用大铁锤去敲打那个吊着的铁球，直到把它荡起来。

年轻人抡起大锤奋力向那吊着的铁球砸去，一声震耳的响声后，吊球动也没动。他们用大铁锤接二连三地砸向吊球，很快就气喘吁吁，还是未能将铁球打动。

会场寂静无声，这时，推销大师从上衣口袋里掏出一个小锤，然后开始认真地面对着那个巨大的铁球敲打。他用小锤对着铁球“咚”地敲了一下，然后停顿一下，再用小锤敲一下。

人们奇怪地看着，老人就那样“咚”地敲一下，然后停顿一下，就这样持续地做。

10分钟过去了，20分钟过去了，30分钟过去了，会场早已开始骚动，人们用各种声音和动作发泄着自己的不满。

老人仍然用小锤不停地敲着，仿佛根本没有看见人们的反应。许多人愤然离去，会场上到处都是空着的座位。

40分钟后，坐在前排的人突然叫道：“球动了！”

霎时间，会场又变得鸦雀无声，人们聚精会神地看着那个铁球。那个球以很小的弧度摆动了起来，不仔细看很难察觉。大师仍旧一小锤一小锤地敲着，人们默默地听着那个锤敲打吊球的声响。

吊球在大师一锤一锤的敲打中越荡越高，它拉动着那个铁架子“哐哐”作响，它的巨大威力强烈地震撼着在场的每一个人。

年轻人用大锤也没有打动的铁球，在大师小锤的敲打中却剧烈地摆荡起来，终于，场上爆发出一阵阵热烈的掌声。

李松凤

没有什么事情是可以一蹴而就的，通往成功的道路往往是曲折而漫长的；它需要我们有持久的耐心以及不断奋进的动力。

如果你没有足够的无奈等待成功到来，那么你就得用一生的耐心去面对失败。

持之以恒才能成就大业

苏格拉底是古希腊的大哲学家，他曾经给他的学生出过两道考题。第一道考题是这样的：

一天，他对学生们说："今天咱们只学一件最简单也是最容易做的事，即把你的手臂尽量往前甩，再尽量往后甩。"

然后，自己示范了一遍，"从现在开始，每天甩臂 300 下，大家能做到吗？"

学生们可能感到这个问题可笑，这么简单的事怎么能做不到呢？都齐刷刷地回答："能！"

过了一个月，苏格拉底问道："每天甩臂 300 下，哪些同学坚持了？"有90%以上的学生骄傲地举起了手。

两个月后，当他再次提到这个问题时，坚持下来的学生只有80%。

一年后，苏格拉底再次问道："请你们告诉我，最简单的甩臂运动，还有哪些同学坚持每天做？"

这时候，只有一个学生举起了手，这个学生叫柏拉图，他后来成为了古希腊的另一位大哲学家。

还有一个故事讲到，苏格拉底曾经给他的学生们又出了一道难题，让他们每个人沿着一垅麦田向前走去，不能回头，摘到一束麦穗，看能不能摘到最大最好的。

对苏格拉底的这道考题，答案不外乎两种：一种是学生们根据自己平时的经验，先在自己的心里定下一个大体的标准，走过一半或三分之二的路程后，遇见差不多的便摘下来。

也许这就是最好的，也许后面还有比这更好的，但不能好高骛远，就这样“认了”。

另一种答案是一直往前走，总觉得前面会有更好的麦穗。这时要么放弃选择，宁缺毋滥，要么委屈自己，凑合着搞一束，而心里却是万分懊悔。

苏氏的两道考题，第一道启发人们，成功在于坚持，坚持是最容易做到的事，只要愿意，人人都能做到。

坚持又是最难的事，因为真正能做到的，终究是少数人，柏拉图坚持做到了，他后来就能成为古希腊的另一位大哲学家。也许正因为柏拉图做到了这一点，他给后人留下一句名言：“耐心是一切聪明才智的基础。”这应当说是经验之谈，也是肺腑之言。

苏氏的第二道考题则告诉我们，在追求目标时要把握好选择度。我们在自己的奋斗和追求过程中，应为自己定好坐标，通盘审视，在适宜自己发展的情况时就要当机立断，莫要迟疑，选择出属于自己的那束“麦穗”。

千万不要左挑右挑，挑花了眼，挑走了神，其结果事与愿违，高不成低不就。

凡事讲起道理来似乎都很简单，真正办起来总有一定的距离。“坚持”和“选择”，看起来是两码事，实际上又有着协调统一的一面，坚持是对一个人意志和品德的考验，选择是对一个人洞察力的检验，选择离不开判断与比较，离不开对自己的定位。

陈旭

柏拉图因为能坚持到底，最终他成为大哲学家，这个故事告诉我们，没有什么事情是可以一蹴而就的，没有恒心的人永远也与成功无缘，只要让烦躁的心灵归于平静，耐心地坚持，一步一步，踏踏实实便没有什么是不可能的。

只有志向明确，深思熟虑，选择才可能正确，才有可能达到最佳效果，一个人只要对自己和社会负责，谨慎为其定位，并能坚持不懈，持之以恒，要成就大业，就不会很难了。

走完下一步

希华·莱得是英国知名作家兼战地记者，二战结束后，他接了一个每天写一个广告的差事，出于信任，广告商并没有跟他签订合同，也没有明确一共需写多少个广告剧本。

心无旁骛的莱得这样不停地写下去，结果连续写完了2000个广告剧本。

他在事后很有感慨地说："如果当初签的是一张写 2000 个剧本的合同，我一定会被这个数目吓倒，甚至把它推辞掉。"

在1983年，蜘蛛人勃森·汉姆徒手登上了400多米高的纽约帝国大厦，创造了吉尼斯纪录。当时，他的93岁高龄的曾祖母听到这一消息后，决定从100公里外的葛拉斯堡罗步行赶往汉姆的在费城的住所。

老人要以这种特殊的方式，为重孙子的创纪录庆祝活动添彩，她刚一到达费城，便被在场的十几名记者围住了。因为她的这一举动，又创造了一个耄耋老人徒步百公里的世界纪录。

一名《纽约时报》的记者问这位老人，哪来这么大的勇气，是否因为年龄等原因动摇过。

老人面对记者的惊奇与疑问，很平静地说："要知道，向前迈一步是不需要勇气的，只要你迈一步，接着再迈一步，然后再迈一步，100 公里也就走完了。"

从老人睿智的回答中，记者们一下就明白了汉姆登上帝国大厦的秘诀，原来他有向上前进一步的勇气。汉姆的秘诀和他曾祖母的回答见报后，引起不小的轰动，许多年轻人都把"走完下一步"作为自己的座右铭。

一些不同行业的成功人士就此话题在接受电台的采访时，都一致认为：创造出奇迹的人，凭借的都不是最初的那点儿勇气，但是只要把最初那微不足道的一点儿勇气保持到底，任何人都能创造奇迹，也一定会成功！

韩如意

走一步路是不需要勇气的，只需朝着选准的目标，一步接一步地走下去，成功就自然地拥抱了你。

这个关于成功的原则其实很简单，只不过有些人因为过于好高骛远，而忽略了迈开脚步，或者没有坚持走下去的信心，因而也就失去了拥抱成功的机会。

人生要看最后的结果

1867年，玛丽诞生于波兰首都华沙。她的父亲是中学的数学和物理教员，母亲当过小学校长。玛丽从小就爱好科学，父亲房间里放着的物理仪器、矿物标本等，都引起了她的兴趣。

1890年玛丽带着积蓄下来的钱，只身来到法国，进入巴黎大学理学院读书。

在巴黎求学的4年里，玛丽以非同凡响的毅力过着一种贫寒却高尚的生活，克服了常人难以想象的困难。

在漫长的冬季，住在顶层阁楼中的玛丽因寒冷而无法入睡，她便从箱子里取出所有的衣服穿在身上或盖在被子上，有时她甚至把椅子拉过来压在被子上取暖。

对科学知识无止境的追求，使她忘记了物质上的困窘，她似乎被一种神奇的力量驱使着，在科学的海洋里遨游，不知疲倦，永不停歇。为实现自己的抱负，她放弃一般年轻女子的快乐享受，过着与世隔绝的枯燥生活，萦绕在她头脑中的只有学习和工作。她对自己的要求始终很高，她不满足一个物理学硕士学位，她还要争取获得数学硕士学位，她不断鞭策自己在科学研究的道路上奋勇向前。

就是凭着这种坚忍不拔、永远进取的顽强精神，才使她在科学领域里逐渐显露头角，并且最终成为一颗耀眼的明星。

1895年，玛丽和居里结婚。以后，人们才开始称玛丽为居里夫人。后来，在世界上他们第一次发现并提取了放射性元素镭。

居里夫人的工作条件是比较艰苦的，设备相当简陋。在提取和寻找镭的过程中，居里夫人常常在她的“实验室”里搬整袋子的沥青矿渣，把它们倒在一口大铁锅里，用粗棍子搅拌。

由于居里夫人只是理论上推测但无法证明新元素镭，所以巴黎大学的董事会拒绝为她提供她所需要的实验室、实验设备和助理员，她只能在校内一个无人使用的四面透风漏雨的破旧大棚子里进行实验。

她工作了4年，最初两年做的是粗笨的化工厂的活儿，不断的溶解分离，最后剩下的就是镭。

经过1000多个日夜的辛苦工作，8吨小山一样的矿渣最后只剩下小器皿中的一点液体，再过一会儿将结晶成一小块晶体，那就是新元素镭!

然而当她满怀希望抑制住激烈跳动的心朝那只小玻璃器皿中看时，她看到4年的汗水和8吨的沥青矿渣最后的结果只是一团污迹!

假如换了别人，也许会很生气，大发火，然后把那个小器皿连同里面的那团污迹摔得粉碎! 但是居里夫人没有，她只是在思考原因。

居里夫人疲倦地回到家，晚上她躺在床上，还在想着那团污迹，想找出失败的原因：“如果我知道为什么失败，我就不会对失败太在意了。”

“为什么只是一团污迹，而不是一小块白色或无色晶体呢？那才是我们想要的镭。”居里夫人像是对自己又像是对居里说着。

突然，她眼睛一亮：也许镭就是那个样子，不像预测的那样是一团晶体。他们起身跑到实验室，还没等开门，居里夫人就从门缝里看到了她伟大的“发现”：器皿里不起眼的那团污迹，此时在黑夜中发出耀眼的光芒。

这就是镭——一种具有极强放射性的被新发现的元素！

雨洁

成功之路是坎坷的，也是漫长的，因此也只有少数人能够坚持走完。大多数人因为太早放弃或者把结果想象得过于美好，就与成功失之交臂了。也许当我们被现实的困难压得喘不过气来的时候，成功的光亮就在眼前了。

有毅力的人才是大器之材

1965年，我在西雅图景岭学校图书馆担任管理员。一天，有同事说要推荐一个四年级学生来图书馆帮忙，并说这个孩子聪颖好学。

不久，一个瘦小的男孩来了，我先给他讲了图书分类法，然后让他把已归还图书馆却放错了位置的图书放回原处。

小男孩问：“像是当侦探吗？”

我回答：“那当然。”

接着，男孩不遗余力的在书架的迷宫中穿来插去。小休时，他已找出了三本放错地方的图书。

第二天他来得更早，而且更不遗余力。干完一天的活后，他正式请求我让他担任图书管理员。

又过两个星期，他突然邀请我上他家做客。吃晚饭时，孩子母亲告诉我他们要搬家了，到附近一个住宅区。

孩子听说要转校却担心了："我走了谁来整理那些站错队的书呢？"

我一直记挂着他。但没过多久，他又在我的图书馆门口出现了，并欣喜地告诉我，那边的图书馆不让学生干，妈妈把他转回我们这边来上学，由他爸爸用车接送。"如果爸爸不带我，我就走路来。"

其实，我当时心里便应该有数，这小家伙决心如此坚定，则天下无不可为之事。但我可没想到他会成为信息时代的天才、微软公司老板、美国首富——比尔·盖茨。

佚名

在许多杰出人物身上，总有一些优于常人的闪光点。在成名之前，这些异象犹如稍纵即逝的流星难以被人察觉，大多在功成名就之后，人们才能体会他们当初的不凡，然后细细品味，详加揣摩。

但不管事前或事后的记录，无疑都是给人类的一份珍贵的礼物。

致谢

美好的东西，都是许多人的创造与劳动。

好的文章更是妙事偶得。

《耐得住寂寞的人生更精彩》是悠然选编的一本书，在编辑过程中，有些作者未能联系上，敬请谅解，我们等待您的联系，以奉上稿费及样书。

联系方式：bjkysy 8885 @ 163 . com

希望我们生命中的每一天，都有美丽的文章相伴。

愿阅读成为你一天中最安宁、最美丽的时光。

心灵感悟